Los cuentos de mis homilías

Colección
ID Y PROCLAMAD

Alejandro Illescas Molina

Los cuentos de mis homilías

Ciclos A, B, C

Cuarta edición

EDIBESA

© 2014, Alejandro Illescas Molina

© Edibesa 2014
Los cuentos de mis homilías

www.edibesa.com
Sede social y ediciones
Plaza de Concilio de Trento, s/n. 37001 Salamanca
Telf.: 923 26 47 81
Administración y comercialización
C/ Juan de Urbieta, 51 28007 MADRID
Telf.: 913 45 19 92
Email: info@edibesa.com

"El contenido de esta obra está protegido por la Ley, que establece penas de prisión y/o multas, además de las correspondientes indemnizaciones por daños y perjuicios, para quienes reprodujeren, plagiaren, distribuyeren o comunicaren públicamente, en todo o en parte, una obra literaria, artística o científica, o su transformación, interpretación o ejecución artística fijada en cualquier tipo de soporte o comunicada a través de cualquier medio o procedimiento, comprendida la reprografía y el tratamiento informático, sin la preceptiva autorización".

ISBN: 978-84-15662-68-6
Depósito legal: M-7504-2013

Maquetación: Susana Folgado
Impresión: Gráficas Dehón
Impreso en España – Printed in Spain

ÍNDICE

INTRODUCCIÓN 17

Ciclo A

Domingo 1 Adviento (A)	21
Domingo 2 Adviento (A)	23
Domingo 3 Adviento (A)	25
Domingo 4 Adviento (A)	27
Navidad (A)	29
Sagrada Familia (A)	31
Epifanía (A)	33
Bautismo de Jesús (A)	37
Domingo 1 Cuaresma (A)	39
Domingo 2 Cuaresma (A)	41
Domingo 3 Cuaresma (A)	42
Domingo 4 Cuaresma (A)	44
Domingo 5 Cuaresma (A)	48
Domingo de Ramos	50
Jueves Santo (A)	52
Domingo de Pascua (A)	54
Domingo 2 Pascua (A)	57
Domingo 3 Pascua (A)	59
Domingo 4 Pascua (A)	61
Domingo 5 Pascua (A)	64
Domingo 6 Pascua (A)	65
Domingo 7 Pascua (A)	67
Pentecostés (A)	69
Santísima Trinidad (A)	70
domingo 2 ordinario (a)	72

Domingo 3 Ordinario (A)	74
Domingo 4 Ordinario (A)	76
Domingo 5 Ordinario (A)	79
Domingo 6 Ordinario (A)	82
Domingo 7 Ordinario (A)	84
Domingo 8 Ordinario (A)	86
Domingo 9 Ordinario (A)	87
Domingo 10 Ordinario (A)	88
Domingo 11 Ordinario (A)	89
Domingo 12 Ordinario (A)	90
Domingo 13 Ordinario (A)	91
Domingo 14 Ordinario (A)	92
Domingo 15 Ordinario (A)	94
Domingo 16 Ordinario (A)	96
Domingo 17 Ordinario (A)	97
Domingo 18 Ordinario (A)	99
Domingo 19 Ordinario (A)	101
Domingo 20 Ordinario (A)	103
Domingo 21 Ordinario (A)	105
Domingo 22 Ordinario (A)	106
Domingo 23 Ordinario (A)	109
Domingo 24 Ordinario (A)	110
Domingo 25 Ordinario (A)	112
Domingo 26 Ordinario (A)	114
Domingo 27 Ordinario (A)	115
Domingo 28 Ordinario (A)	117
Domingo 29 Ordinario (A)	120
Domingo 30 Ordinario (A)	122
Domingo 31 Ordinario (A)	125
Domingo 32 Ordinario (A)	127
Domingo 33 Ordinario (A)	129
Cristo Rey (A)	131

Ciclo B

DOMINGO 1 ADVIENTO (B)	135
DOMINGO 2 ADVIENTO (B)	137
DOMINGO 3 ADVIENTO (B)	139
DOMINGO 4 ADVIENTO (B)	141
NAVIDAD. MISA DE MEDIA NOCHE (B)	143
SAGRADA FAMILIA (B)	145
EPIFANÍA (B)	146
BAUTISMO DE SEÑOR (B)	148
DOMINGO 1 CUARESMA (B)	149
DOMINGO 2 CUARESMA (B)	150
DOMINGO 3 CUARESMA (B)	151
DOMINGO 4 CUARESMA (B)	153
DOMINGO 5 CUARESMA (B)	155
DOMINGO DE RAMOS (B)	160
VIGILIA PASCUAL (B)	162
DOMINGO 2 PASCUA (B)	164
DOMINGO 3 PASCUA (B)	165
DOMINGO 4 PASCUA (B)	167
DOMINGO 5 PASCUA (B)	169
DOMINGO 6 PASCUA (B)	171
ASCENSIÓN (B)	173
PENTECOSTÉS (B)	174
SANTÍSIMA TRINIDAD (B)	176
DOMINGO 2 ORDINARIO (B)	177
DOMINGO 3 ORDINARIO (B)	179
DOMINGO 4 ORDINARIO (B)	181
DOMINGO 5 ORDINARIO (B)	184
DOMINGO 6 ORDINARIO (B)	186
DOMINGO 7 ORDINARIO (B)	187

DOMINGO 8 ORDINARIO (B)	190
DOMINGO 9 ORDINARIO (B)	193
DOMINGO 10 ORDINARIO (B)	194
DOMINGO 11 ORDINARIO (B)	196
DOMINGO 12 ORDINARIO (B)	198
DOMINGO 13 ORDINARIO (B)	200
DOMINGO 14 ORDINARIO (B)	202
DOMINGO 15 ORDINARIO (B)	204
DOMINGO 16 ORDINARIO (B)	206
DOMINGO 17 ORDINARIO (B)	208
DOMINGO 18 ORDINARIO (B)	210
DOMINGO 19 ORDINARIO (B)	212
DOMINGO 20 ORDINARIO (B)	214
DOMINGO 21 ORDINARIO (B)	215
DOMINGO 22 ORDINARIO (B)	218
DOMINGO 23 ORDINARIO (B)	219
DOMINGO 24 ORDINARIO (B)	222
DOMINGO 25 ORDINARIO (B)	223
DOMINGO 26 ORDINARIO (B)	225
DOMINGO 27 ORDINARIO (B)	227
DOMINGO 28 ORDINARIO (B)	230
DOMINGO 29 ORDINARIO (B) DOMUND	232
DOMINGO 30 ORDINARIO (B)	234
DOMINGO 31 ORDINARIO (B)	236
DOMINGO 32 ORDINARIO (B)	237
DOMINGO 33 ORDINARIO (B)	239
CRISTO REY (B)	241

Ciclo C

Domingo 1 Adviento (C)	245
Domingo 2 Adviento (C)	248
Domingo 3 Adviento (C)	251
Domingo 4 Adviento (C)	254
Nochebuena (C)	257
Navidad (C)	259
Sagrada Familia (C)	262
Epifanía (C)	267
Bautismo de Jesús (C)	269
Domingo 1 Cuaresma (C)	272
Domingo 2 Cuaresma (C)	274
Domingo 3 Cuaresma (C)	275
Domingo 4 Cuaresma (C)	277
Domingo 5 Cuaresma (C)	280
Domingo de Ramos (C)	281
Jueves Santo (C)	283
Domingo de Pascua (C)	287
Domingo 2 Pascua (C)	289
Domingo 3 Pascua (C)	291
Domingo 4 Pascua (C)	294
Domingo 5 Pascua (C)	296
Domingo 6 Pascua (C)	298
Ascensión (C)	300
Pentecostés (C)	302
Santísima Trinidad (C)	305
Domingo 2 Ordinario (C)	307
Domingo 3 Ordinario (C)	310
Domingo 4 Ordinario (C)	312
Domingo 5 Ordinario (C)	314

Domingo 6 Ordinario (C)	316
Domingo 7 Ordinario (C)	319
Domingo 8 Ordinario (C)	321
Domingo 9 Ordinario (C)	323
Domingo 10 Ordinario (C)	325
Domingo 11 Ordinario (C)	326
Domingo 12 Ordinario (C)	327
Domingo 13 Ordinario (C)	329
Domingo 14 Ordinario (C)	330
Domingo 15 Ordinario (C)	332
Domingo 16 Ordinario (C)	335
Domingo 17 Ordinario (C)	337
Domingo 18 Ordinario (C)	338
Domingo 19 Ordinario (C)	340
Domingo 20 Ordinario (C)	342
Domingo 21 Ordinario (C)	345
Domingo 22 Ordinario (C)	348
Domingo 23 Ordinario (C)	350
Domingo 24 Ordinario (C)	354
Domingo 25 Ordinario (C)	356
Domingo 26 Ordinario (C)	358
Domingo 27 Ordinario (C)	360
Domingo 28 Ordinario (C)	362
Domingo 29 Ordinario (C)	363
Domingo 30 Ordinario (C)	365
Domingo 31 Ordinario (C)	366
Domingo 32 Ordinario (C)	367
Domingo 33 Ordinario (C)	369
Cristo Rey (C)	373

Otros Cuentos

Nochevieja	376
1 de Enero	378
Fiesta de San José	380
Fiesta De San Francisco De Asís	382
Todos los Santos	384
Fieles Difuntos	386
ÍNDICE DE CUENTOS	389
ÍNDICE TEMÁTICO	395

INTRODUCCIÓN

Mientras vivía en Madrid (España), trabajando en un colegio de Alcobendas, una amiga me preguntó que por qué yo siempre contaba cuentos en mis homilías. A lo que le contesté que es más sencillo recordar un cuento que una reflexión. Y para confirmarlo le pregunté de cuáles de mis sermones se acordaba. Y… sólo supo mencionarme algunos de los cuentos que yo había contado.

Creo que por eso, también Jesús, prefería predicar contando cuentos o parábolas.

Cuando regresé a México fui destinado a la parroquia de Jesús de Nazaret (en Chamapa-Izcalli) y seguí contando cuentos en las misas y, muchos domingos al salir, diferentes personas me pedían una copia del cuento de ese día.

Así que se me ocurrió la idea de recoger todos los cuentos de un año en un folleto, con una pequeña introducción antes de cada uno (que ayudara a entender por qué lo había utilizado en ese domingo concreto) y ofrecerlo a la gente por un pequeño donativo voluntario que nos ayudara en "Caritas" parroquial.

Me sorprendió la gran acogida que tuvo ese primer folleto y, por eso, al terminar el segundo año del ciclo litúrgico, hicimos otro con los cuentos de ese año, y al terminar el tercero también. Así completamos el ciclo de lecturas de las Misas de los domingos.

Los tres folletos (y eran mil copias de cada uno) "volaron" y la gente me los agradeció mucho comentando que les ayudaban, como a mí, para comprender y vivir mejor el camino de alegría y amor que propone Jesús en el Evangelio. (Supe incluso que los cuentos llegaron a "hacer compañía" a muchas personas en varios hospitales y hasta en una cárcel).

Por eso me alegra que ahora se vayan a publicar y puedan así llegar a más personas. Son cuentos pensados para jóvenes y adultos que quieran profundizar su fe, aunque muchos de ellos también se pueden utilizar con los niños.

Quiero dejar claro —como siempre lo he hecho—, que casi ninguno de estos cuentos es mío sino de muy variados autores. Yo simplemente los he ido recopilando a lo largo de los años, de charlas, libros, revistas, mensajes de internet, etc.

Entre los autores que me constan están: Rabindranath Tagore, Anthony de Mello, Carlos G. Vallés, José Luis Cortés, Mamerto Menapace, Paolo Coelho, Tere García Ruiz, Catón, Esopo, Wayne Cordero, Carlos Cuauhtémoc Sánchez, Gaby Vargas, J. Ángel Real, Arnaldo Jabor, Kent M. Keith, Ana María Rabatte, José Luis Martín Descalzo, Walter Dudley Cavert, el papa Juan XXIII... Pero hay muchos cuentos de los que no sé quién es el autor.

Desde aquí quiero agradecer a todos ellos por inventar y compartir sus cuentos, que nos ayudan a disfrutar y comprometernos con más ilusión en este bonito "cuento" de Dios que es la vida.

Alejandro Illescas Molina

CICLO A

Domingo 1 Adviento (A)

AMAR ES SEMBRAR PARA LOS DEMÁS
Is 2,1-5; Rom 13,11-14; Mt 24,37-44

Adviento es tiempo de espera, pero no de espera pasiva, sino activa. El saber que nuestra vida es corta no debe llevarnos ni a angustiarnos, ni a acomodarnos (despreciando el mundo y sus responsabilidades), sino al contrario implicarnos en hacer un mundo mejor para los que vendrán después.
La vida es precisamente esa oportunidad que Dios nos da de amar y prepararnos así para encontrarnos con Él en la eternidad. Y amar es sembrar para otros. No sabemos si terminaremos lo que iniciamos, pero no importa, eso lo dejamos en manos de Dios.

EL VIEJO Y EL MANZANO

En una casa de campo bellísima vivía un anciano de ochenta años, llamado Juan, que cada día se levantaba muy temprano y se ponía a trabajar la tierra como si fuese un joven.

Una mañana empezó a hacer hoyos y a plantar manzanos. Al poco tiempo pasó por allí un vecino que, extrañado de la actitud del hombre, le preguntó:

—¿Qué estás haciendo, Juan?

—Hoy estoy plantando manzanos y mañana plantaré otros árboles frutales.

El vecino, sorprendido por verlo tan emocionado en una tarea nada fácil, le dijo, con cierto tono de burla:

—¿Es que crees que vas a vivir para siempre? Tú sabes que los árboles tardan muchos años en dar fruto y para ese tiempo tú ya estarás muerto. No podrás probar ni una sola de tus manzanas.

—Ya lo sé —dijo el anciano—. Pero toda mi vida he comido manzanas que no había plantado yo. No hubiera podido comer ninguna si otros hombres no hubiesen hecho lo que yo estoy haciendo ahora. Sólo quiero pagar a mis semejantes con la moneda de la generosidad que otros tuvieron conmigo.

Domingo 2 Adviento (A)

CONVERTIRSE A DIOS PADRE ES CONVERTIRSE EN HERMANO DE LOS DEMÁS HOMBRES
Is 11,1-10; Rom 15,4-9; Mt 3,1-12

El Mesías esperado —nos dice Isaías—, "no juzgará por apariencias ni sentenciará sólo de oídas". Los que pertenecemos a Jesús tampoco debemos juzgarnos, sino al contrario, como dice san Pablo, debemos tener paciencia unos a otros y buscar la unidad.
Jesús insistió en que los hombres sabrían que somos sus discípulos no por lo que hagamos individualmente, sino porque nos amamos, porque vivimos en unidad. Adviento es buen tiempo para recordar que amar es no juzgar.

ASAMBLEA EN LA CARPINTERÍA

Cuentan que en la carpintería hubo una vez una extraña asamblea. Una reunión de las herramientas para arreglar sus diferencias.

El martillo ejerció la presidencia, pero la asamblea le notificó que tenía que renunciar. ¿La causa? ¡Hacía demasiado ruido! Y, además, se pasaba el tiempo golpeando.

El martillo aceptó su culpa, pero pidió que también fuera expulsado el tornillo; dijo que había que darle muchas vueltas para que sirviera de algo.

Ante el ataque, el tornillo aceptó también, pero a su vez pidió la expulsión de la lija. Hizo ver que era muy áspera en su trato y siempre tenía fricciones con los otros.

Y la lija estuvo de acuerdo, a condición de que fuera expulsado el metro que siempre se la pasaba midiendo a los demás según su medida, como si fuera el único perfecto.

En eso entró el carpintero, se puso el delantal e inició su trabajo. Utilizó el martillo, la lija, el metro y el tornillo. Con ellos convirtió la tosca madera en un lindo mueble.

Cuando la carpintería quedó nuevamente sola, la asamblea reanudó la deliberación. Fue entonces cuando tomó la palabra el serrucho, y dijo: "Señores, ha quedado demostrado que tenemos defectos, pero el carpintero trabaja con nuestras cualidades. Eso es lo que nos hace valiosos. Así que no pensemos ya en nuestros puntos malos y concentrémonos en la utilidad de nuestros puntos buenos".

La asamblea encontró entonces que el martillo era fuerte, el tornillo unía y daba fuerza, la lija era especial para afinar y limar asperezas y el metro era preciso y exacto. Se dieron cuenta que eran un equipo capaz de producir muebles de calidad. Se sintieron orgullosos de sus fortalezas y de trabajar juntos.

Ocurre lo mismo con los seres humanos. Obsérvenlo y lo comprobarán. Cuando en una empresa el personal busca a menudo defectos en los demás, la situación se vuelve tensa y negativa. En cambio, al tratar con sinceridad de percibir los puntos fuertes de los otros, es cuando florecen los mejores logros humanos. Es fácil encontrar defectos, cualquiera puede hacerlo, pero encontrar cualidades, eso es para los espíritus superiores.

Domingo 3 Adviento (A)

JESÚS VINO A SALVARNOS, NO A CAMBIAR LA SOCIEDAD

Is 35,1-6a.8a.10; Sant 5,7-10; Mt 11, 2-11

Juan el bautista espera al Mesías. Reconoce a Jesús en el Jordán, pero ahora en la cárcel duda pues no ve cambios significativos en la sociedad. Manda por eso a sus discípulos a preguntarle a Jesús si él es el Mesías o tienen que esperar a otro.
Jesús contesta con hechos que no vino para imponer un nuevo orden en la sociedad desde afuera sino desde adentro, a partir de cada corazón que le recibe.

EL ZAPATERO

En un país perdido entre montañas hay un pueblecito que no es ni grande ni chico. No hace mucho que al zapatero le sucedió algo muy curioso. Resulta que una mañana mientras rezaba recibió una buena noticia por parte de un misterioso personaje que le dijo: "Juan, tu vida le parece agradable al señor Jesús y hoy te visitará".

El zapatero, muy contento, empezó por barrer y arreglar su tiendecita, sin dejar de lado el trabajo de ese día. Se aseó y arregló con detalle, y puso algo más de lo normal en su sopa.

De repente, se abrió la puerta y entró en la tienda una mujer con una no muy buena reputación en el pueblo que venía con ganas de platicar con alguien. El zapatero la atendió muy bien, pero pensaba: "¡Ay de mí si viene Jesús en este momento y me encuentra hablando con esta mujer, no podré recibirlo como deseo!". Después de platicar un rato la mujer salió contenta y Juan quedó sólo y siguió con su trabajo.

Su imaginación volaba como nunca pues no paraba de preguntarse "¿Cómo será Jesús? ¿Será como el cuadro de mi cuarto? ¿O quizás como el gran Cristo de la parroquia?" Mientras pensaba en todo esto entró en la tienda otra pobre mujer con su hijo, necesitados de todo y especialmente de amor. El zapatero les atendió lo mejor que pudo, le dio una manzana al muchacho y ambos salieron de allí con un par de zapatos nuevos.

En la jornada del zapatero parecía que no había lugar para Jesús, pues otra vez se abrió la puerta de la tienda y entró un zarrapastroso vagabundo más lleno de vino que de conciencia. "¿No tendrías un poco de agua... ardiente, hermano? —le dijo a Juan con una carcajada—. Estoy cansado de beber vino".

—Pasa, pasa —dijo el zapatero—. Te daré agua fresca para lavarte la cara y un plato de sopa.

Compartieron la comida y un buen rato de charla amistosa. El vagabundo dejó la casa del zapatero con ganas de tomarse la vida de otra manera.

Pasaron las horas y se hizo de noche. El zapatero cerró su tienda y se sintió triste, pues Jesús no había venido. Se sentó en su rincón de oración y se quejó:

—Señor, ¿Cómo es que no has venido? Yo te esperaba.

Cuál no sería su sorpresa cuando oyó una voz en su corazón que le decía:

—Amigo, tres veces te he visitado hoy, y las tres me has atendido muy bien. Cada vez que alguien entraba en tu tienda era yo quien te visitaba.

"Todo lo que hagáis a uno de estos mis pequeños hermanos, a mí me lo hacéis".

Domingo 4 Adviento (A)

¿EL SEÑOR NOS DARÁ UNA SEÑAL?... MÁS BIEN MUCHAS

Is 7,10-14; Rom 1,1-7; Mt 1,18-24

Las lecturas de hoy nos hablan de las señales para descubrir a Dios. Nos gusta buscar milagros espectaculares para estar seguros de la presencia de Dios entre nosotros, pero Él no suele hacer grandes signos para hacerse presente, es más sencillo, y por eso nos cuesta tanto reconocerlo.

LAS SIETE MARAVILLAS DEL MUNDO

Un grupo de alumnos de primaria estudiaban las siete maravillas del mundo antiguo. El maestro les pidió que cada uno hiciera una lista de las que ellos consideraban deberían ser actualmente las siete maravillas del mundo.

A pesar de los desacuerdos, algunas de las maravillas más votadas fueron: las pirámides de Egipto, la gran muralla china, Teotihuacán, el canal de Panamá, la Basílica de San Pedro...

Mientras seguían haciendo la votación, el maestro notó que una niña permanecía callada y seguía muy ensimismada en su lista; así que le preguntó si tenía dificultad para terminar de hacer su elección. La niña tímidamente respondió: "Sí, un poco".

"Bueno —dijo el maestro—, dinos lo que has escrito y tal vez podamos comentarlo y ayudarte".

La muchacha titubeó y después leyó: "Creo que las siete maravillas del mundo son: poder ver, poder escuchar, poder tocar, poder saborear, poder sentir, poder reír y... poder amar".

Al terminar de leerlas el salón de clase, incluido el maestro, se quedó en silencio por un rato.

No nos acostumbremos a las maravillas y milagros que Dios nos regala cada día. Sepamos descubrir su presencia y su amor que nos envuelven.

Navidad (A)

PARA ENTENDER LA ENCARNACIÓN HAY QUE COMPROMETERSE EN EL AMOR

Is 52,7-10; Heb 1,1-6; Jn 1,1-18

Sólo es posible comprender la encarnación, si captamos el gran amor de Dios por todos y cada uno de los hombres.
"Al mundo vino, y en el mundo estaba; el mundo se hizo por medio de él... Vino a su casa... y a cuantos lo recibieron, les dio poder para entender que son hijos de Dios".

HABÍA UNA VEZ UN REY

Había una vez un rey muy bueno. Pero en su reino existían tantos niveles entre él y su pueblo que la gente no lo conocía. Este pueblo, como todos los pueblos del mundo, era desgraciado. El rey enviaba ministros, médicos, maestros, asistentes sociales y hasta sacerdotes a las provincias más alejadas. Pero algunos mensajeros del rey no sabían cómo hacer las cosas y otros se aprovechaban para llenarse los bolsillos.

El rey decidió hacer una visita personal por su reino. En cada pueblo se le organizaban recepciones, grandes banquetes, fiestas, músicos... Amontonado en las grandes avenidas, el pueblo, que siempre se deja llevar por este tipo de espectáculos, gritaba "¡Viva nuestro rey!" y agitaba banderitas. Pero apenas los últimos cohetes de los fuegos artificiales se apagaban, otra vez se encontraban igual de desgraciados que antes, sino un poco más: "¿Por qué no estaré yo en el pellejo del rey o por lo menos en el de alguno de sus cortesanos?" —pensaban.

El rey reunió su camarilla y les dijo:

—Doy a mi primer ministro plenos poderes para gobernar el reino en mi ausencia. Yo, desconocido de todos, viviré en medio del pueblo, trabajando con mis manos. Al atardecer me reuniré con algunos vecinos para animarlos. Algún día sabrán quién soy.

Naturalmente que intervino el jefe de protocolo para objetar lo que podemos adivinar: el riesgo, el respeto al rey, la mala acogida de un pueblo grosero, y concluyó diciendo:

—Majestad, cuando hayáis conseguido hacer felices a una docena de vecinos ¡no habréis progresado mucho! Quedarán aún decenas de millones de hombres desgraciados.

"Querido amigo —le respondió el rey—, no he esperado a oírte para hacerme la misma objeción... Pero mira lo que he pensado: enseñaré a mi docena de vecinos a hacer lo mismo con otros tres, cuatro o diez según sus posibilidades. Si cada uno comunica así un poco de su felicidad a sus prójimos toda la gente del reino se transformará".

Hazlo, y así se hará. El ejemplo nos viene de lo alto.

SAGRADA FAMILIA (A)

Y POR ENCIMA DE TODO, EL AMOR
Ecl 3,2-6.12-14; Col 3,12-21; Mt 2,13-15.19-23

Cada familia es diferente... la Sagrada Familia, también... Pero todas tienen una herramienta común que es fundamental: la comunicación desde el amor.

UN NUDO DE AMOR

En una junta de padres de familia de cierta escuela, la directora resaltaba el apoyo que los padres deben darle a los hijos. También pedía que se hicieran presentes con ellos el máximo de tiempo posible. Ella entendía que, aunque la mayoría de los padres y madres de aquella comunidad fueran trabajadores, deberían encontrar un poco de tiempo para dedicar a los niños.

La directora se sorprendió cuando uno de los padres se levantó y explicó, en forma humilde, que él no tenía tiempo para hablar con su hijo durante la semana. Cuando salía para trabajar era muy temprano y su hijo todavía estaba durmiendo. Cuando regresaba del trabajo era muy tarde y el niño ya no estaba despierto. Explicó que tenía que trabajar de esa forma para proveer el sustento de la familia. Dijo, también, que el no tener tiempo para su hijo lo angustiaba mucho e intentaba redimirse yendo a besarlo todas las noches cuando llegaba a su casa y, para que su hijo supiera de su presencia, él hacía un nudo en la punta de la sabana que lo cubría. Eso lo hacía religiosamente todas las noches al ir a besarlo. Cuando el hijo despertaba y veía el nudo, sabía, a través de él, que su papá había estado allí y lo había besado. El nudo era el medio de comunicación entre ellos.

La directora se emocionó con aquella singular historia y se sorprendió aún más cuando constató que el hijo de ese padre era uno de los mejores alumnos de la escuela.

El hecho nos puede hacer reflexionar sobre las muchas formas en que las personas pueden hacerse presentes y comunicarse entre sí. Aquel padre encontró su forma, que era simple pero eficiente. Y lo más importante es que su hijo percibía, a través del nudo afectivo, lo que su papá le estaba diciendo.

Algunas veces nos preocupamos tanto con la forma de decir las cosas que nos olvidamos que lo principal es la comunicación a través del sentimiento. Simples detalles como un beso y un nudo en la punta de una sábana, significaban, para aquel hijo, muchísimo más que regalos o disculpas vacías.

Es importante que nos preocupemos por las personas, pero también es importante que ellas lo sepan, que puedan sentirlo. Para que exista la comunicación es necesario que las personas "escuchen" el lenguaje de nuestro corazón, pues, en materia de afecto, los sentimientos siempre hablan más alto que las palabras. Es por ese motivo que un beso, revestido del más puro afecto, cura el dolor de cabeza, el raspón en la rodilla, el miedo a la oscuridad.

Las personas tal vez no entiendan el significado de muchas palabras, pero saben registrar un gesto de amor. Aunque ese gesto sea solamente un nudo en una sábana...

Epifanía (A)

SÓLO QUIEN AMA PUEDE ENCONTRAR A DIOS
Is 60,1-6; Ef 3,2-3a. 5-6; Mt 2,1-12

Imaginemos que entran en la iglesia tres extranjeros que nos preguntan dónde pueden encontrar la salvación traída por Cristo. ¿Miraríamos recelosos como Herodes? ¿Señalaríamos algún libro sin comprometernos como los sumos sacerdotes de Israel? O bien, como los magos, ¿su pregunta nos movería a ponernos de nuevo en camino para encontrarlo con ellos?

EL CUARTO REY MAGO

Cuenta una leyenda rusa que los Reyes Magos no fueron tres sino cuatro. Luego de haber visto la estrella en el oriente, partieron juntos llevando cada uno sus regalos de oro, incienso y mirra. El cuarto rey llevaba vino y aceite.

Luego de varios días de camino por el desierto, llegaron a un lugar donde vivía una madre con muchos hijos pequeños y que tenía a su esposo muy enfermo. Era el tiempo de la cosecha. Había que levantar la cebada lo antes posible, porque de lo contrario los pájaros o el viento terminarían por llevarse todos los granos ya bien maduros. Los 4 reyes no sabían que hacer, si se quedaban a ayudar a aquellos pobres campesinos, se retrasaría la caravana y la estrella no daba tiempo que perder. Pero por otro lado su buen corazón les decía que no podían dejar así a aquella pobre madre con tantos chicos que necesitaban de la cosecha para tener pan el resto del año. ¿Con qué cara se presentarían ante el Rey Mesías si no ayudaban a sus hermanos necesitados? Artabán, el cuarto rey mago se ofreció voluntario para quedarse a ayudar y convenció a sus compañeros de seguir ellos el camino e ir a adorar al Mesías. Él intentaría darse prisa y alcanzarlos lo antes posible. Pero pasaron varias semanas hasta que logró poner todo el grano a salvo. Durante ese tiempo compartió parte de su vino y su aceite con la pobre familia.

Mientras tanto la estrella ya había desaparecido. Le quedaba sólo el recuerdo de la dirección, y las huellas medio borrosas de sus compañeros. Siguiéndolas rehízo la marcha, y, a pesar de su prisa, se detuvo muchas otras veces para auxiliar a nuevos hermanos necesitados. Finalmente logró llegar a Belén. Pero el recibimiento que encontró fue muy diferente del que esperaba. Un enorme llanto se elevaba del pueblito. Las madres salían a la calle llorando, con sus pequeños entre los brazos, que acababan de ser asesinados por orden de otro rey. El pobre hombre no entendía nada. Cuando preguntaba por el Rey Mesías, todos lo miraban con angustia y le pedían que se callara. Finalmente alguien le dijo que aquella misma noche habían visto a una familia huir hacia Egipto.

Pensó en emprender inmediatamente su seguimiento, pero no se atrevió. Aquel pueblito de Belén era una desolación. Había que consolar a todas aquellas madres. Había que enterrar a sus pequeños, curar a sus heridos, vestir a los desnudos. Así que decidió quedarse un tiempo para ayudar a la gente. Cuando finalmente se puso en camino hacia Egipto, había pasado mucho tiempo y había gastado casi todo su regalo. Pero se dijo que seguramente el Rey Mesías sería comprensivo con él, porque lo había hecho por sus hermanos.

En el camino hacia el país de las pirámides detuvo muchas otras veces su marcha pues siempre llegaba a lugares donde había que dar una mano, o socorrer una necesidad.

Cuando llegó a Egipto buscó muchos días hasta que le informaron que Jesús ya no estaba allí, que hacía tiempo que había regresado con su familia a Nazaret. Nuestro Rey Mago, no se desanimó. Había dejado su tierra y se había puesto en camino para encontrarse con el Mesías, y estaba dispuesto a continuar su búsqueda a pesar de sus fracasos y del tiempo que fuera necesario. Volvió a la tierra de Israel y pasó muchos años de su vida, buscando al Mesías y ayudando a la gente; siguiendo siempre las huellas de aquel a quien nunca había visto. Por donde iba escuchaba noticias de su bondad y de la buena nueva que traía para todos los pobres del mundo y ardía en deseos de encontrarse con él y adorarlo.

Finalmente estando en Jericó se enteró de que Jesús había subido a Jerusalén. Esta vez estaba decidido a llegar a tiempo y encontrarlo fuera como fuera. Poco le quedaba de la enorme riqueza con la que partió de su país, sólo un poco de vino y aceite y dos monedas de plata. Partió de Jericó subiendo hacia Jerusalén. Para estar seguro del camino, lo había preguntado a un sacerdote y a un levita que, más rápidos que él, iban en la misma dirección.

En el camino se le hizo de noche. Y en medio de la oscuridad, sintió unos quejidos a la vera del camino. Su buen corazón le dijo que se detuviera, que había alguien que necesitaba su ayuda. Detuvo su burro, se bajó y descubrió que se trataba de un hombre herido y golpeado. Sin pensarlo dos veces sacó el resto de vino para limpiarle las heridas. Con el aceite que le quedaba untó las lastimaduras y las vendó con su propia ropa hecha jirones. Como pudo lo cargó en su animalito y, desviando su rumbo, buscó una posada. Allí gastó la noche en cuidarlo. A la mañana siguiente, sacó las dos últimas monedas de plata que le quedaban y se las dio al dueño del albergue diciéndole que pagaba los gastos del hombre herido. Allí le dejaba también su burrito para lo que fuera necesario.

Y siguió a pie, solo, y cansado. Con el pasar de los años se había hecho viejo, así que cuando llegó a Jerusalén, casi no le quedaban fuerzas, pero no descansó, no quería volver a perder a Jesús. Era el mediodía de un viernes antes de la Gran Fiesta de Pascua. La gente estaba excitada. Todos hablaban de lo que acababa de suceder. Algunos regresaban del Gólgota y comentaban que allá estaba agonizando un gran hombre colgado de una cruz. Nuestro Rey Mago se dirigió hacia allá casi arrastrándose, como si el también llevara sobre sus hombros una pesada cruz hecha de años de cansancio y de caminos.

Cuando llegó, dirigió su mirada hacia el agonizante, feliz de haberlo encontrado finalmente, aunque triste por la situación que estaba viviendo. Y en tono de súplica le dijo:

—Perdóname, Señor. Llegué demasiado tarde y ya no tengo nada del regalo que te traía desde hace años.

Pero desde la cruz Jesús le sonrió y le dijo:

—Todo aquello que regalan a sus hermanos más necesitados, a mí me lo regalan. Gracias, siervo bueno y fiel, te aseguro que entrarás un día con ellos en el gozo de tu Señor.

Bautismo de Jesús (A)

DIOS FORTALECE NUESTROS POBRES ESFUERZOS
Is 42,1-4.6-7; Hch 10,34-38; Mt 3,13-17

San Pedro dice que Jesús, después de su bautismo, "pasó haciendo el bien porque Dios estaba con él". Igualmente Dios está con nosotros y en nuestro bautismo nos escogió para predicar su amor. También dijo de nosotros: "Este es mi hijo(a) muy amado(a) en quien me complazco".

LA CLASE DE PIANO

Queriendo animar a su pequeño hijo en los progresos que estaba haciendo en sus clases de piano, su madre lo llevó a un concierto del famoso maestro Paderewsky. Una vez acomodados en la sala, la madre vio entre la audiencia a una amiga, se levantó y fue a saludarla.

El niño viendo una buena oportunidad para explorar las grandezas de una sala de conciertos, también se levantó y fue curioseando hasta que entró por una puerta que decía "Prohibida la entrada".

Cuando las luces se empezaron a apagar indicando que el concierto iba a comenzar, la madre regresó a su lugar para descubrir que su hijo no estaba. De pronto las cortinas se abrieron y un foco alumbró un precioso piano en el escenario.

Con horror la madre vio a su pequeño hijo sentado al piano, tocando inocentemente una conocida música infantil. En ese momento el gran maestro entró, se acercó rápidamente al piano y le susurró al niño al oído:

—¡No pares... sigue tocando!

Paderewsky se sentó junto a él y empezó a tocar con su mano izquierda, acompañando con las notas bajas la canción del niño. Después rodeó al niño con su brazo derecho y alcanzó la otra parte del piano añadiendo a la canción un rápido 'obligato'.

Juntos, el viejo maestro y el joven novicio transformaron una difícil situación en una preciosa experiencia creativa. La audiencia estaba extasiada.

Así suceden las cosas cuando confiamos en Dios. Lo que nosotros podemos hacer con nuestras solas fuerzas, difícilmente es digno de notar. Hacemos lo mejor que podemos, pero los resultados no son exactamente lo que esperamos. Nuestra música no fluye graciosamente. Sin embargo, con la intervención del brazo del Maestro, los trabajos de nuestra vida se convierten en preciosas melodías.

Por eso la próxima vez que te tengas que enfrentar a grandes retos en tu vida, escucha cuidadosamente. Podrás oír la voz del Maestro susurrándote al oído: "¡No pares... sigue tocando!" Asegúrate entonces de sentir sus amorosos brazos rodeándote. Y estate seguro que sus poderosas manos están tocando contigo el concierto de tu vida.

Recuerda, "Dios no llama a los más fuertes, Dios fortalece a los que llama" y bien dice Isaías que "la caña cascada no la quebrará, el pabilo vacilante no lo apagará". Tus peores días nunca serán tan malos que queden fuera del alcance de la gracia de Dios. Y tus mejores días nunca serán tan buenos que no necesites la gracia y el amor de Dios.

Domingo I Cuaresma (A)

CUMPLIR LOS MANDAMIENTOS NOS CONVIENE
Gén 2,-9; 3,1-7; Rom 5,12-19; Mt 4,1-11

Las lecturas del inicio de Cuaresma nos preguntan si confiamos en Dios; si creemos que sus mandamientos son el mejor camino para ser felices.
Adán y Eva lo dudaron, el pueblo de Israel lo dudó... Jesús no, Él sabía que Dios sabe mejor que nosotros mismos lo que más nos conviene para ser felices.

EL COCHE Y EL JUGO DE NARANJA

Al papa Juan Pablo I le preguntaron que por qué Dios si nos quería libres nos daba unos mandamientos que nos limitaban y obligaban. Él dijo que precisamente porque nos ama y nos quiere libres nos dio sus mejores consejos. Y puso este ejemplo muy significativo.

Imaginaos que vamos a comprar un buen coche. Ya en la tienda, el dueño, que es también el fabricante, nos saca el modelo que más nos gusta. Lo admiramos, probamos y decidimos llevárnoslo.

Antes de sacarlo de la tienda el dueño nos dice:
—Oiga este es un coche muy bueno, un modelo único, cuídelo, póngale buena gasolina, buen aceite...
Pero lo interrumpimos y le decimos:
—No, no, no. No soporto el olor a gasolina, yo pienso ponerle zumo de naranja.

El hombre, sorprendido, nos dice: "Bueno, como quiera, el coche es suyo. Pero si luego se para o no quiere arrancar, no venga a quejarse, yo ya se lo advertí. Yo fabriqué el coche y sé cómo funciona".

El Papa entonces afirmaba que, cuando Dios nos crea a cada uno, nos dice lo mismo: "Oye, eres un modelo único, la vida vale la pena, cuídate. Te voy a recomendar para eso una buena gasolina" y nos dio los mandamientos.

Pero nosotros muchas veces le decimos: "No, no, no. A mí no me gusta el olor de esa gasolina, yo prefiero otra: mentir de vez en cuando, ser egoísta, etc.".

Y Dios nos dice: "Como quieras, yo te regalé la vida y te quiero libre. Pero si después no eres feliz, pierdes el sentido de la vida, no te vengas a quejar, yo te hice y sé cómo funcionas".

Domingo 2 Cuaresma (A)

ESPERAR DE DIOS ES COMPARTIR CON LOS DEMÁS

Gén 12,1-4a; 2 Tim 1,8b-10; Mt 17,1-9

A veces creemos que la oración es un momento válido para huir del mundo: "Qué bien estamos aquí —dijo san Pedro a Jesús en la transfiguración — hagamos tres tiendas".
Pero rezar no es solamente para pasar un rato a gusto en compañía de Dios, ni es para pedirle que haga lo que nosotros queremos, sino que rezar es ponernos en sus manos y pedirle que tengamos el valor y el amor suficiente de hacer lo que Él quiere.

EL ZORRO MUTILADO

Un hombre que pasaba por el bosque vio un zorro que había perdido sus patas, por lo que se preguntaba cómo podría sobrevivir.

Entonces vio llegar a un tigre que llevaba una presa en su boca. El tigre ya se había hartado y dejó el resto de la carne para el zorro.

Al día siguiente Dios volvió a alimentar al zorro por medio del mismo tigre. El hombre comenzó a maravillarse de la inmensa bondad de Dios, y se dijo a sí mismo:

—Voy también yo a quedarme en un rincón confiando plenamente en el Señor, y éste me dará cuanto necesito.

Así lo hizo durante muchos días, pero no sucedió nada y el pobre hombre ya estaba casi a las puertas de la muerte cuando oyó una voz que le decía:

—Oh, tú que te hallas en la senda del error, abre tus ojos a la verdad, sigue el ejemplo del tigre y deja ya de imitar al pobre zorro mutilado.

Domingo 3 Cuaresma (A)

¿DE VERDAD QUEREMOS CONOCER A DIOS?
Éx 17,3-7; Rom 5,1-2.5-8; Jn 4,5-42

Jesús en su diálogo con la samaritana le hace ver que nuestra religión se limita muchas veces a conocimientos, ritos y tradiciones. Pero una religión así, no nos sacia pues no consigue su fin, que es encontrar a Dios. Y sólo el amor de Dios puede saciar verdaderamente nuestra sed de felicidad.

¿DESEAS A DIOS DE VERDAD?

Un día, un discípulo fue al encuentro de su maestro y le dijo:

—Maestro, quiero encontrar a Dios.

El maestro miró al muchacho, sonriéndole, pero no le dijo nada.

El joven discípulo volvió al día siguiente a hacerle la misma petición, y así cada día. Pero el sabio maestro no decía nada, pues conocía bien al muchacho.

Un buen día que hacía mucho calor, le dijo al muchacho que le acompañase hasta el río a tomar un baño. El discípulo lo acompañó y, llegados, ambos se metieron a nadar. En un momento dado, el maestro agarró al muchacho por la cabeza y se la metió bajo el agua un buen rato, hasta que el muchacho comenzó a forcejear para sacarla a flote. El maestro lo soltó y, después de un rato, le preguntó:

—¿Qué es lo que más deseabas cuando estabas debajo del agua?

—¡Aire! —respondió el discípulo.

—¿Deseas a Dios con la misma intensidad? —prosiguió el maestro—. Si lo deseas así, no te quepa duda de que le encontrarás. Pero si no tienes ese deseo, esa sed de Dios, por más que luches con tu inteligencia, con tus labios y todas tus fuerzas, no lo podrás encontrar. Mientras no se despierte en ti esa sed, no vales más que un ateo. Incluso a veces el ateo es sincero, y tú no lo eres.

Domingo 4 Cuaresma (A)

DIOS NO JUZGA POR APARIENCIAS
1 Sam 16,6-7.10-13a; Ef 5,8-14; Jn 9,1-41

No es fácil entender los planes de Dios. ¿Por qué un ciego de nacimiento? Pero Dios tiene una misión especial para cada persona que viene a este mundo. Y todas parten del amor.

EN LA DIVERSIDAD ESTA LA PERFECCIÓN

Dios estaba en el cielo mirando cómo actuaban los hombres en la tierra. Entre ellos reinaba la desolación.

—¡Más de cinco millones de seres humanos son pocos para alcanzar la magnificencia divina del amor! —suspiró el Señor.

El padre vio a tantos humanos en guerra, esposos y esposas que no completaban sus carencias, ricos y pobres apartados, sanos y enfermos distantes, libres y esclavos separados, que un buen día reunió un ejército de ángeles y les dijo:

—¿Veis a los seres humanos? ¡Necesitan ayuda! Tendréis que bajar vosotros a la tierra.

—¿Nosotros? —dijeron los ángeles ilusionados, asustados y emocionados, pero llenos de fe.

—Sí, vosotros sois los indicados. Nadie más podría cumplir esta tarea. ¡Escuchadme bien! Cuando cree al hombre, lo hice a imagen y semejanza mía, pero con talentos especiales para cada uno. Permití diferencias entre ellos para que juntos formaran el reino. Así lo planee. Unos alcanzarían riquezas para compartir con los pobres. Otros gozarían de buena salud para cuidar a los enfermos. Unos serian sabios y otros, muy simples para procurar entre ellos sentimientos de amor, admiración y respeto. Los buenos tendrían que rezar por los que actuaran como si fueran malos. El paciente toleraría al neurótico... En fin, mis planes deben cumplirse para que el hombre goce, desde la tierra, la felicidad eterna. Y para hacerlo, ¡ustedes bajarán con ellos!

—¿De qué se trata? —preguntaron inquietos los ángeles.

Entonces el Señor les explicó su deber:

—Como los hombres se han olvidado de que los hice distintos para que se complementaran unos a otros y así formaran el cuerpo de mi hijo amado. Como parece que no se dan cuenta de que los quiero diferentes para lograr la perfección, bajaréis vosotros con francas distinciones.

Y dio a cada uno su tarea:

—Tú tendrás memoria y concentración de excelencia: serás ciego.

—Tú —dijo al segundo— serás elocuente con tu cuerpo y muy creativo para expresarte: serás sordomudo.

Tú tendrás pensamientos profundos, escribirás libros, serás poeta: tendrás parálisis cerebral.

—A ti te daré el don del amor y serás su persona, habrá muchos otros como tú en toda la tierra y no habrá distinción de raza porque tendrán la cara, los ojos, las manos y el cuerpo como si fueran hermanos de sangre: tendrás Síndrome de Down.

—Tú serás muy bajo de estatura y tu simpatía y sentido del humor llegaran hasta el cielo: serás enano.

—Tú disfrutaras la creación tal como lo planee para los hombres: tendrás discapacidad intelectual y mientras otros se preocupan por los avances científicos y tecnológicos, tú disfrutaras mirando a una hormiga, una flor. Serás feliz, muy feliz porque amarás a todos y no harás juicios de ninguno.

—Tú vivirás en la tierra, pero tu mente se mantendrá en el cielo; preferirás escuchar mi voz a la de los hombres: tendrás autismo.

—Tú serás hábil como ninguno te faltarán los brazos y harás todo con las piernas y la boca".

Al último ángel le dijo:

—Tú serás un genio; te quitare las alas antes de llegar a la tierra y bajaras con la espalda ahuecada; los hombres repararán tu cuerpo, pero tendrás que ingeniártelas para triunfar. Tendrás mielomeningocele que significa 'miel que vino del cielo'.

Los ángeles se sintieron felices con la distinción del Señor, pero les causaba enorme pena tener que apartarse del cielo para cumplir su misión.

—¿Cuánto tiempo viviremos sin verte? —preguntaron—. ¿Cuánto tiempo lejos de ti?

—No os preocupéis, —dijo Dios—estaré con vosotros todos los días. Además, esto durara sólo entre 60 y 80 años terrenales.

—Está bien, padre. Será como dices, 80 años son un instante en el reloj eterno. Aquí nos vemos dentro de un rato —dijeron los ángeles al unísono y bajaron a la tierra emocionados.

Cada uno llegó al vientre de una madre, y ahí se formaron durante 6, 7, 8, o 9 meses. Al nacer fueron recibidos con profundo dolor, causaron miedo y angustia. Algunos padres rehusaron la tarea; otros la asumieron enfadados; otros se echaron culpas hasta disolver su matrimonio y otros más lloraron con amor y aceptaron el deber.

Sea cual fuere el caso, como los ángeles saben su misión, y sus virtudes son la fe, la esperanza y la caridad, además de otras, todas gobernadas por el amor, ellos han sabido perdonar, y con paciencia pasan la vida iluminando a todo aquel que los ha querido amar.

Siguen bajando ángeles a la tierra con espíritus superiores en cuerpos limitados y seguirán llegando mientras haya humanidad en el planeta. Dios quiere que estén entre nosotros para darnos la oportunidad de trabajar con ellos, para aprender de ellos. Y, trabajar es servir; servir es vivir y vivir es amar, porque la vida se nos dio para eso. Y el que no vive para servir, no sirve para vivir.

"Maestro, ¿quién pecó para que éste naciera ciego? ¿Él o sus padres?" —preguntaron a Jesús sus discípulos—. "Ni él ni sus padres —contestó Jesús—; nació así para que se vieran en él las obras de Dios".

Y las obras de Dios también se hacen a través de los hombres. Estas obras son de misericordia, especialmente con aquellos que más nos necesitan. ¿Ven por qué tantas diferencias?

Domingo 5 Cuaresma (A)

OS INFUNDIRÉ MI ESPÍRITU Y VIVIRÉIS
Ez 37,12-14; Rom 8,8-11; Jn 11,1-45

En la Biblia no importa tanto la muerte física, sino el estar muerto en vida: vivir sin Dios, sin fe, sin alegría.
Jesús vino a sacarnos de nuestros sepulcros, de nuestros miedos, vicios, rencores, falta de esperanza, etc. para que de verdad "vivamos vivos".
Si la resurrección de la tumba ocurrirá "en el último día", la del corazón sucede, o puede suceder, cada día.

¿LA AMABA O ME ATABA?

Cuando la conocí yo tenía dieciséis años.
Fuimos presentados en una fiesta, por un chico que se decía mi amigo.
Fue amor a primera vista.
Ella me enloquecía.
Nuestro amor fue creciendo y llego a un punto, que yo ya no conseguía vivir sin ella.
Pero era un amor prohibido.
Mis padres no la aceptaron.
Fui reprendido en la escuela y empezamos a encontrarnos los dos a escondidas.
Cada día estaba más loco por ella. Pero me era difícil mantenerla a mi lado.
Yo la quería, pero no la tenía.
Yo no podía permitir que me apartaran de ella.
Yo la amaba: en la desesperación, rompí todo dentro de la casa, agarré el coche y choque, y casi maté a mi hermana. Estaba loco, precisaba de ella…

Hoy tengo 39 años; estoy internado en un hospital, soy inútil y voy a morir abandonado por mis padres, amigos y por ella.

¿Su nombre? Cocaína.

A ella le debo mi amor frustrado, mi vida deshecha, mi destrucción y mi muerte.

Domingo de Ramos

"PADRE, SI HE DE BEBER ESTE CÁLIZ, HÁGASE TU VOLUNTAD"
Is 50,4-7; Fil 2,6-11; Mt 26,14-27,66

Leyendo la pasión de Cristo nos puede parecer que fracasó y sí, en verdad fracasó... pero sólo según los criterios de este mundo.

FRACASO

Muchas veces nos desanimamos por cualquier cosa: un enfado, una mala nota, un rechazo... Pero todo eso forma parte de la vida y no nos hace unos fracasados.

FRACASO NO SIGNIFICA QUE SOMOS UNOS FRACASADOS.
Significa que todavía no hemos conseguido el éxito.
FRACASO NO SIGNIFICA QUE NO HEMOS LOGRADO NADA.
Significa que hemos aprendido algo.
FRACASO NO SIGNIFICA QUE HEMOS SUFRIDO LA BURLA DE LOS COMPAÑEROS.
Significa que estuvimos dispuestos a probar.
FRACASO NO SIGNIFICA FALTA DE CAPACIDAD.
Significa que debemos hacer las cosas de distinta manera.
FRACASO NO SIGNIFICA QUE SOMOS INFERIORES.
Significa que no somos perfectos.
FRACASO NO SIGNIFICA QUE HEMOS PERDIDO EL TIEMPO.
Significa que tenemos buenas razones para empezar de nuevo.

FRACASO NO SIGNIFICA QUE DEBEMOS ECHARNOS ATRAS.
Significa que tenemos que luchar con mayor empeño.
FRACASO NO SIGNIFICA QUE JAMAS LOGRAREMOS NUESTRAS METAS.
Significa que tardaremos un poco más en alcanzarlas.
FRACASO NO SIGNIFICA QUE DIOS NOS HA ABANDONADO.
¡Significa que Dios tiene un plan mejor para nosotros!

Jueves Santo (A)

COMULGAR ES ESTAR EN COMUNIÓN, AMAR Y SERVIR

Éx 12,1-8. 11-14; 1 Cor 11, 23-26; Jn 13,1-15

¿Quién es el más importante en la Iglesia? El que sirve a los demás, el que crea comunión. La última cena es reflejo de eso: comunión, compartir, servir.

LA PIEDRA DE SOPA

En un pequeño pueblo, una mujer se llevó una gran sorpresa al ver que el que había llamado a su puerta era un extraño, correctamente vestido, que le pedía algo de comer.

—Lo siento —dijo ella—, pero ahora mismo no tengo nada en casa.

—No se preocupe —dijo amablemente el extraño—, tengo una piedra de sopa en mi cartera; si usted me permitiera echarla en un puchero de agua hirviendo, yo haría la más exquisita sopa del mundo. Un puchero muy grande.

A la mujer le picó la curiosidad, puso una gran olla al fuego y fue a contar el secreto de la piedra de sopa a sus vecinas. Cuando el agua rompió a hervir, todo el vecindario se había reunido allí para ver a aquel extraño y su piedra de sopa.

El extraño dejó caer la piedra en el agua, luego probó una cucharada con verdadera delectación y exclamó:

—¡Deliciosa! Lo único que necesita es unas cuantas patatas.

—¡Yo tengo patatas en mi cocina! —gritó una mujer. Y en pocos minutos estaba de regreso con una gran fuente de patatas peladas que fueron derechas al puchero.

El extraño volvió a probar el brebaje.

—¡Excelente! —dijo. Y añadió pensativamente —Si tuviéramos un poco de carne, haríamos un cocido de lo más apetitoso…

Otra ama de casa salió zumbando y regresó con un pedazo de carne que el extraño, tras aceptarlo cortésmente, introdujo en el puchero.

Cuando volvió a probar el caldo, puso los ojos en blanco y dijo:

—¡Ah, que sabroso! Si tuviéramos unas cuantas verduras, sería perfecto, absolutamente perfecto...

Una de las vecinas fue corriendo hasta su casa y volvió con una cesta llenan de cebollas y zanahorias. Después de introducir las verduras en el puchero, el extraño probó nuevamente el guiso y, con tono autoritario, dijo:

—La sal.

—Aquí la tiene —le dijo la dueña de la casa.

A continuación dio una orden:

—¡Platos para todo el mundo!

La gente se apresuró a ir a sus casas en busca de platos. Algunos regresaron trayendo incluso pan y frutas.

Luego se sentaron a disfrutar de la espléndida comida, mientras el extraño repartía abundantes raciones de su increíble sopa Todos se sentían extrañamente felices y mientras reían, charlaban y compartían por primera vez su comida.

En medio del alborozo, el extraño se escabulló silenciosamente, dejando tras de sí la milagrosa piedra de sopa, que ellos podrían usar siempre que quisieran hacer la más deliciosa sopa del mundo.

Domingo de Pascua (A)

TÚ DEBES ELEGIR CÓMO VIVIR LA VIDA CADA DÍA, NO LAS CIRCUNSTANCIAS
Hch 10,34a.37-43; Col 3,1-4; Jn 20,1-9

Jesús vino a salvarnos, no sólo para el cielo sino ya en esta vida. Vino a salvarnos del miedo, de la tristeza, del 'qué dirán', del pesimismo. Vino para que fuéramos libres y escojamos vivir cada día y repartamos vida. ¡Eso es celebrar la Pascua!

LA ELECCIÓN DE VIVIR

Pepe era el tipo de persona que te encantaría odiar... Siempre estaba de buen humor y siempre tenía algo positivo que decir. Cuando alguien le preguntaba cómo le iba, el respondía "Si pudiera estar mejor, tendría un gemelo".

Era gerente de un restaurante, y, sin duda, era un gerente especial porque varios camareros habían pedido su traslado cuando Pepe había sido destinado a otro restaurante y lo habían seguido.

Era sin duda por su actitud. Él era un motivador natural: Si un empleado tenía un mal día, Pepe estaba ahí para decirle cómo ver el lado positivo de la situación.

Yo lo conocí cuando fue destinado al restaurante en el que yo trabajaba y su estilo positivo ante la vida, ¡siempre!, realmente me causo curiosidad. Así que un día lo llamé y le dije:

—Perdona pero no lo entiendo. No es posible que una persona pueda ser positiva todo el tiempo... ¿Cómo lo haces?

Pepe me respondió:

—No es muy complicado. Cada mañana cuando me despierto, saludo a Dios con una oración, le doy gracias por permitirme estar vivo un día más y me digo a mí mismo: Pepe, tienes dos opciones hoy, puedes escoger estar de buen humor y no permitir que las circunstancias decidan por ti o puedes escoger estar de mal humor... Yo prefiero escoger estar de buen humor.

—Si… claro… Pero no es tan fácil —proteste—, hay desgracias y situaciones que no dependen de nosotros.

—Ciertamente —dijo Pepe—, pero el 'cómo reaccionar' ante esas situaciones sí podemos decidirlo. Cuando quitas todo lo demás, cada situación es una elección. Tú eliges hasta qué punto la gente pueda afectar tu estado de ánimo. Tú eliges estar de buen humor o mal humor estés en la situación que estés. Todo en la vida se reduce a elecciones. Cada vez que viene alguien a mí para quejarse, puedo aceptar su queja y ver pesimistamente la vida, o bien, puedo señalarle el lado positivo de la vida sin dejar que su queja me envenene. Y cada vez que sucede algo malo, puedo escoger entre ser una victima, o bien, aprender algo de ello. Yo escojo aprender de ello. En resumen: TÚ ELIGES CÓMO VIVIR LA VIDA. Dios nos concedió ese gran don, que desgraciadamente no todos saben aprovechar.

Reflexioné varios días en lo que me dijo Pepe. Poco tiempo después perdí contacto con él pues dejé la industria de restaurantes para iniciar mi propio negocio. Con frecuencia recordaba lo que Pepe me había dicho y trataba de convertir mi vida en una elección en vez de sólo reaccionar ante ella.

Varios años más tarde, me enteré que Pepe había sido asaltado en su restaurante. Por despiste, una mañana en que estaba solo, había dejado abierta la puerta de atrás. Por ahí se colaron tres personas armadas, que le obligaron a abrir la caja fuerte. Mientras intentaba hacerlo, temblando por el nerviosismo, su mente no daba con la combinación. Los asaltantes se pusieron nerviosos y le dispararon varias veces, dejándolo gravemente herido.

Tuvo suerte y fue encontrado relativamente pronto y llevado de emergencia al hospital. Después de 18 horas de cirugía y varias semanas de terapia intensiva, Pepe fue dado de alta, aun con fragmentos de bala en su cuerpo.

Me encontré con él seis meses después del incidente y cuando le pregunte cómo estaba, me respondió con una sonrisa:

—Si pudiera estar mejor, tendría un gemelo.

Después de charlar un rato, le pregunté qué había pasado por su mente en el momento del asalto. Y me contestó:

—Cuando vi a los tres ladrones, lo primero que me vino a la mente fue que debía haber cerrado con llave la puerta de atrás. Después, cuando ya estaba en la camilla gravemente herido, recordé que tenía aún dos opciones en la vida: Podía elegir vivir o podía elegir morir. Y, elegí vivir.

—Y, ¿no sentiste miedo? —le pregunté.

—Los médicos fueron muy amables —me dijo—. No dejaban de decirme que iba a estar bien. Pero cuando me llevaron al quirófano y vi las expresiones de sus rostros, realmente me asusté... Podía leer en sus ojos 'es hombre muerto'. Supe entonces que debía hacer algo.

—¿Y qué hiciste?—pregunté.

—Bueno... primero le di gracias a Dios por que hasta ahora me había dejado vivir y, como Jesús en el huerto de los olivos, le dije: 'Padre, quiero seguir viviendo pero que se haga tu voluntad, no la mía'. Después, aprovechando que uno de los médicos me preguntó si era alérgico a algo, respiré profundamente y con una sonrisa le dije: '¡Sí a las balas!' Y mirando a los médicos a los ojos, les dije: 'Señores, estoy escogiendo vivir... por favor, opérenme como si estuviera vivo, y no como si estuviera muerto. Y no se preocupen Dios decidirá el resto'.

Pepe vivió, sin lugar a dudas gracias a Dios, pero creo que su actitud positiva y la decisión de escoger vivir fueron cruciales.

Domingo 2 Pascua (A)

EL MAL NO PRUEBA QUE DIOS NO EXISTE
Hch 2,42-47; 1 Pe 1,3-9; Jn 20,19-31

Nos dicen las lecturas que se reunieron los hermanos en domingo y juntos vieron al Señor y se llenaron de alegría.
Pero Tomás no. No quiso acudir a la reunión semanal, pues aún no creía que en comunidad se refuerza la fe y es más fácil captar a Dios al compartir la pequeña fe de cada uno.

EL BARBERO

Un hombre fue a una barbería a cortarse el cabello y recortarse la barba. Como es costumbre en estos casos entabló una amena conversación con la persona que le atendía. Hablaban de muchas cosas y temas, de pronto tocaron el tema de Dios y el barbero dijo:

—Fíjese caballero que yo no creo que Dios exista, como usted dice.

—Pero, ¿por qué dice usted eso? —preguntó el cliente.

—Pues es muy fácil, basta con salir a la calle para darse cuenta de que Dios no existe, o dígame, ¿Acaso si Dios existiera, habría tantos enfermos y niños abandonados? Si Dios existiera no habría sufrimiento ni tanto dolor para la humanidad, yo no puedo pensar que exista un Dios que permita todas estas cosas.

El cliente se quedó pensando un momento, pero no quiso responder para evitar una discusión. El barbero terminó su trabajo y el cliente salió del negocio.

Apenas abandonó la barbería cuando vio en la calle a un hombre con la barba y el cabello largo, al parecer hacía mucho tiempo que no se lo cortaba y parecía muy desarreglado.

Entonces entró de nuevo a la barbería y le dijo al barbero:

—¿Sabe una cosa?, los barberos no existen.

—¿Cómo que no existen? —preguntó el barbero —si aquí estoy yo y soy barbero.

—¡No! —dijo el cliente — los barberos no existen porque si existieran no habría personas con el pelo y la barba tan larga y desarreglada como la de ese hombre que va por la calle.

—¡Ah!, los barberos sí existen, lo que pasa es que esas personas no vienen hacia mí.

—¡Exacto! —dijo el cliente—, lo mismo pasa con Dios. Dios sí existe; lo que pasa es que las personas no van hacia Él y no le buscan. Por eso hay tanto dolor y miseria en el mundo.

Domingo 3 Pascua (A)

POR EL CAMINO HACIA EMAÚS…
Hch 2,14.22-33; 1 Pe 1,17-21; Lc 24,13-35

Todos, como aquellos dos de Emaús, tenemos momentos de desilusión, de ceguera espiritual, de crisis… en que preferimos huir.
Pero Jesús no piensa dejarnos solos y se pone a caminar a nuestro lado hasta que lo descubramos.

SI REZAS… CAMINARÁS EL CAMINO DE EMAÚS CONMIGO

Dice Jesús:
Caminemos por el camino hacia Emaús.
Caminemos juntos
y juntos charlemos.

A pesar de que tú no me reconozcas a mí
yo sí sé quién eres,
yo sí te conozco.

Vamos, cuéntame todo lo que ha pasado:
todas tus esperanzas,
todas tus ansiedades,
todas tus desilusiones,
todos tus miedos.

Cuéntame de esa chispa de alegría que se oscurece con la duda.
Cuéntame todas esas cosas que nublan tu mente,
y todas esas tormentas que se debaten en tu corazón.

Caminaremos juntos el camino…
Tú simplemente cuéntame, y yo te escucharé.

Cuando hayas dicho todo lo que tienes que decir
   yo te hablaré
   y, a pesar de que tú aun no sabes quién soy yo,
   yo te revelaré algo sobre mí,
     sobre ti,
     sobre nosotros.

Tus ojos se abrirán, a pesar de que aun no sabrás verme.
   No importa, yo seguiré caminando a tu lado,
   no te dejaré…
   soy parte de tu vida.

Aun cuando tú no sepas que soy yo
   yo caminaré a tu lado,
   yo te hablaré,
y si me invitas a pasar,
   yo cenaré contigo,
y entonces me reconocerás.

Partiremos juntos el pan
   y tú comprenderás quiénes somos.
Y por un breve instante VERÁS LA LUZ.

Domingo 4 Pascua (A)

EL AMOR DE DIOS ES COMO EL DE UN BUEN PASTOR

Hch 2,l4a.36-41; Sal 22; 1 Pe 2,20b-25; Jn 10,1-10)

Para nosotros, gente de ciudad, la imagen del buen pastor nos puede parecer lejana pues no entendemos mucho de ovejas y rebaños. Pero es una figura muy simbólica para expresar la seguridad, ternura, guía, etc. que nos quiere dar Dios.

UNA EXPLICACIÓN DEL SALMO DEL BUEN PASTOR

Los pastores de Israel tenían pocas ovejas a las que cuidaban con cariño. Eran también su única compañía, por lo que las conocían por su nombre y ellas reconocían su voz y lo seguían.

El Señor es mi pastor, nada me falta
Una oveja sabe que siguiendo a su pastor, escuchándolo y obedeciéndolo, nada le faltará, está segura.

Nosotros también necesitamos dejarnos llevar y confiar: 'Buscad el Reino de Dios y su justicia y todo lo demás se os dará por añadidura'.

En verdes praderas me hace reposar
Las ovejas comen mucho y muy rápido y, a veces no pueden digerir bien la comida. Por eso el pastor las hace recostar de vez en cuando para que digieran lo comido.

Todos necesitamos espacios de calma y silencio para digerir todo lo que cada día vemos, oímos y pensamos, que es mucho y pasa muy rápido.

Hacia fuentes tranquilas me conduce para reparar mis fuerzas

Las ovejas son desproporcionadas de patas y cuerpo y, además, no ven muy bien. Por ello temen el agua pues no pueden nadar. No se acercan cuando el agua hace ruido. El pastor lo sabe y por eso las lleva a aguas bajas y tranquilas o hace una represa para ellas.

Nosotros también necesitamos beber en aguas tranquilas, pues corremos el riesgo de ahogarnos en este mundo caudaloso.

Por ser un Dios fiel a sus promesas, me guía por el sendero recto

El pastor no abandona a las ovejas aunque ellas se desvíen. Él es fiel y las busca y las vuelve al buen camino.

Todos en alguna ocasión nos hemos alejado del buen camino, mucho o poco, y hemos preferido "otros pastos". Pero Dios no deja de llamarnos, de buscarnos, de cargarnos si hace falta.

Así, aunque camine por cañadas oscuras, nada temo, porque tú estás conmigo

Las ovejas confían en el pastor aunque las lleve por un camino difícil y abrupto. Saben que él ya lo recorrió antes y conoce los peligros.

Así nosotros, aunque nuestro camino sea oscuro y nuestro futuro incierto, confiemos tranquilamente, pues Jesús ya pasó por aquí.

Tu vara y tu cayado me dan seguridad

El cayado del pastor es un palo largo con un gancho al final con el que empuja a una oveja que puede resbalar en un lugar peligroso o que va a comer algo que no debe. Es al mismo tiempo un arma para enfrentar a los posibles depredadores del rebaño.

Dios siempre está atento a llamarnos de alguna manera cuando vamos por donde no debemos. Y Él nos da la fuerza para enfrentar las dificultades.

Me preparas una mesa a despecho de mis enemigos

Las ovejas que están cerca del pastor comen tranquilas sabiendo que los depredadores no se acercarán mientras él esté cerca, pues él dará la vida por ellas, si es necesario.

Cerca de Dios nos será siempre más fácil afrontar las críticas o las tentaciones.

Me unges la cabeza con perfume

Debido a su mala vista, las ovejas suelen golpearse mucho la cabeza con las piedras y hacerse heridas. Las heridas atraen las moscas y el ruido que producen enredadas en su lana hace que la oveja se golpeé más y se agrave la herida. El pastor lo sabe y por eso unta a cada oveja con aceite en la cabeza para curar las heridas y quitarle las moscas enredadas.

A cada uno la vida nos da golpes y nos hace heridas. Dios nos acaricia y nos cura si le dejamos.

Llenas mi copa hasta los bordes

El agua escasea en Israel, pero el pastor deja beber a las ovejas todo lo que quieran al terminar el día.

Cada día podemos agradecer a Dios lo que tenemos o quejarnos de lo que nos falta.

Tu bondad y tu misericordia me acompañan todos los días de mi vida, y viviré en la casa del Señor por años sin término

Cuando las ovejas se van a dormir, cada noche, están seguras del gran amor del pastor y con él quieren vivir siempre

Jesús nos dijo: "yo he venido para que tengan vida y vida en abundancia". No vino para que sobrevivamos, sino para que vivamos tranquilos y sin miedo.

Domingo 5 Pascua (A)

CUANDO SE ES GENEROSO SIEMPRE ALCANZA
Hch 6,1-7; 1 Pe 2,4-9; Jn 14,1-12

Los pobres siempre existirán en este mundo —dijo Jesús—, esperando que quien se preocupe de ellos, también. Ser generoso no es querer solucionar todas las necesidades del mundo sino hacer lo poquito que se puede y confiar que Dios hará el resto.

¿QUIÉN ALIMENTARÁ A LOS HAMBRIENTOS?

"¿Quién de ustedes asumirá la obligación de alimentar a los hambrientos?" —preguntó Buda a sus discípulos cuando el hambre asolaba Shravasti.

Ratuakar, el banquero, movió la cabeza diciendo:

—Todas mis riquezas no bastarían para dar de comer a los hambrientos.

Jayasen, el general de los ejércitos reales, respondió:

—Estaría dispuesto a dar mi propia sangre, pero no tengo comida suficiente en mi casa.

Dharmapal, que poseía muchas hectáreas de tierra, dijo con un suspiro:

—El demonio de la sequía ha absorbido la humedad de mis campos. No sé cómo pagar ni siquiera los impuestos.

Se levantó entonces Supriya, la hija del mendigo. Hizo una reverencia a todos y dijo humildemente:

—Seré yo quien dé de comer a los hambrientos.

—¿Cómo? —gritaron todos sorprendidos— ¿Qué esperanzas puedes tener tú de cumplir esa promesa?

—Soy la más pobre de todos vosotro —dijo Supriya—, esa es mi fuerza, tengo mi arcón y mi despensa en cada una de sus casas.

Domingo 6 Pascua (A)

DEJARNOS GUIAR POR DIOS
Hch 8,5-8.14-17; 1 Pe 3,15-18; Jn 14,15-21

"Estemos siempre prontos para dar razón de nuestra esperanza" —como nos dice san Pedro—, pero siempre "con sencillez y respeto". Nuestro actuar en la vida, debe ser como el del lápiz en manos de un artista; él no decide qué va a hacer, confía y se deja guiar por el Espíritu.

PARÁBOLA DEL LÁPIZ

El nieto preguntó a su abuelo:
—¿Abuelo, estás escribiendo una historia que nos pasó a los dos? ¿Es, por casualidad, una historia sobre mí?

El abuelo dejó de escribir, sonrió y le dijo:
—Sí, estoy escribiendo sobre ti. Sin embargo, más importante que las palabras, es el lápiz que estoy usando. Me gustaría que tú fueras como este lápiz cuando crezcas.

El nieto miró el lápiz intrigado, y como no vio nada de especial en él, preguntó:
—¿Qué tiene de particular ese lápiz?

El abuelo le respondió:
—Hay en él cinco cualidades que, si consigues mantenerlas, harán siempre de ti una persona en paz con el mundo.

Primera cualidad: El lápiz, al escribir, siempre deja una marca. De la misma manera, has de saber que todo lo que hagas en la vida, dejará trazos. Por eso intenta ser consciente de cada una de tus acciones, porque dejarán marca.

Segunda cualidad: Lo que realmente importa en el lápiz no es la madera ni su forma exterior, sino el grafito que hay dentro. Por lo tanto, cuida siempre lo que sucede en tu interior, de ahí saldrá lo que harás fuera.

Tercera cualidad: De vez en cuando necesitas dejar lo que estás escribiendo y usar el sacapuntas. Eso hace que el lápiz sufra un poco, pero al final, estará mejor afilado. Tú también debes ser capaz de soportar algunos dolores, porque te harán mejor persona.

Cuarta cualidad: El lápiz permite que usemos una goma para borrar aquello que está mal. Permitir que nos corrijan en algo que hemos hecho mal no es necesariamente algo negativo, sino algo importante para mantenernos en el camino de la justicia.

Quinta cualidad: El lápiz es humilde y siempre se deja guiar por la mano. Puedes hacer grandes cosas en tu vida, pero nunca olvides que hay una mano que debe guiar tus pasos. Esa mano la llamamos Dios, y siempre te conducirá en la dirección correcta, si tú te dejas".

Domingo 7 Pascua (A)

DÍA DE LA MADRE

Hch 1,12-14; 1 Pe 4,13-16; Jn 17,1-11a

"Todos ellos se dedicaban a la oración en común, junto con algunas mujeres, entre ellas María, la madre de Jesús".

EL COSTO DEL AMOR DE UNA MADRE

Una tarde, nuestro pequeño hijo se acercó a su mamá, que preparaba la cena en la cocina, y le entregó una hoja de papel en la que había escrito algo. Después de secarse las manos, ella la leyó:

— Por ayudar a lavar los platos	15 €
— por limpiar mi cuarto	5 €
— por ir a comprar el pan	0.50 €
— por cuidar de mi hermanito	5 €
— por sacar la basura todos los días	2.50 €
— por sacar buenas calificaciones	50 €
— por limpiar y barrer	5 €
Total adeudado	**83 €**

Después de leer la lista, mi esposa se le quedó mirando; él aguardaba nervioso pero lleno de expectativas. Ella tomó el lápiz y en el reverso de la misma hoja escribió:

— Por cargarte 9 meses en mi vientre y darte la vida	nada
— Por tantas noches de desvelos, curarte y rezar por ti	nada
— Por los problemas y lágrimas que me hayas causado	nada
— Por el miedo y preocupaciones que he pasado	nada

— Por comida, ropa y juguetes   nada
— Por limpiarte la nariz, acariciarte
  y quererte   nada

Costo total de mi amor   **NADA**

Cuando nuestro hijo terminó de leer lo que había escrito su mamá, tenía los ojos llenos de lágrimas. La miró a los ojos y le dijo:
—Te quiero mucho mamá. —Y se abrazó a ella.
Luego tomó su lápiz y escribió en la hoja con letra muy grande: "TOTALMENTE PAGADO".

Pentecostés (A)

SER LUZ PARA LA OSCURIDAD DEL MUNDO
Hch 2,1-11; 1 Cor 12,3b-7.12-13; Jn 20,19-23

¿Qué cambia en una persona cuando acepta el Espíritu de Jesús? Confía, pierde miedos, vive con optimismo, crea fraternidad…
Si dejamos que la luz de Dios prenda en nosotros, surgirán muchas maravillas en nuestros barrios, aunque tal vez muchos nos consideren locos… como a los apóstoles.

UN FARO EN EL DESIERTO

Un grupo de amigos que se pusieron a construir un faro en medio del desierto.

Todos se burlaban de ellos y los llamaban locos. ¿Para qué un faro en medio del desierto? Pero ellos no hacían caso y seguían, su labor.

Un día por fin acabaron el faro. En la noche sin luna y sin estrellas el espléndido rayo empezó a girar en las tinieblas del aire, como si la vía láctea se hubiera convertido en carrusel.

Y sucedió que en el momento que el faro comenzó a dar su luz, surgió de pronto en el desierto un mar, y hubo en el mar buques trasatlánticos, submarinos y ballenas, puertos con mercaderes de Venecia, piratas de barba roja, holandeses errantes, y sirenas.

Todos se asombraron mucho; todos menos los constructores del faro. Ellos sabían que si alguien enciende una luz en medio de la oscuridad, al brillo de esa luz surgirán muchas maravillas.

Enciende la luz de Dios en tu corazón y entonces te saldrá luz por los ojos y no veras más que cosas bonitas y gente buena.

Santísima Trinidad (A)

LA VERDADERA RELIGIÓN NO ES SABER SINO AMAR

Éx 34,4b-6.8-9; 2 Cor 13,11-13; Jn 3,6-18

La mejor manera de comprender el misterio de la Santísima Trinidad no es con la cabeza sino con el corazón. Dios nos hizo a su imagen y semejanza.

NOSOTROS SOMOS TRES, TÚ ERES TRES

Viajando por los mares un barco en el que iba un obispo, hizo una parada en una isla remota. El obispo decidió aprovechar el día para caminar por la playa. Se encontró a tres pescadores.

Al verlo, los pescadores, se le acercaron y le dijeron con orgullo:

—Nosotros ser cristianos, un misionero bautizarnos hace años —y se señalaban ellos mismos.

El obispo se alegró y queriendo comprobar su fe les preguntó:

—Ustedes que se dicen cristianos ¿saben la oración del Señor, no?

Los indios le dijeron que nunca habían escuchado esa oración. El obispo se sorprendió y les preguntó:

—Entonces, cuando rezan ¿qué es lo que dicen?

—Nosotros levantar los ojos al cielo y decir: nosotros somos tres, tú eres tres, ten piedad de nosotros.

Al obispo le pareció un horror esa oración y hasta casi herética, por lo que decidió dedicar todo su día a enseñar el Padrenuestro a esos tres pobres pescadores. Les costó aprender, a pesar de poner toda su atención. Y cuando el barco zarpo al anochecer el obispo se fue contento de haber cristianizado de verdad a esas pobres gentes.

Meses después, en otro viaje, el obispo pasó cerca de la isla y reconoció con orgullo que era el lugar donde había enseñado a rezar, 'como se debe', a tres humildes pescadores.

Mirando hacia la isla fue grande su sorpresa cuando vio que tres pequeñas luces se acercaban al barco. Para su asombro, descubrió que eran los tres pescadores que venía hacia él caminando sobre el agua.

Aun no salía de su asombro cuando los pescadores le gritaron:

—¡Obispo! Nosotros alegrarnos de verte. Nosotros escuchar tu barco y venir enseguida. Nosotros estar tristes porque nosotros olvidar bonita oración que tú enseñar. Nosotros decir: Padre nuestro que estás en los cielos, santificado sea tu nombre, venga a nosotros tu reino... después olvidar. Por favor, enseñar otra vez toda la oración.

El obispo se sintió humillado y, con una sonrisa, les dijo:

—Vuelvan a sus casas, mis buenos amigos, y cuando recen digan 'Nosotros somos tres, tú eres tres, ten piedad de nosotros'.

A veces he visto a mujeres ancianas rezar interminables rosarios en la iglesia. ¿Cómo va a glorificar a Dios ese incoherente palabreo? Pero siempre que me he fijado en sus ojos o en sus rostros alzados al cielo, he sabido en el fondo que ellas están más cerca de Dios que muchos hombres doctos.

Domingo 2 Ordinario (A)

SÓLO QUIEN CONOCE A JESÚS PUEDE LLEVAR A OTROS A ÉL
Is 49,3.5-6; 1 Cor 1,1-3; Jn 1, 29-34

*Las lecturas de hoy nos dicen los títulos que se fueron dando a Jesús conforme los cristianos fueron entendiendo quién era: Siervo de Dios, Luz de las naciones, Nuestro Señor, Palabra de Dios, Cordero de Dios, Aquel que posee el Espíritu Santo, el Hijo de Dios...
Para nosotros ¿quién es Jesús? ¿Hemos hecho algo por conocerlo o nos conformamos con lo que nos contaron de él de niños en el catecismo?*

Chiste: ¿TÚ CREES EN DIOS?

Cada año el obispo visitaba el pueblo en el verano y aprovechaba a confirmar a todos los niños del catecismo los cuales eran bien preparados para ello por las monjitas. Pero ese año habían cambiado al obispo de la diócesis, y este avisó, a principios de diciembre, que visitaría el pueblo poco después de Navidad y confirmaría en esa fecha a los niños.

Las pobres hermanas estaban muy preocupadas pues sería imposible preparar a los niños tan rápido. No pudiendo hacer que, en tan poco tiempo, se aprendieran el Credo se les ocurrió una idea: lo dividirían y cada niño se aprendería sólo una frase y, todos juntos, lo recitarían ese día ante el obispo. Incluso —pensaron—, será bonito. Enseñaron, pues, una frase del Credo a cada uno.

Cuando llegó el día, los formaron en orden. Pero el nuevo obispo era muy familiar y después de saludar a los niños, sentó a uno de ellos en sus rodillas y le preguntó: "Oye, dime ¿tú crees en Dios?". A lo que el niño contestó muy seguro: "No, yo no". "¿Ah, no?" se sorprendió el obispo. "No", contesto el niño. "Yo creo en Jesucristo. El que cree en Dios es aquel otro niño" —dijo señalando al primero de sus compañeros.

Domingo 3 Ordinario (A)

TODAS LAS PERSONAS POSEEN ALGO DE LUZ
Is 8,23b-9,3; 1 Cor 1,10-13.17; Mt 4,12-23

Cada uno de nosotros puede ser luz de Dios para la vida de otras personas. Pero para ello debemos primero 'convertirnos', dejarnos iluminar por Dios cambiando nuestros criterios y adecuándolos a los suyos.
Él lo que desea, sobre todo, es que haya unión y amor entre nosotros; quiere que todos los hombres vivan y compartan la salvación traída por Jesús.

LA SABIDURÍA SEGÚN LOS ASHANTI

Nyame, el Dios del cielo, le entregó a Anansi una olla con toda la sabiduría del mundo y con instrucciones muy precisas: tenía que repartirla equitativamente entre todos los habitantes de la tierra. En la olla estaba realmente todo lo que podían necesitar. Cómo convertir la leche en cuajada y cómo llevarse bien con los vecinos, qué armas usar en la guerra y cuáles eran los ritos para atraerse la voluntad de los dioses, las palabras adecuadas para saludar a un jefe y la destreza para tejer con fibra de palma. En suma, conceptos, procedimientos, habilidades y conocimientos.

Pero Anansi no tenía ganas de compartir semejante tesoro y quiso guardárselo todo para él. Para esconderlo mejor, decidió subir la olla a lo alto de un gran árbol, el más alto de la selva. Sin embargo, era dificilísimo trepar cargando esa enorme olla en las manos.

Su hijo Intikuma lo vio luchando por trepar lo más alto posible y se quedó mirándolo con asombro.

—Padre —le dijo después de un rato—, ¿no podrías trepar mucho más cómodo si te cargas esa olla a la espalda...?

Cuando Anansi escuchó ese consejo tan sensato, rugió de rabia.

—¿Cómo es posible? ¡Un muchachito sabe más que yo, que tengo la olla de la sabiduría! ¿Para qué quiero esto?

Y en un ataque de furia, arrojó la olla de la sabiduría al suelo. Estaba ya bastante alto. La olla se estrelló con estruendo y trozos de sabiduría volaron en todas las direcciones de manera que sería imposible volver a reunirla.

Durante mucho tiempo la gente encontró y recogió fragmentos de sabiduría esparcida por aquí y por allá, en la tierra, sobre las hojas, en los hongos y las lianas o mezcladas con el agua del río.

Gracias a eso ningún hombre o mujer en el mundo es dueño de toda la sabiduría y cada uno tiene un poco. Y cuando algunas personas se encuentran y se detienen a conversar y a intercambiar ideas, comparten los unos con los otros el pedacito que les tocó.

Domingo 4 Ordinario (A)

A DIOS SE LE PALPA EN EL AMOR A LOS NECESITADOS

Sof 2,3; 3,12-13; 1 Cor 1,26-31; Mt 5,1-12a

Las bienaventuranzas son el resumen del mensaje de esperanza de Jesús: el Reino de Dios sólo es real allí donde los últimos son los primeros en ser atendidos por la comunidad. Donde el amor de Dios es palpable sobre todo para quien más lo necesita: los pobres, los que lloran, los que sufren, los que sacrifican su vida por amor, etc.

LA PERFECCIÓN DE DIOS

En Brooklyn, Nueva York, hay una escuela para niños de lento aprendizaje. Algunos, después de un tiempo, son enviados a escuelas convencionales mientras que otros pasan ahí toda su vida escolar.

En una cena que tuvo lugar en la escuela, el padre de Shaya, uno de estos niños, dio un discurso que difícilmente olvidarán quienes lo escucharon.

Empezó preguntando: "¿Dónde está la perfección en mi hijo Shaya? Dicen que la obra de Dios está hecha a la perfección. Pero mi niño no puede entender cosas que otros niños si entienden; mi niño no puede recordar hechos y figuras que otros niños si recuerdan. ¿Dónde está, pues, en él la perfección de Dios?". La audiencia quedó en silencio ante esta pregunta, formulada por un hombre al que se veía angustiado. "Yo creo —continuó el padre— que cuando Dios permite que vengan al mundo niños así, su perfección radica en la forma como los demás reaccionan ante ellos".

Luego contó una historia acerca de su hijo. Una tarde, los dos caminaban por un parque donde un grupo de niños estaba jugando béisbol. "¿Crees que me dejarán jugar, papá?", preguntó Shaya ilusionado. El padre estaba convencido de que lo rechazarían, pero no queriendo quitar la ilusión a su hijo sin intentarlo, llamó a uno de los niños y le preguntó si permitirían que Shaya jugara un poquito con ellos. El niño miró a sus compañeros de equipo y, al no obtener ninguna respuesta, tomó la decisión: "Estamos perdiendo por seis carreras y el juego está en la octava entrada. No veo inconveniente. Creo que puede estar en nuestro equipo, y trataremos de ponerlo al bat en la novena entrada".

El padre quedó boquiabierto con la respuesta y Shaya sonrió. El padre insistió en que sólo lo pusieran en una base en esa entrada y así no estorbaría mucho. Pero los niños no le hicieron caso y al empezar la novena entrada pusieron a Shaya en la fila para batear. El juego se estaba poniendo emocionante pues el equipo de Shaya anotó tres carreras y ahora estaban con dos outs y las bases llenas. Le tocaba batear al mejor jugador del equipo, pero era la última oportunidad para que Shaya lo hiciera. ¿Dejaría el equipo que Shaya fuera al bat, arriesgando la oportunidad de ganar el juego?

Para sorpresa del padre, pusieron a su hijo al bat. Al ver que ni siquiera sabía cómo tomarlo, todos pensaron que ese era el fin, pues ni siquiera sabía tomarlo. Pero cuando Shaya estaba parado en el plato, el pitcher se movió algunos pasos para lanzar la pelota suavemente, de forma que el niño al menos pudiera hacer contacto con ella. Shaya falló. Entonces, uno de sus compañeros de equipo se acercó a él y le ayudo a sostener el bat. El pitcher dio otros pasos y lanzó más suavemente. Shaya y su compañero le dieron a la pelota, que regresó inmediatamente a los pies del pitcher. Éste podía lanzar la pelota a primera base, eliminar a Shaya y ganar el juego. Pero en vez de eso, la lanzó lo más lejos que pudo de primera base. Todos empezaron a gritar: "¡Shaya, corre a primera, corre a primera base!" Él nunca había corrido a primera base, pero todos le indicaban hacia dónde debía ir. Cuando llegó a la base, todos gritaron: "corre a segunda, corre a segunda base". Mientras Shaya corría, un jugador del otro equipo tenía ya la pelota en sus manos. Podía lanzar a segunda base, y hacer out, pero entendiendo las intenciones del pitcher, la lanzó muy alto, lejos de la segunda base.

Cuando Shaya tocó la segunda base, otros niños corrían a su lado y le daban ánimos para continuar: "¡Corre a latercera!". Conforme corría a la tercera, los niños de los dos equipos iban junto a él, gritando todos a una sola voz: "¡Shaya, corre a casa!". Shaya siguió y se paró justo en el plato de home, donde los dieciocho niños lo alzaron en hombros y lo hicieron sentir un héroe: había hecho una gran carrera, había ganado el partido para su equipo.

"Aquel día —concluyó el padre de Shaya, con lágrimas rodando por sus mejillas—, esos dieciocho niños mostraron con un gran nivel la perfección de Dios".

Domingo 5 Ordinario (A)

SAL Y LUZ

Is 58,7-10; 1 Cor 2,1-5; Mt 5,13-16

Ser sal y luz, dar sabor y optimismo a la vida de la gente, especialmente con los más tristes, los necesitados (incluidos los de nuestra familia), esa es nuestra gran misión como cristianos. Sólo así podrán captar el amor de Dios y dar 'gloria al Padre de todos que está en el cielo'.

SI QUIERES QUE TE QUIERAN... QUIERE

Hace unos días celebramos, con una cena en familia, los 50 años de casados de mis papás. Fueron momentos felices, de esos en los que uno le da gracias a la vida por tantas bendiciones.

A la hora del café, Macarena, una de mis cuñadas, le preguntó a mis papás qué consejo nos darían a quienes aspiramos a cumplir tantos años de casados, tan compenetrados como ellos lo están.

Mi mamá contestó que era cuestión de construir poco a poco, y cada día, los pilares que sostienen el matrimonio, como el amor, la tolerancia y la comprensión.

Mi papá, que es de pocas palabras, sólo dijo:

—Si quieres ser feliz, haz feliz a tu pareja. Si quieres que te quieran, quiere.

Este concepto retumbó en mi cerebro, y sigue haciendo eco con mucha frecuencia, ya que es aplicable no sólo con nuestra pareja, sino en cualquier campo y tipo de relación humana.

Pensemos, ¿por qué al ver un bebé que nos sonríe, de inmediato compra nuestro corazón? O ¿por qué nos gana nuestro perro cuando llegamos a casa y al vernos, ladra y se alborota como si fuéramos el único ser viviente sobre la tierra? Si criaturas tan inocentes lo saben y lo hacen por algún instinto divino, ¿por qué no lo hacemos nosotros? Si mostráramos interés y cariño por los demás, en un mes ganaríamos más amigos de los que ganaríamos en un año.

Pero estamos muy ocupados. ¿Cuántas veces hemos estado dispuestos a hacerlo? Hablamos de nuestros logros, de nuestras cualidades, de lo bien que va nuestro negocio, de lo inteligentes que son nuestros hijos… Y lo único que ganamos es quedar muy bien ante nosotros mismos. Nada más.

La realidad es, por cruda que sea, que los otros no se interesan por mí, ni por usted. Se interesan por ellos mismos. ¡Todos nos interesamos primero por nosotros mismos! Tenemos un gran ego… ¿Sabía usted que la Compañía Telefónica en Nueva York realizó un detallado estudio de las conversaciones por teléfono y comprobó que la palabra "yo" es la que se usa con más frecuencia? En 500 conversaciones telefónicas se utilizó 3.990 veces, 'yo, yo, yo, yo'.

Y cuando vemos una fotografía de grupo en la que salimos, ¿a quién vemos primero?

Alfred Adler, el famoso psicólogo vienés, escribió: "El individuo que no se interesa por sus semejantes es quien tiene las mayores dificultades en la vida y causa las mayores heridas a los demás. De esos individuos surgen todos los fracasos humanos".

¡Y cuán cierto es! Cuentan que a Gandhi, al bajarse del tren en que viajaba, se le salió una de sus sandalias y fue a parar en medio de la vía. Como el tren estaba en movimiento, no la pudo rescatar. Para el asombro de sus compañeros, tranquilamente se quitó la otra y la lanzó de manera que quedara junto a la anterior. Cuando un acompañante le preguntó por qué lo hacía, Gandhi sonrió y respondió: "El pobre hombre que se encuentre esa sandalia sobre la vía, ahora tendrá un par para poder usar".

Usted o yo, ¿haríamos lo mismo? Me dirá: "¡Claro, es Gandhi!" Sin embargo, podemos reducir su filosofía a la misma frase que titula esta colaboración. No hay vuelta de hoja. Si quieres que te quieran, quiere. Si queremos obtener amigos, o estrechar más los lazos, dediquémonos a tener pequeños detalles hacia ellos, a hacer cosas por los demás, cosas que requieran entrega, tiempo, energía, altruismo…

Si quiero a las personas, debo demostrárselo siendo cortés y amable con ellas. Bueno, hasta con un sencillo saludo.

Recuerdo a mi querida amiga Pachela. Toda la gente que la conoció hablaba maravillas de ella, y le caía bien a todo el mundo. ¿Su secreto? Siempre se interesó por los demás y nos hacía sentir especial a cada una de sus 500 mejores amigas. Si la encontrábamos en la calle, nos saludaba como si fuéramos 'rock stars'. Parecía que no nos había visto en años, aunque la hubiéramos visto la semana anterior.

También recuerdo cuando, hace poco, pasé mi cumpleaños en un curso fuera de mi casa, rodeada de extraños. A la hora de la cena, todos me cantaron, y unas lindas señoras trajeron un pastel que habían ido a comprar al pueblo; me regalaron una tarjeta muy escogida y firmada por mis compañeros. Después de quedar totalmente conmovida, con remordimiento pensé que yo nunca hubiera hecho algo así. ¡Qué horror!

Recordemos lo que señaló Publio Syro, un poeta romano de antes de Cristo: "Nos interesan los demás cuando se interesan por nosotros".

Quizá es porque me falta aprender a hacerlo, que la frase dicha por mi padre sigue retumbando en mi cabeza: 'Si quieres que te quieran, quiere'.

Domingo 6 Ordinario (A)

MÁS DE LO QUE ES JUSTO
Sir 15,16-21; 1 Cor 2,6-10; Mt 5,17-37

Jesús no podía decirlo más claro: "Si nuestra justicia no es mayor que las personas piadosas y los teólogos, nunca podremos captar y vivir su mensaje".
Nos deja escoger entre la vida o la muerte, limitarnos a cumplir la ley o amar por encima de lo que nos toca.

EL AGUJERO EN LA BARCA

Un hombre fue contratado en un puerto para pintar una barca. Llego hasta la dársena con la pintura y brochas, y comenzó a pintar la barca de un rojo brillante, tal y como había convenido con el dueño.

Mientras hacia su trabajo, se dio cuenta de que la pintura estaba traspasando el fondo de la barca y mojando el suelo de la dársena. Al fijarse con más atención, detecto un orificio en el casco y, aunque le iba llevar tiempo, decidió repararlo. Cuando termino su labor se fue.

Para su sorpresa, al día siguiente, el propietario de la barca se presentó en su casa y le pidió que aceptara un nuevo cheque por su trabajo.

—Pero si usted ya me pago lo que convinimos —exclamo el trabajador.

—Sí, pero no fue suficiente —dijo el propietario.

Y ante la cara que puso el hombre, agregó:

—Cuando le pedí que pintara mi barca, se me olvido hablarle del orificio que tenía en su casco. Tampoco se lo había dicho a mis hijos, quienes al ver la barca ya pintada y seca salieron de pesca cuando yo estaba ausente. No se imagina la angustia que sentí cuando volví y me di cuenta de que se la habían llevado. Pensé que podría hundirse en alta mar y hacerlos naufragar. Al verlos regresar sanos y salvos, examine la barca y deduje que, sin que yo se lo hubiera pedido, ni le hubiera pagado por ello, usted había decidido reparar el agujero. ¡Su pequeña buena acción ha salvado la vida de los dos seres que más quiero! ¡No hay dinero en el mundo que pueda pagar su generosidad!

No te limites a hacer lo que esperan de ti.

No importa para quién, cuándo ni cómo, da siempre lo mejor que llevas dentro.

Domingo 7 Ordinario (A)

APRENDER A AMAR COMO DIOS
Lev 19,1-2.17-18; 1 Cor 3,16-23; Mt 5,38-48

Hoy Jesús revela la parte fundamental de su ley: "Que su amor sea como el de Dios que hace salir su sol sobre buenos y malos y manda su lluvia sobre justos e injustos".

EL PAQUETE DE GALLETAS

A una estación de trenes llega una señora muy elegante. En la ventanilla le informan que el tren viene retrasado y que tardará aproximadamente una hora en llegar a la estación. Un poco fastidiada no le queda más que esperar. Va al puesto de diarios y compra una revista, un paquete de galletas y un refresco. Preparada así para la forzosa espera, se sienta en uno de los largos bancos del andén.

Mientras hojea la revista, un joven de color se sienta a su lado y sin decir una palabra, estira la mano, toma el paquete de galletas, lo abre y después de sacar una, lo deja sobre la banca y comienza a comerse la galleta despreocupadamente.

La mujer está indignada. No quiere ser grosera, pero tampoco hacer como si nada hubiera pasado; así que, con gesto ampuloso, toma del paquete otra galleta que exhibe frente al joven y se la come mirándolo fijamente.

Por toda respuesta, el joven sonríe y… ¡toma otra galleta! La señora, con ostensibles señales de fastidio, toma otra y se la come sosteniendo otra vez la mirada en el muchacho.

El diálogo de miradas y sonrisas continúa entre galleta y galleta. La señora cada vez más irritada, el muchacho cada vez más divertido.

Finalmente, la señora se da cuenta de que en el paquete queda sólo la última galletita.

—No podrá ser tan caradura" —piensa, y se queda esperando mirando alternativamente al joven y a la galleta.

Con calma, el muchacho alarga la mano, toma la galleta y, con mucha suavidad, la parte. Con su sonrisa más amorosa le ofrece la mitad a la señora.

—¡Gracias! —dice ella tomando con rudeza la media galleta.

—De nada —contesta el joven sonriendo angelical mientras se come su mitad.

El tren llega. Furiosa, la señora se levanta toma sus cosas y sube al tren. Al arrancar, desde el vagón ve al muchacho todavía sentado en el banco del andén y piensa: "Insolente". Siente la boca reseca por la ira. Abre su bolso para sacar la lata del refresco y se sorprende al encontrar, bien cerrado, su paquete de galletas… ¡Intacto!

Sólo entonces percibió lo equivocada que estaba. Había olvidado que sus galletas estaban dentro de su bolso y se había comido las del joven.

Domingo 8 Ordinario (A)

A QUIEN SE SABE EN MANOS DE DIOS SIEMPRE LE ALCANZA PARA DAR A LOS MÁS POBRES
Is 49,14-15; 1 Cor 4,1-5; Mt 6,24-34

Sólo si nos comparamos con quien está peor que nosotros, sabremos qué ricos somos y no nos faltará algo para compartir con los necesitados. Como escribió Tagore: "Lloraba porque no tenía zapatos, cuando a mi lado vi a un hombre que no tenía pies".

DOÑA BALBINA

Doña Balbina es viuda y anciana. Vive sola en la choza más pobre que hay en el caserío. Tiene unas cuantas gallinas y un solar pequeñito donde cultiva sus verduras.

Las vecinas, que la quieren bien, le llevan a veces 'un taquito', o sea una porción pequeña de lo que han hecho para la comida.

Ella les da las gracias: "Ustedes son mi divina providencia" —dice.

Hace unos días llegó al rancho una trabajadora social. Supo de doña Balbina y fue a visitarla.

Le ofreció:

—Creo que puedo conseguirle una ayuda de 300 euros al mes. ¿Le serviría ese dinerito?

—Claro que sí —respondió ella— y por él le doy las gracias. Así tendría yo algo para dar a los pobres.

Doña Balbina es una pobre muy rica. Cuántos ricos hay que son muy pobres.

Domingo 9 Ordinario (A)

ES CURIOSO PERO EL AMAR A DIOS EMPIEZA POR DEJARNOS AMAR POR ÉL

Dt 11,18.26-28.32; Rom 3,21-25a.28; Mt 7,21-27

"No todo el que me dice Señor, Señor, predique o haga milagros entrará en el reino de los cielos, sino el que cumple la voluntad de mi Padre". Y es que el ser cristiano no es cosa de "ser buenos" sino de "hacer el bien".

CONOCIENDO A CRISTO

Diálogo entre un recién convertido a Cristo y un amigo no creyente:

—¿De modo que te has convertido a Cristo?

—Sí.

—Entonces sabrás mucho sobre él. Dime: ¿en qué país nació?

—No lo sé.

—¿A qué edad murió?

—Tampoco lo sé.

—¿Sabrás al menos cuántos sermones pronunció?

—Pues no... no lo sé.

—La verdad es que sabes muy poco, para ser un hombre que afirma haberse convertido a Cristo...

—Tienes toda la razón. Y yo mismo estoy avergonzado de lo poco que sé acerca de Él. Pero sí que sé algo: Hace tres años, yo era un borracho. Estaba cargado de deudas. Mi familia se deshacía en pedazos. Mi mujer y mis hijos temían como un nublado mi vuelta a casa cada noche. Pero ahora he dejado la bebida; no tenemos deudas; nuestro hogar es un hogar feliz; mis hijos esperan ansiosamente mi vuelta a casa cada noche. Todo esto es lo que ha hecho Cristo por mí. ¡Y esto es lo que sé de Cristo!

*Conocer **realmente** es ser transformado por lo que uno conoce.*

Domingo 10 Ordinario (A)

MISERICORDIA QUIERO Y NO SACRIFICIOS… O CRÍTICAS

Os 6, 3-6; Rom 4, 18-25; Mt 9, 9-13

Hay dos tipos de personas, las que compiten y se comparan, y las que aman y confían. Unas critican y escuchan chismes, las otras perdonan y crean comunidad.

LOS BUEYES Y EL LOBO

Cuatro bueyes grandes y fuertes se hicieron amigos y prometieron serlo para siempre. Iban juntos a todos los prados, se defendían de sus enemigos y vivían en agradable unidad.

El lobo viendo que no podía comerse a ninguno de ellos, ideó un engaño para enfrentarlos entre sí provocando que se separasen, diciendo a cada uno en particular que los otros se burlaban de él, cuando no estaba presente.

Así logró su cometido y las sospechas y los recelos crecieron entre ellos y nació la desconfianza mutua, por lo que cada uno empezó a ir por su lado y a buscar prados solitarios, evitando estar junto a cualquiera de sus amigos.

El lobo, entonces, los fue cazando uno a uno. Cuando hirió al último pudo escuchar estas palabras:

—Seguramente morimos por nuestra culpa, por creer los malos consejos del lobo; pues si hubiéramos permanecido unidos, de ningún modo el lobo hubiese podido con nosotros.

Domingo 11 Ordinario (A)

PREDICAR LA BUENA NUEVA ES MÁS VIVIRLA QUE HABLARLA
Éx 19,2-6a; Rom 5,6-11; Mt 9,36-10, 8

Jesús nos manda a predicar la Buena Noticia que no es querer cambiar o juzgar a los demás, sino a ofrecer gratis nuestro testimonio de optimismo de sabernos salvados.
San Francisco solía decir a sus frailes: "Id a predicar por los pueblos y si hace falta, también hablad".

EL PROFETA QUE QUERÍA CAMBIAR EL MUNDO

Una vez llegó un profeta a una ciudad con el fin de convertir a sus habitantes. Al principio la gente se reunía a su alrededor y le escuchaba cuando hablaba, pero poco a poco se fueron apartando, hasta que no había ya nadie que viniera a escuchar las palabras del profeta.

Cierto día, un viajante se acercó y le dijo:

—¿Por qué sigues predicando? ¿No ves que ya nadie te escucha?

Y el profeta le respondió:

—Al principio predicaba porque tenía la esperanza de poder cambiarlos. Pero si ahora sigo gritando es únicamente para que no me cambien ellos a mí.

Domingo 12 Ordinario (A)

TENER FE ES, SOBRE TODO, NO TENER MIEDO
Jer 20, 10-13; Rom 5,12-15; Mt 10,26-33

Si algo insiste Jesús a lo largo del Evangelio es "No tengáis miedo" E insiste "¿No se venden un par de gorriones por unas cuantas monedas? Y, sin embargo, ni uno solo cae al suelo sin que lo disponga su Padre Dios. Por eso os digo que no tengáis miedo, no hay comparación entre vosotros y los gorriones. ¡Hasta los cabellos de su cabeza están contados!". Tener fe es confiar a pesar de todo.

Chiste: ¿HAY ALGUIEN AHÍ?

Un hombre paseaba por el monte caminando al borde de un precipicio. Se preguntaba si creía en Dios o no y, estaba tan concentrado en sus reflexiones, que olvidó mirar por dónde iba, y se despeñó. Mientras caía logró agarrarse a la rama de un árbol y quedó colgado sobre el vacío.

Miró para arriba, para abajo, para todos los lados y no vio manera alguna de salir de aquel problema, porque allí no había más asidero que la rama que tenía en las manos.

Así que empezó a gritar para pedir auxilio:http://www.fesuan.es/tiatordos.html

—¡¿Hay alguien ahí?! ¡¿Hay alguien ahí?!

Durante largo rato no se oyeron nada más que sus voces y el eco que se las devolvía desde el otro lado de la montaña: "¿Hay alguien ahí?"

De pronto, se escuchó en todo el valle una voz profunda que le dijo:

—Sí hijo mío. Aquí estoy yo tu Dios. No temas. Suéltate y déjate caer.

El hombre lo pensó durante unos segundos, mirando hacia el fondo del barranco, y luego dijo:

—Está bien, pero… ¡¡¡¿Hay alguien más?!!!

Domingo 13 Ordinario (A)

SI ES AMOR, LO ES EN LO BUENO Y EN LO MALO
2 Re 4,8-11.14-16a; Rom 6,3-4.8-11; Mt 10,37-42

"El que quiera salvar su vida, la perderá, pero el que la pierda por amor la salvará". Y es que el amor es contrario al egoísmo siempre.

LOS DOS AMIGOS Y EL OSO

Iban dos amigos por el bosque cuando, de repente, les salió un oso a su paso. Uno de ellos, asustado, se subió a un árbol. El otro no tuvo tiempo y se quedó en el suelo, inmóvil, haciéndose el muerto.

El oso, al verlo, se acercó poco a poco a él, y comenzó a olerlo y observarlo, pero como no se movía, el oso pensó que estaba muerto y lo dejó tranquilo.

Se fue el oso, y el que estaba en el árbol bajó corriendo, haciendo alarde de su amistad, abrazando a su amigo. Mientras lo abrazaba le preguntó:

—Me pareció que el oso te decía algo mientras te olía. Dime ¿qué te ha dicho?

El otro le contestó:

—Esto es lo que me dijo: Aparta tu amistad de la persona que si te ve en peligro se salva él y a ti te deja abandonado.

Domingo 14 Ordinario (A)

VENID A MÍ LOS QUE ESTÁIS CANSADOS Y AGOBIADOS

Zac 9,9-10; Rom 8,9.11-13; Mt 11, 25-30

¿Qué cosas comprenden los sencillos y que no son capaces de entender los sabios y entendidos? Simplemente que no podemos controlar la vida sino que siempre estamos en las manos de Dios y debemos saber confiar en Él. Esa es la liberación que nos trajo Jesús.

¿BUENA SUERTE? ¿MALA SUERTE? ¿QUIÉN SABE?

Una historia china habla de un anciano labrador que tenía un viejo caballo para cultivar sus campos. Un día, el caballo escapó a las montañas. Cuando los vecinos del anciano labrador se acercaban para condolerse con él, y lamentar su desgracia, el labrador les replicó: "¿Mala suerte? ¿Buena suerte? ¿Quién sabe?"

Una semana después, el caballo volvió de las montañas trayendo consigo una yegua. Entonces los vecinos felicitaron al labrador por su buena suerte. Este les respondió: "¿Buena suerte? ¿Mala suerte? ¿Quién sabe?".

Cuando el hijo del labrador intentó domar la yegua salvaje, cayó y se rompió una pierna. Todo el mundo consideró esto como una desgracia. No así el labrador, quien se limitó a decir: "¿Mala suerte? ¿Buena suerte? ¿Quién sabe?".

Una semana más tarde, el ejército entró en el poblado y fueron reclutados todos los jóvenes que se encontraban en buenas condiciones. Cuando vieron al hijo del labrador con la pierna rota le dejaron tranquilo. ¿Había sido buena suerte? ¿Mala suerte? ¿Quién sabe?

Todo lo que a primera vista parece un contratiempo, puede ser un disfraz del bien. Y lo que parece bueno a primera vista puede ser realmente dañino. Así, pues, será postura sabia que dejemos a Dios decidir lo que es buena o mala suerte y nosotros simplemente agradezcamos las cosas confiando en Él.

Domingo 15 Ordinario (A)

COMPRENDER EL MENSAJE DE LA BIBLIA LLEVA SU TIEMPO

Is 55,10-11; Rom 8,18-23; Mt 13,1-23

Así dice el Señor: "Como bajan la lluvia y la nieve del cielo, y no vuelven allá sino después de empapar la tierra, de fecundarla y hacerla germinar, para que dé semilla al sembrador y pan al que come, así será la palabra, que sale de mi boca: no volverá a mí vacía, sino que hará mi voluntad y cumplirá mi encargo".
Nosotros somos el terreno y decidimos qué hacemos con las semillas de la palabra de Dios.

EL CANASTO DE CARBÓN

Se cuenta la historia de un anciano que vivía en una granja con su joven nieto. Cada mañana, el abuelo se sentaba temprano en la mesa de la cocina para leer su vieja y estropeada Biblia. Su nieto que quería ser como él, intentaba imitarlo cuanto le era posible.

Un día, mientras el abuelo echaba carbón a la estufa, el nieto con la Biblia entre las manos, le comentó desilusionado:

—Abuelo, yo intento leer la Biblia como tú. Pero no la entiendo, y lo que logro entender se me olvida rápidamente. Yo creo que a mí no me sirve de nada leer la Biblia.

El abuelo terminó de echar el carbón y le dijo:

—Baja con el canasto del carbón al río y tráemelo lleno de agua.

El muchacho hizo tal y como su abuelo le dijo, bajó al río, lleno el canasto de agua y volvió. Pero antes de que pudiera llegar a casa, toda el agua se había salido del canasto.

El abuelo sonrió al verlo llegar y le dijo:

—Tendrás que moverte un poco más rápido. Y lo envió nuevamente al río con el canasto.

Esta vez, el muchacho corrió más rápidamente, pero el canasto estaba de nuevo vacío antes de llegar a la casa.

Cansado, el niño le dijo a su abuelo:

—Es imposible llevar agua en un canasto, voy a conseguir una cubeta.

El anciano lo detuvo diciendo:

—Yo no quiero una cubeta de agua, quiero un canasta de agua. Sé que tú puedes hacerlo.

A estas alturas, el muchacho sabía que la tarea era imposible, pero obedeció para mostrar a su abuelo que aun cuando corriese más rápido, el agua se saldría antes que llegase a la casa. Y así fue.

Exhausto, le dijo:

—Abuelo es inútil, no sirve de nada aunque vaya mil veces.

—¿Por qué piensas que es inútil? —contestó el abuelo—. Mira dentro del canasto.

Viendo su interior, el muchacho comprendió que el canasto tenía algo diferente. En lugar de un fondo sucio de carbón, ahora estaba limpio.

—Hijo —dijo el abuelo— esto es lo que pasa cuando lees la Biblia. Tal vez no puedes entenderlo o recordarlo todo, pero al leerla, te irá cambiando el interior. Esa es la obra de la Palabra de Dios en nuestras vidas, nos cambia y transforma desde dentro lentamente sin que nos demos cuenta.

Domingo 16 Ordinario (A)

EL ENORME VALOR DE TODA OBRA BUENA POR PEQUEÑA QUE SEA
Sab 12,13.16-19; Rom 8,26-27; Mt 13,24-43

¿Sirve de algo una buena acción para la salvación del mundo? Sí, pues el reino de los cielos es como un pequeñísimo grano de mostaza o un poco de levadura... Dios se encarga del resto.

LA NIEVE Y EL PÁJARO

¿Cuánto pesa un copo de nieve? —preguntó un pájaro a una paloma del bosque.

—Nada, ni un gramo —respondió la paloma.

—¡Qué raro! —exclamó el pajarito—, porque el otro día me pasó una cosa muy curiosa. Me posé en una rama de abeto, muy cerca del tronco. De pronto empezó a nevar. Como no tenía nada que hacer, me entretuve en contar los copos de nieve que caían en la rama. Uno, dos, tres... así hasta 5.637.000. Cuando llegué a esa cifra, volvió a caer otro copo de nieve en la rama y entonces se rompió. Y eso que un copo no pesa nada como dices tú.

Dicho esto, el pajarito se echó a volar perdiéndose en la espesura de los árboles. La paloma se quedó pensativa.

Quizás tan sólo falta la colaboración de una persona más para que la solidaridad se abra camino en el mundo.

Domingo 17 Ordinario (A)

RICO NO ES EL QUE MÁS TIENE SINO EL QUE MENOS NECESITA

1 Res 3,5.7-12; Rom 8,28-30; Mt 13,44-52

Si Dios nos dijera como a Salomón "pídeme lo que quieras" ¿qué pediríamos?
El tesoro del que nos habla Jesús en el Evangelio es el de saber vivir confiando en Dios y ser agradecidos.

PEDIR UN ESPÍRITU CONTENTADIZO

El Señor Vishnú estaba tan harto de las continuas peticiones de su devoto que un día se le apareció y le dijo:

—He decidido concederte las tres cosas que desees pedirme. Después no volveré a concederte nada más.

Lleno de gozo, el devoto hizo su primera petición sin pensárselo dos veces. Pidió que muriera su mujer para poder casarse con una mejor. Y su petición fue inmediatamente atendida.

Pero cuando sus amigos y parientes se reunieron para el funeral y comenzaron a recordar las buenas cualidades de su difunta esposa, el devoto cayó en la cuenta de que había sido un tanto precipitado. Ahora reconocía que había sido absolutamente ciego a las virtudes de su mujer. ¿Acaso era fácil encontrar otra mujer tan buena como ella?

De manera que pidió al Señor que la volviera a la vida. Con lo cual sólo le quedaba una petición que hacer, y estaba decidido a no cometer un nuevo error, porque esta vez no tendría posibilidad de enmendarlo. Se puso, entonces, a pedir consejo a los demás. Algunos de sus amigos le aconsejaron que pidiese la inmortalidad. Pero

¿de qué servía la inmortalidad —le dijeron otros— si no tenía salud? ¿Y de qué servía la salud si no tenía dinero? ¿Y de qué servía el dinero si no tenía amigos?

Pasaban los años y no podía determinar qué era lo que debía pedir: ¿vida, salud, riquezas, poder, amor…? Al fin suplicó al Señor:

—Por favor, aconséjame lo que debo pedir.

El Señor se rió al ver los apuros del pobre hombre y le dijo:

—Pide ser capaz de contentarte con todo lo que la vida te ofrezca, sea lo que sea.

Domingo 18 Ordinario (A)

LOS VERDADEROS MILAGROS

Is 55,1-3; Rom 8,35. 37-39; Mateo 14,13-21

Todos los días suceden milagros, tener vida es uno de ellos... Y que compartamos lo que tenemos con los que no tienen es otro; y lo podemos hacer en cada momento.

UNA HISTORIA DE MILAGROS

Tres personas iban caminando por una vereda de un bosque; un sabio con fama de hacer milagros, un poderoso terrateniente del lugar y, un poco atrás de ellos y escuchando la conversación, iba un joven estudiante alumno del Sabio.

El poderoso terrateniente dirigiéndose al sabio le dijo:

—Me han dicho en el pueblo que eres una persona muy poderosa y que incluso puedes hacer milagros.

—Soy una persona vieja y cansada —respondió el sabio—. ¿Cómo crees que yo podría hacer milagros?

—Me han dicho que sanas a los enfermos, haces ver a los ciegos y vuelves cuerdos a los locos... esos milagros sólo los puede hacer alguien muy poderoso.

—Tú lo has dicho, esos milagros sólo los puede hacer alguien muy poderoso no un viejo como yo. Esos milagros los hace Dios, yo sólo pido se conceda un favor para el enfermo, o para el ciego, y todo el que tenga la fe suficiente en Dios puede hacer lo mismo.

—Yo quiero tener la misma fe para poder realizar esos milagros que dicen que tú haces. Muéstrame un milagro para poder creer en tu Dios.

Ante la insistencia de aquél hombre poderoso, el Sabio aceptó mostrarle tres milagros. Y así, con la mirada serena y sin hacer ningún movimiento le preguntó:

—¿Esta mañana volvió a salir el sol?
—Sí, claro que sí.
—Pues ahí tienes un milagro... El milagro de la luz. ¿Pudiste verlo?
—Sí —dijo el hombre.
—Ahí tienes tu segundo milagro....El milagro de la vista. Y, como veo que puedes escuchar lo que te estoy diciendo ahora, ahí tienes el tercer milagro.

—Creo que no me he explicado —dijo el hombre—, lo que yo quiero es un verdadero milagro.

El sabio lo miró triste, seguro de no poder hacer comprender a ese hombre la maravilla que existe en todo aquello que le había mostrado. Luego le dijo:

—Te has explicado bien, y yo ya hice todo lo que podía hacer por ti. Si lo que te mostré no es lo que buscabas, lamento haberte desilusionado.

Dicho esto, el poderoso terrateniente se retiro a grandes pasos, muy desilusionado.

El sabio y su alumno se quedaron parados en la vereda.

Cuando el poderoso terrateniente iba ya muy lejos como para no poder ver lo que hacían, el sabio se dirigió a la orilla de la vereda, tomo a un conejo herido, soplo sobre el y sus heridas quedaron curadas. El joven estaba algo desconcertado:

—Maestro, te he visto hacer milagros como este casi todos los días, ¿Por qué te negaste a mostrarle uno al caballero y lo haces ahora que no puede verlo?

—Hijo, lo que él buscaba no era un milagro, sino un espectáculo. Le mostré tres milagros y no supo entenderlos. No puedes pedir grandes milagros a Dios si no has aprendido a valorar los pequeños milagros que se te muestran día a día. El día que aprendas a reconocer a Dios en todas las pequeñas cosas que ocurren en la vida, ese día comprenderás que no necesitas más milagros que los que Dios te da, todos los días, sin que tú se lo hayas pedido.

Domingo 19 Ordinario (A)

¿DÓNDE ENCONTRAR A DIOS?
1 Re 19,9a.11-13a; Rom 9,1-5; Mt 14,22-33

Dios está presente donde menos lo pensamos. Pero para encontrarlo hay que estar dispuesto, a veces, a caminar sobre el agua, es decir a seguir adelante, en las tormentas de la vida, con confianza en él.

CONOCIENDO A DIOS

Un niño chiquito quería conocer a Dios. Y decidió un sábado hacer una excursión para buscarlo. Sabía que tendría que hacer un largo viaje para llegar hasta donde Dios vivía, así que agarró una mochila y guardó en ella unas galletas, dulces y dos zumos de fruta… Y empezó su camino.

Cuando había caminado como una hora, se cansó y se sentó en un banco que había en un parque. En el mismo banco estaba sentada una mujer anciana, sola, contemplando en silencio algunas palomas que picoteaban migajas de pan que ella les arrojaba.

El niño tenía sed y hambre así que abrió su mochila. Comenzó a beber uno de sus refrescos cuando notó que la anciana le miraba, así que le ofreció uno de ellos. Ella lo aceptó agradecida y le sonrió. Su sonrisa era la más bella que el niño había visto, tanto que el niño quería verla de nuevo, así que abrió su caja de galletas y le ofreció una. De nuevo ella le sonrió. El niño estaba encantado, y se quedó toda la tarde junto a ella, comiendo y sonriendo, aunque sin hablar una palabra.

Cuando oscurecía, el niño se levantó para irse. Dio algunos pasos, pero se detuvo; dio vuelta atrás, corrió hacia la anciana y le dio un abrazo. Ella después de abrazarlo, le dedicó la más grande sonrisa de su vida.

Cuando el niño llegó a su casa, su madre quedó sorprendida de la cara de felicidad que traía. Entonces le preguntó:

—Hijo, ¿qué hiciste hoy que te hizo tan feliz?

El niño contestó:

—Mamá, ¡hoy merendé con Dios!

Y antes de que su madre reaccionara, añadió:

—Y ¿sabes? ¡Tiene la sonrisa más hermosa que nunca he visto!

Mientras tanto, la anciana, también radiante de felicidad, regresó a su casa. Su hijo se quedó sorprendido de la expresión de paz que reflejaba en su cara, y le preguntó:

—Mamá, ¿qué hiciste hoy que te ha puesto tan feliz?

La anciana le contestó:

—¡Hoy comí galletas y zumo con Dios en el parque!

Y antes de que su hijo respondiera, añadió:

—¿Y sabes? ¡Es más joven de lo que yo pensaba!

Domingo 20 Ordinario (A)

NO CONDENÉIS Y NO SERÉIS CONDENADOS
Is 56,1.6-7; Rom 11,13-15.29-32; Mt 15,21-28

Jesús no vino al mundo para condenarlo sino para salvarlo. Las religiones deben servir para liberar y darnos esperanza y no para condenarnos entre nosotros o llenarnos de miedos.

Chiste: "¡CHIN, FALLÉ!"

Invitaron a un párroco y a su sacristán a jugar golf. Ambos fueron con ilusión pues era la primera vez que iban a jugar.

Empezó tirando el párroco. En el primer tiro no lo hizo tan mal. Al tirar el sacristán se le fue peor y dijo:

—¡Chin, fallé!

A lo que el párroco le dijo:

—Hijo, esas expresiones no son dignas de alguien que trabaja en la casa de Dios.

Siguieron jugando y cuando el sacristán volvió a fallar, dijo de nuevo:

—¡Chin, fallé!

El párroco, un poco molesto, lo reprendió de nuevo:

—Hijo ya te dije que esas no son expresiones correctas para ti.

—Uy sí, perdón padre —dijo apenado el sacristán—, pero es que se me olvida con la emoción del juego.

Siguió el juego y por tercera vez el sacristán al fallar dijo:

—¡Chin, fallé!

El padre enfadado le dijo:

—Como no entiendes por las buenas voy a pedir a Dios, que si vuelves a decir eso, se abra el cielo y te caiga un rayo.

—No, padre, por favor —suplicó el sacristán— le prometo que ya no lo vuelvo a hacer.

—Pues más te vale" —amenazó el padre.

Pero el sacristán cada vez más emocionado en el juego, falló un tiro y volvió a decir:

—¡Chin, fallé!

El párroco, hecho una furia, le gritó:

—¡Te lo advertí!

Y mirando al cielo rezó:

—Señor, que se abra tu cielo y caiga un rayo sobre este hombre pecador.

En ese mismo momento se abrió el cielo y cayó un rayo sobre el padre. Y luego se oyó una voz desde el cielo que decía:

—¡Chin, fallé!

Domingo 21 Ordinario (A)

¿QUIÉN ES JESÚS PARA MÍ?

Is 22,19-23; Rom 11,33-36; Mt 16,13-20

Es fácil responder a la pregunta ¿qué dice la gente de Jesús? Pero la pregunta importante a responder es ¿quién es Jesús para mí?

LA MUJER SAMARITANA

La mujer dejó en el suelo su cántaro de agua y marchó a la ciudad. Y dijo a la gente: "Venid a ver a un hombre que me ha dicho todo lo que he hecho. ¿No será el Mesías?".
Cristiano:
¡Qué lección, la de la samaritana...!
No dio respuestas. Se limitó a hacer una pregunta y a dejar que los demás encontraran la respuesta por sí solos. Y eso que tuvo que sentir la tentación de dar la respuesta, después de haber oído de sus propios labios: *"Yo soy el Mesías, el que te está hablando".*

Y fueron muchos los que se hicieron discípulos tras escuchar sus palabras. *Y le dijeron a la mujer: "No creemos por lo que tú has dicho, sino porque nosotros mismos le hemos oído a Él, y sabemos que Él es realmente el Salvador del mundo".*
Cristiano:
¿Te has contentado con saber acerca de Jesús de segunda mano?
De las Escrituras y de los santos; de papas y predicadores...
Ojalá pudieras decir a todos ellos: "No creo por lo que vosotros habéis dicho, sino porque yo mismo lo he escuchado".

Domingo 22 Ordinario (A)

DIOS NO QUIERE QUE CAMBIEMOS EL MUNDO, SINO QUE EL MUNDO NO NOS CAMBIE A NOSOTROS

Jer 20,7-9; Rom 12,1-2; Mateo 16,21-27

Nos dice san Pablo: "Os exhorto, hermanos, por la misericordia de Dios, a presentar vuestros cuerpos como hostia viva, santa, agradable a Dios; éste es el culto verdadero. Y no os ajustéis a este mundo, sino transformaos por la renovación de la mente, para que sepáis discernir lo que es la voluntad de Dios, lo bueno, lo que le agrada, lo perfecto".

EMPUJAR LA ROCA

Un hombre dormía en su cabaña cuando de repente una luz iluminó la habitación y apareció Dios. El Señor le dijo que tenía un trabajo para él y le enseñó una gran roca frente a la cabaña. Le explicó que debía empujar la piedra con todas sus fuerzas.

El hombre hizo lo que el Señor le pidió, día tras día. Durante muchos años, desde que salía el sol hasta el ocaso, empujó la fría piedra con todas sus fuerzas...pero ésta no se movía. Así que todas las noches el hombre regresaba a su cabaña muy cansado y sintiendo que todos sus esfuerzos eran en vano.

Ante su frustración, Satanás aprovechó para entrar en juego trayendo pensamientos a su mente:

—Has estado empujando esa roca durante mucho tiempo, y no se ha movido.

Al hombre, en efecto le dio la impresión que la tarea que le había sido encomendada era imposible de realizar y que él era un fracaso. Estos pensamientos incrementaron su sentimiento de frustración y desilusión.

Satanás le dijo:

—¿Para qué esforzarte todo el día en esta tarea imposible? Sólo haz un mínimo esfuerzo y será suficiente.

El hombre pensó en poner en práctica este consejo pero antes decidió elevar una oración al Señor y confesarle sus sentimientos:

—Señor, he trabajado duro durante mucho tiempo a tu servicio. He empleado toda mi fuerza para conseguir lo que me pediste, pero no he podido mover la roca ni un milímetro. ¿Qué pasa? ¿Por qué he fracasado?

El Señor le respondió con compasión: "Querido amigo, cuando te pedí que me sirvieras y tu aceptaste, te dije que tu tarea era empujar contra la roca con todas tus fuerzas, y lo has hecho. Nunca dije que esperaba que la movieras. Tu tarea era empujar. Ahora vienes a mí sin fuerzas a decirme que has fracasado. Pero ¿en realidad fracasaste? Mírate, tus brazos están fuertes y musculosos, tu espalda fuerte y bronceada, tus manos callosas por la constante presión, tus piernas se han vuelto duras. A pesar de la adversidad has crecido mucho y tus habilidades ahora son mayores que las que tuviste alguna vez. Cierto, no has movido la roca, pero tu misión era ser obediente y empujar la roca para ejercitar tu fe en mí. Eso lo has conseguido. Ahora, querido amigo, yo moveré la roca.

Algunas veces, cuando escuchamos la palabra del Señor, tratamos de utilizar nuestro intelecto para descifrar su voluntad, cuando en realidad Dios sólo nos pide obediencia y fe en él. Debemos ejercitar nuestra fe, que mueve montañas, pero conscientes de que es Dios quien al final las moverá cuando él lo crea conveniente.

Así que:
Cuando todo parezca ir mal...sólo EMPUJA
Cuando estés agotado por el trabajo...sólo EMPUJA

Cuando la gente no se comporte de la manera que te parece que debería...sólo EMPUJA

Cuando no tienes más dinero para pagar tus cuentas... sólo EMPUJA

Cuando la gente simplemente no te comprende...sólo EMPUJA

Cuando te sientas agotado y sin fuerzas...sólo EMPUJA

O lo que es lo mismo ¡CONFÍA SIEMPRE EN DIOS!

Domingo 23 Ordinario (A)

AYUDAR A OTROS A VECES DUELE
Ez 33,7-9; Rom 13,8-10; Mt 18,15-20

El mensaje de las tres lecturas de hoy es el mismo: salvar a mi hermano por amor; y salvar a mi hermano es salvarme a mí:
"Si tú pones en guardia al malvado para que cambie de conducta, si no cambia, él morirá por su culpa, pero tú has salvado la vida".
"Uno que ama a su prójimo no le hace daño; por eso amar es cumplir la ley entera".
"Si tu hermano peca, repréndelo a solas entre los dos. Si te hace caso, has salvado a tu hermano".

EL ALACRÁN

Un maestro oriental que vio cómo un alacrán se estaba ahogando, decidió sacarlo del agua, pero cuando lo hizo, el alacrán lo picó. Por la reacción al dolor, el maestro lo soltó, y el animal cayó al agua y de nuevo estaba ahogándose. El maestro intentó sacarlo otra vez, y otra vez el alacrán lo picó.

Alguien que había observado todo, se acercó al maestro y le dijo: perdone, ¡pero usted es muy terco! ¿No entiende que cada vez que intente sacarlo del agua el alacrán lo picará? Déjelo ahí que se ahogue.

El maestro con calma respondió: la naturaleza del alacrán es picar, y eso no debe cambiar la mía, que es ayudar.

Y entonces, ayudándose de una hoja, el maestro sacó al animalito del agua y le salvó la vida.

No cambies tu naturaleza si alguien te hace daño, sólo toma precauciones.

No permitas jamás que la conducta negativa de otras personas condicione la tuya.

Domingo 24 Ordinario (A)

PERDONAR ES, TAMBIÉN, LIBERARSE DE UN DOLOR INÚTIL

Ecl 27,33-28, 9; Rom 14,7-9; Mt 18,21-35

Cada vez que rezamos el Padrenuestro, si no perdonamos de corazón a quienes nos han ofendido, nos ponemos la soga al cuello...
Qué bueno que Dios siempre será más misericordioso que nosotros, pero, sin duda, vale la pena vivir la redención del perdón como nos enseñó Jesús.

TODAVÍA TE TIENEN PRISIONERO

Un exitoso judío, que había estado en un campo de concentración nazi, se enteró de que su más querido compañero de aquellos tristes días se hallaba enfermo y solo. Lo buscó y lo halló en la miseria.

—¿Ya perdonaste a los nazis? —le preguntó en un momento.

—No, —contestó el moribundo con vehemencia— de ninguna manera. Todavía los odio con toda el alma.

—Entonces, —concluyó el visitante— te tengo una mala noticia: ellos todavía te tienen prisionero.

Muchas veces pensamos que el perdón es un regalo para el otro, y por eso, no queremos perdonar. Pero no nos damos cuenta de que los primeros beneficiados del perdón somos nosotros mismos. Pues en verdad ¿quién sufre: el que odia o el que es odiado?

El que es odiado vive feliz (y puede hasta haber olvidado su falta), pero el que cultiva el rencor no es feliz. Atiza una llama que quiere que queme al aparente enemigo, pero en realidad sólo lo quema a él mismo. El resentimiento destruye sólo al resentido.

Por eso es una locura odiar: es como un veneno que tomamos a diario, a gotas, y que finalmente nos termina envenenando y sin saber ya vivir sin él.

Además la falta de perdón te ata a las personas que odias desde el resentimiento. Te encadena a quien quieres separar de tu vida. Pero ¿qué es perdonar?

Perdonar es dejar o eliminar un sentimiento adverso contra alguien o contra algo (una situación, un error, una herida). El perdón se basa en la aceptación de lo que pasó. No significa que estés de acuerdo con lo que pasó, ni que lo apruebes. Perdonar no significa dejar de darle importancia a lo que sucedió, ni darle la razón a alguien que te lastimó. Simplemente significa dejar de lado aquellos pensamientos y sentimientos negativos que nos causaron dolor o enojo. Es dejar de cargar un peso inútil, que bloquea nuestra alegría y tranquilidad. Es dejar cicatrizar una herida y no estarla abriendo constantemente por autocompasión.

Domingo 25 Ordinario (A)

¿POR QUÉ PREMIO TRABAJAMOS PARA DIOS?
Is 55,6-9; Flp 1,20c-24. 27a; Mt 20,1-16

Cuando hacemos las cosas por amor, no comparamos si otros hacen menos o lo hacen peor. Somos felices en el gozo de servir y de que todos tengan lo que necesitan aunque no siempre se lo merezcan. Como la mamá que da de comer a todos los miembros de su familia cada día sin juzgarlos.

LA BUENA NOTICIA

Jesús enseñaba a sus discípulos en parábolas. Y les decía:

"El Reino de los cielos es semejante a dos hermanos que vivían felices y contentos; hasta que recibieron la llamada de Dios a hacerse discípulos.

El de más edad respondió con generosidad a la llamada, aunque tuvo que ver cómo se desgarraba su corazón al separarse de su familia y de la muchacha a la que amaba y con la que soñaba casarse. Pero, al fin, se marchó a un país lejano, donde gastó su propia vida al servicio de los más pobres de entre los pobres. Se desató en aquel país una persecución, de resultas de la cual fue detenido, falsamente acusado, torturado y condenado a muerte.

Y el Señor le dijo: "Muy bien, siervo fiel y cumplidor. Me has servido por el valor de mil talentos. Voy a recompensarte con mil millones de talentos. ¡Entra en el gozo de tu Señor!".

La respuesta del más joven fue mucho menos generosa. Decidió ignorar la llamada, seguir su camino y casarse con la muchacha a la que amaba. Disfrutó de un feliz matrimonio, le fue bien en los negocios y llegó a ser rico y próspero. De vez en cuanto daba una limosna a algún mendigo o se mostraba bondadoso con su mujer y sus hijos. También de vez en cuando enviaba una pequeña suma de dinero a su hermano mayor, que se hallaba en un remoto país, adjuntándole una nota en la que decía: "Tal vez con esto puedas ayudar mejor a aquellos pobres diablos".

Cuando le llegó la hora, el Señor le dijo: "Muy bien, siervo fiel y cumplidor Me has servido por valor de diez talentos. Voy a recompensarte con mil millones de talentos. ¡Entra en el gozo de tu Señor!".

El hermano mayor se sorprendió al oír que su hermano iba a recibir la misma recompensa que él. Pero le agradó sobremanera. Y dijo: "Señor, aun sabiendo esto, si tuviera que nacer de nuevo y volver a vivir, haría por ti exactamente lo mismo que he hecho".

Esta sí que es una Buena Noticia: un Señor generoso y un discípulo que le sirve por el mero gozo de servir con amor.

Domingo 26 Ordinario (A)

HAZ EL BIEN SIN MIRAR A QUIEN (Y SIN MIRAR SI OTROS LO HACEN)
Ez 18,25-28; Flp 2,1-11; Mt 21, 28-32

En el evangelio de hoy escuchamos una súplica de Dios a nosotros, esta vez no de nosotros a Él: "Id a trabajar a mi viña". Y lo que le contestamos y luego hacemos no siempre coincide...

COMODIDAD: LA CLAVE PARA UN MUNDO NUEVO

Un día, un hombre sabio y piadoso clamó al cielo por una respuesta. Encabezaba un grupo de misioneros que oraban por la paz del mundo, para lograr que las fronteras no existieran y que toda la gente viviera feliz.

La pregunta que hicieron fue: "¿Cuál es la clave, Señor, para que el mundo viva en armonía?"

Entonces, los cielos se abrieron y después de un magnífico estruendo, la voz de Dios les respondió: "COMODIDAD".

Todos los misioneros, sorprendidos, se miraban entre sí extrañados de escuchar tal término de la propia voz de Dios.

El hombre sabio y piadoso, en nombre de todos, preguntó de nuevo: "¿Comodidad Señor?, ¿qué quieres decir con eso?"

Dios respondió: "La clave para un mundo pleno es esa: 'Como di, dad'. Es decir, así como yo os di, dad vosotros a vuestro prójimo. Como di yo, sin límites, sin pensar en nada más que dar, así dad vosotros al mundo y se conseguirá la paz".

Domingo 27 Ordinario (A)

CORRIGE MÁS EL AMOR QUE LAS AMENAZAS
Is 5,1-7; Flp 4,6-9; Mt 21,33-43

Me hace sonreír escuchar a Dios amenazando al hombre en la Biblia. Es como las mamás que dicen "¡Estoy harta, estoy cansada, ya no voy a lavar ni cocinar!" o "¡Si lo vuelves a hacer...!" Y luego su amor y su ternura de madre le hacen olvidar sus amenazas.

MI AMIGO

Malik, hijo de Dinar, estaba muy preocupado por la disoluta conducta de un libertino joven que vivía en la casa contigua a la suya.

Durante mucho tiempo no hizo nada al respecto, en la esperanza de que hubiera alguien que interviniera. Pero cuando la conducta del joven se hizo absolutamente intolerable, Malik se dirigió a él y le pidió que cambiara su modo de ser.

Con toda tranquilidad, el joven informó a Malik de que él era un protegido del Sultán y, por lo tanto, nadie podía impedirle vivir como a él se le antojara. Malik le dijo: "Yo, personalmente, me quejaré al Sultán". Y el joven le respondió: "Será completamente inútil, porque el Sultán jamás cambiará su opinión acerca de mí".

"Entonces le hablaré de ti al Sumo Creador", replicó Malik. "El Sumo Creador", dijo el joven, "es demasiado misericordioso como para reprocharme nada".

Malik quedó totalmente desarmado, por lo que desistió de su intento. Pero al poco tiempo la reputación del joven se hizo tan pésima que originó la repulsa general. Malik decidió entonces que debía intentar reprenderle. Pero, cuando se dirigía a la casa del joven, oyó una vez que le decía: "No toques a mi amigo. Está bajo mi protección". A Malik, esto le produjo una enorme confusión y, cuando se vio en presencia del joven, no supo qué decirle.

El joven le preguntó: "¿A qué has venido?". Respondió Malik: "Venía a reprenderte, pero cuando me dirigía hacia aquí una Voz me dijo que no te tocara, porque estás bajo Su protección". El rostro del disoluto joven se transformó. "¿De veras me llamó amigo suyo?", preguntó. Pero para entonces Malik ya se había marchado. Años más tarde, Malik se encontró con él en La Meca. Las palabras de la Voz le habían impresionado de tal modo que había renunciado a todos sus bienes y se había hecho un mendigo errante. "He venido aquí en busca de mi Amigo", le dijo a Malik. Y, dicho esto, murió.

¿Dios, amigo de un pecador? Semejante afirmación es tan arriesgada como real. Yo me la apliqué a mí mismo cuando, en cierta ocasión, dije: "Dios es demasiado misericordioso como para reprocharme nada". Y al instante escuché la Buena Noticia por primera vez en mi vida.

Domingo 28 Ordinario (A)

DIOS ENJUGARÁ LAS LÁGRIMAS DE TODOS LOS ROSTROS

Is 25,6-10a; Flp 4,12-14.19-20; Mt 22,1-14

¿Cuál es la principal señal de que Dios está entre nosotros? Que nos amamos; que entre nosotros florecen la solidaridad y la generosidad, sobre todo con aquellos que más lo necesitan.
Esa es la fiesta a la que Dios nos invita y a la que algunos se niegan a acudir por estar ocupados en 'otros negocios'.

CARTA DE LOS ANCIANOS
(Cómo amar a los ancianos comprendiéndolos)

Querido hijo:
El día que me veas viejo y ya no sea yo el mismo de antes, te pido que tengas paciencia e intentes comprenderme.

Cuando, comiendo, me ensucie; cuando ya no pueda vestirme rápido y necesite ayuda: no te desesperes. Recuerda las horas que pasé enseñándote a hacer las mismas cosas y lo que te costó aprenderlas.

Si, cuando charlamos, repito y repito las mismas historias, mil y una veces, no me interrumpas y escúchame. Cuando eras pequeño, a la hora de dormir, te tuve que explicar mil y una veces el mismo cuento hasta que cerrabas los ojitos.

No me avergüences cuando no quiera bañarme, ni me regañes mucho. Recuerda cuando eras niño y tenía que perseguirte y las mil excusas que inventaba para que quisieras bañarte.

Si me hago mis necesidades o huelo mal, no me avergüences ante los demás. Comprende que no tengo la culpa de ello, ya no puedo controlarlas. Piensa cuántas veces cuando eras niño tuve que cambiarte los pañales, limpiarte después de ir al baño o sonarte la nariz.

Cuando me veas inútil e ignorante sobre los nuevos aparatos y las nuevas tecnologías, te pido que me des todo el tiempo que sea necesario y no me mires con tu sonrisa burlona. Acuérdate con que paciencia te enseñé a hacer tantas cosas... Comer bien, vestirte... Y como afrontar la vida. Muchas cosas son producto del esfuerzo y la perseverancia de los dos.

Cuando en algún momento que hablamos pierda la memoria o el hilo de nuestra conversación, dame el tiempo necesario para recordar. Y si no puedo hacerlo, no te pongas nervioso, seguramente lo más importante no era mi conversación y lo único que quería era estar contigo y que me escucharas un ratito.

Si alguna vez no quiero comer, no me obligues. Conozco bien cuándo lo necesito y cuándo no. También comprende que ya no tengo los mismos dientes para morder, ni el gusto para saborear.

Cuando me fallen mis piernas cansadas y no me sea fácil caminar, dame tu mano amiga de la misma manera en que yo lo hice cuando tú diste tus primeros pasitos.

Yo te pagaré todo con una sonrisa y con el inmenso amor que siempre te he tenido. Algún día descubrirás que, pese a mis errores, siempre quise lo mejor para ti e intenté facilitarte el camino que debías hacer.

Y si algún día te digo que ya no quiero vivir, que quiero morir, no te enojes. Debes entender que esto no tiene nada que ver contigo, ni con tu amor, ni con el mío, ni siquiera con mi fe en Dios. Tienes que comprender que a mi edad ya casi no se vive, sino que sólo se sobrevive y no es fácil.

No debes sentirte triste, enfadado o impotente por verme de esta manera. Simplemente dame tu amor, estando a mi lado. Me estoy preparando para una nueva vida y no me es fácil. De la misma manera como yo te acompañé en el principio de tu camino por este mundo, te ruego que me acompañes, con amor y paciencia, a terminar el mío.

Te quiero hijo

Tu padre (o tu madre, tus abuelos o aquel anciano que visitamos…)

Domingo 29 Ordinario (A)

BUSCAD EL VERDADERO TEMPLO... DENTRO DE USTEDES

Is 45,1.4-6; 1 Tes 1,1-5; Mt 22,15-21

"Al César lo que es del César y a Dios lo que es de Dios…". Las religiones cometen el error de construir suntuosos templos, mezclando o tapando a Dios con las monedas del Cesar, y olvidando que el templo preferido de Dios sigue siendo el corazón de cada persona.

LAS CAMPANAS DEL TEMPLO

El templo había estado sobre una isla, dos millas mar adentro. Tenía un millar de campanas. Grandes y pequeñas campanas, labradas por los mejores artesanos del mundo. Cuando soplaba el viento o arreciaba la tormenta, todas las campanas del templo repicaban al unísono, produciendo una sinfonía que arrebataba a cuantos la escuchaban. Pero, al cabo de los siglos, la isla se había hundido en el mar y, con ella, el templo y sus campanas. Una antigua tradición afirmaba que las campanas seguían repicando sin cesar y que cualquiera que escuchara atentamente podría oírlas. Movido por esta tradición, un joven recorrió miles de millas, decidido a escuchar aquellas campanas. Estuvo sentado durante días en la orilla, frente al lugar en el que en otro tiempo se había alzado el templo, y escuchó con toda atención. Pero lo único que oía era el ruido de las olas al romper contra la orilla. Hizo todos los esfuerzos posibles por alejar de sí el ruido de las olas, al objeto de poder oír las campanas. Pero todo fue en vano; el ruido del mar parecía inundar el universo.

Persistió en su empeño durante semanas. Cuando le invadió el desaliento, tuvo ocasión de escuchar a los sabios de la aldea, que hablaban con unción de la leyenda de las campanas del templo y de quienes las habían oído y certificaban lo fundado de la leyenda. Su corazón ardía en llamas al escuchar aquellas palabras… para retornar al desaliento cuando, tras nuevas semanas de esfuerzo, no obtuvo ningún resultado.

Por fin decidió desistir de su intento. Tal vez él no estaba destinado a ser uno de aquellos seres afortunados a quienes les era dado oír las campanas. O tal vez no fuera cierta la leyenda. Regresaría a su casa y reconocería su fracaso. Era su último día en el lugar y decidió acudir una última vez a su observatorio, para decir adiós al mar, al cielo, al viento y a los cocoteros. Se tendió en la arena, contemplando el cielo y escuchando el sonido del mar. Aquel día no opuso resistencia a dicho sonido, sino que, por el contrario, se entregó a él y descubrió que el bramido de las olas era un sonido realmente dulce y agradable. Pronto quedó tan absorto en aquel sonido que apenas era consciente de sí mismo. Tan profundo era el silencio que producía en su corazón…

¡Y en medio de aquel silencio lo oyó! El tañido de una campanilla, seguido por el de otra, y otra, y otra… Y en seguida todas y cada una de las mil campanas del templo repicaban en una gloriosa armonía, y su corazón se vio transportado de asombro y alegría.

Si deseas ver a Dios, mira atentamente la creación. No la rechaces: no reflexiones sobre ella. Simplemente, mírala.

Para escuchar a Dios, sólo hay que saber escuchar.

Domingo 30 Ordinario (A)

AMAR NO ES UN DEBER ¿O SI?
Éx 22,20-26; 1 Tes 1,5c-10; Mt 22, 34-40

*Había montones de preceptos en la ley judía...
También nosotros tenemos montones de obligaciones:
en casa, en la calle y hasta en Misa. Jesús repite:
amar es lo más importante. Pero para poder amar hay
que empezar por ser muy sinceros*

LA FLOR DE LA HONESTIDAD

Se cuenta que allá por el año 250 a.C., en la China antigua, un príncipe de la región norte del país estaba a punto de ser coronado emperador, pero de acuerdo con la Ley, él debía casarse. Sabiendo esto, el príncipe decidió hacer una competición entre las muchachas de la corte para ver quién sería digna de su propuesta. Y así, al día siguiente, anunció que recibiría en una celebración especial a todas las pretendientes y lanzaría un desafío.

Una anciana que servía en el palacio hacía muchos años, escuchó los comentarios sobre los preparativos. Sintió una leve tristeza porque sabía que su joven hija tenía un sentimiento de profundo amor por el príncipe. Al llegar a la casa y contar los hechos a la joven, se asombró al saber que ella quería ir a la celebración.

Sin poder creerlo preguntó:

—¿Hija mía, que vas a hacer allá? Todas las muchachas más bellas y ricas de la corte estarán allí. Sácate esa idea insensata de la cabeza. Sé que debes estar sufriendo, pero no hagas que el sufrimiento se vuelva locura.

La hija respondió:

—No estoy sufriendo y tampoco estoy loca. Yo sé que jamás seré escogida, pero es mi oportunidad de estar por lo menos por algunos momentos cerca del príncipe Esto me hará feliz.

Por la noche la joven llegó al palacio: Allí estaban todas las muchachas más bellas, con las mejores ropas, con las más hermosas joyas y con muy decididas intenciones de ser las ganadoras.

Entonces, el príncipe anunció el desafío:

—Daré a cada una de ustedes una semilla. Aquella que traiga la flor más bella dentro de seis meses será escogida como mi esposa y futura emperatriz de China.

La propuesta del príncipe seguía las tradiciones de aquel pueblo, que valoraba mucho la especialidad de cultivar algo, sean: costumbres, amistades, relaciones, etc.

Pasó el tiempo y la dulce joven, como no tenía mucha habilidad en las artes de la jardinería, cuidaba con mucha paciencia y ternura de su semilla, pues sabía que si la belleza de la flor surgía como su amor, no tendría que preocuparse con el resultado.

Pero pasaron tres meses y nada brotó. La joven intentó todos los métodos que conocía pero nada. Día tras día veía más lejos su sueño, aunque su amor era más profundo.

Cuando pasaron los seis meses nada había brotado aún. Consciente de su esfuerzo y dedicación la muchacha le comunicó a su madre que sin importar las circunstancias ella regresaría al palacio en la fecha y hora acordadas sólo para estar cerca del príncipe unos momentos más.

A la hora señalada estaba allí, con su vaso vacío. Todas las otras pretendientes tenían una flor, cada una más bella que las otras, de las más variadas formas y colores. Ella estaba admirada. Nunca había visto una escena tan bella.

Cuando llegó el momento esperado, salió el príncipe y observó a cada una de las pretendientes y a su flor con mucho cuidado y atención.

Después de pasar por todas, anunció el resultado: aquella bella joven con su vaso vacío sería su futura esposa. Todos los presentes tuvieron las más inesperadas reacciones. Nadie entendía por qué él había escogido justamente a aquella que no había cultivado nada.

Entonces, con calma el príncipe explicó: "Esta fue la única que cultivó la flor que la hizo digna de convertirse en emperatriz: LA FLOR DE LA HONESTIDAD. Todas las semillas que entregué a las pretendientes eran estériles".

Domingo 31 Ordinario (A)

SI VIVO CON SINCERIDAD NO ME IMPORTA EL QUÉ DIRÁN

Mal 1,14-2, 2b.8-10; 1 Tes 29,7b-9.13; Mt 23,1-12

Cualquiera que quiera guiar a otro en una religión, debe ser ante todo humilde y reconocer que no conoce bien a Dios, que no es mejor que nadie, y que lo que intenta vivir y compartir no es 'la Verdad', sino su pequeña verdad, que ha ido descubriendo.

MUY BIEN, MUY BIEN...

En una aldea de pescadores, una muchacha soltera tuvo un hijo y, tras ser vapuleada, al fin reveló quién era el padre de la criatura: el maestro Zen, que se hallaba meditando todo el día en el templo situado en las afueras de la aldea.

Los padres de la muchacha y un numeroso grupo de vecinos se dirigieron al templo, interrumpieron bruscamente la meditación del Maestro, censuraron su hipocresía y le dijeron que, puesto que él era el padre de la criatura, tenía que hacer frente a su mantenimiento y educación. El Maestro respondió únicamente:

—Muy bien, muy bien...

Cuando se marcharon, recogió del suelo al niño y llegó a un acuerdo económico con una mujer de la aldea para que se ocupara de la criatura, la vistiera y la alimentara. La reputación del Maestro quedó por los suelos. Ya no se le acercaba nadie a recibir instrucción.

Al cabo de un año de producirse esta situación, la muchacha que había tenido el niño ya no pudo aguantar más y acabó confesando que había mentido. El padre de la criatura era un joven que vivía en la casa de al lado.

Los padres de la muchacha y todos los habitantes de la aldea quedaron avergonzados. Acudieron al Maestro, a pedirle perdón y a solicitar que les devolviera el niño. Así lo hizo el Maestro. Y todo lo que dijo fue:

—Muy bien, muy bien...

¿Perder la reputación...? No difiere demasiado de perder un contrato que uno estaba a punto de firmar en sueños.

Domingo 32 Ordinario (A)

NECIOS Y PRUDENTES

Sab 6,12-16; 1 Tes 4,13-18; Mt 25,1-13

Las lecturas nos hablan de la sabiduría. Ser sabio es no olvidar lo verdaderamente valioso de esta vida; saber encontrar tiempo para las cosas importantes. Para que no nos pase lo de aquel pobre hombre rico que lo único que tenía era dinero.

EL HOMBRE SABIO

Se cuenta que en el siglo pasado, un turista americano fue a la ciudad de El Cairo, Egipto, con la finalidad de visitar a un famoso sabio.

El turista se sorprendió al ver que el sabio vivía en un cuartito muy simple y lleno de libros. Las únicas piezas de mobiliario eran una cama, una mesa y un banco.

—¿Dónde están sus muebles? —preguntó el turista.

El sabio, rápidamente, le devolvió la pregunta:

—¿Y dónde están los suyos?

—¿Los míos? —se sorprendió el turista—. ¡Pero si yo estoy aquí solamente de paso!

—Yo también —concluyó el sabio.

La vida en la tierra es solamente temporal... sin embargo, algunos viven como si fueran a quedarse aquí eternamente y, así, se bloquean su felicidad.

Las cosas son sólo medios. Por eso trata de recordar siempre que:
- *Dios no te preguntará qué modelo de coche usabas; te preguntará a cuánta gente llevaste.*
- *Dios no te preguntará los metros cuadrados de tu casa; te preguntará cuánta gente recibiste en ella.*

- *Dios no te preguntará la marca de la ropa en tu armario; te preguntará si ayudaste a algunos a vestirse.*
- *Dios no te preguntará cuál era tu sueldo; te preguntará si vendiste tu conciencia para obtenerlo.*
- *Dios no te preguntará cuál era tu título; te preguntará si hiciste tu trabajo con lo mejor de tu capacidad. .*
- *Dios no te preguntará cuántos amigos tenías; te preguntará cuánta gente te consideraba su amigo.*
- *Dios no te preguntará en qué vecindario vivías; te preguntará cómo tratabas a tus vecinos.*
- *Dios no te preguntará el color de tu piel bronceada; te preguntará por la pureza de tu interior.*
- *Dios no te preguntará por qué tardaste tanto en buscar tu salvación y te perdiste en los medios… simplemente te llevará con amor a tu casa en el Cielo.*

Domingo 33 Ordinario (A)

DIOS CONFÍA EN TUS CAPACIDADES ¿Y TÚ?
Prov 31,10-13.19-20.30-31; 1 Tes 5,1-6; Mt 25,14-30

Cuando pregunto a la gente ¿cuántos talentos te dio a ti Dios, cinco, dos o uno? Casi todos responden que dos. Y es que el miedo a no estar haciendo todo lo que podríamos o a desilusionar a Dios siempre nos acosa y nos bloquea para comprometernos un poco más en el amor...

LA VENTA DE GARAJE DE SATANÁS

Hace algún tiempo Satanás organizó una venta de garaje. Allí estaban, en pequeños grupos, todas sus brillantes baratijas. Tenía herramientas que ayudaban a romper, a malograr. También había lentes de aumento para agrandar la propia imagen, y si mirabas por el otro lado, podías usarlos para disminuir a los demás o incluso a ti mismo. Contra la pared estaba la usual variedad de herramientas de jardinería con la garantía de hacer crecer la soberbia: el rastrillo del desprecio, el azadón de los celos para cavar un abismo entre las personas, las herramientas del chisme, la calumnia, el egoísmo y la apatía.

Todos estos utensilios eran agradables a la vista y venían llenos de promesas y garantías de prosperidad. Los precios, claro está, no eran muy bajos; ¡pero no había que preocuparse!, te daban grandes facilidades de pago en todo. '¡Llévelo a casa, úselo, y no se preocupe; ya lo pagará más tarde!', esa era la frase favorita del Diablo.

De repente noté dos herramientas desconocidas y muy desgastadas de pie en una esquina, que, sin ser ni cercanamente tan atractivas como los otros objetos, tenían un precio mucho más alto que las demás.

Cuando pregunté por qué, Satanás sólo sonrió y dijo:
—Bueno, es que son las que yo más uso. Si no tuvieran tan mala apariencia la gente las vería como son realmente —y acercándose a ellas agregó— una es la propia inseguridad y la otra es la desesperanza.

Precisamente del miedo y la falta de fe es de lo que vino a salvarnos Jesús, pero a veces preferimos las herramientas que nos ofrecen otros.

CRISTO REY (A)

SALVAR A UN HOMBRE ES SALVAR LA HUMANIDAD ENTERA
Ez 34,11-12.15-17; 1 Cor 15,20-26.28; Mt 25, 31-46

Cristo Rey... ¿Cuál es el reino de Cristo? Es aquel donde los que sufren son los privilegiados por ser los primeros que se atiende. Es el reino de las Obras de Misericordia, el reino de las Bienaventuranzas.
A veces nos desanima ver todo lo que hay que hacer para arreglar el mundo, pero de lo que se trata no es de arreglarlo, sino de hacer lo que podamos y dejar el resto en manos de Dios.

EL HOMBRE Y EL MUNDO

Un científico, que vivía preocupado por los problemas del mundo, estaba resuelto a encontrar una solución para arreglarlos. Pasaba días encerrado en su laboratorio buscando la respuesta.

Cierto día, su hijo de 7 años entró en su despacho diciéndole que quería ayudarlo a trabajar. El científico, nervioso por la interrupción, pidió al niño que fuese a jugar a otro lugar. Su hijo insistió en ayudarlo. Viendo que era imposible sacarlo, el padre buscó algo en que pudiera distraerlo. En un cajón encontró una revista en donde venía el mapa del mundo, (¡justo lo que precisaba!)

Con unas tijeras recortó el mapa en varios pedazos y, junto con un rollo de cinta adhesiva, lo entregó a su hijo diciendo:

—Como te gustan los rompecabezas, te voy a dar el mundo todo roto, para que lo repares sin ayuda de nadie.

El padre calculó que el pequeño estaría varios días componiendo el mapa. Pero apenas pasadas unas horas, su hijo se acercó corriendo y le dijo con alegría:

—Papá, papá, ya acabé lo que me pediste, ya logré hacerlo.

El padre no le creyó; pensó que era imposible que, a su edad, su hijo hubiera podido recomponer un mapa que jamás había visto antes. Desconfiado, levantó la vista de sus anotaciones con la certeza de que vería el trabajo medio acabado de un niño. Pero no fue así, el mapa del mundo estaba completo. Todos los pedazos habían sido colocados en sus debidos lugares.

—¿Cómo es posible que mi hijo haya conseguido formar el mapa de manera tan rápida y tan perfecta? —se preguntó.

Luego dijo al niño:

—Hijo, tú no sabías cómo era el mundo, ¿cómo lograste hacerlo?

—Es verdad, papá —dijo el niño—, yo no sabía cómo era el mundo, pero cuando sacaste el mapa de la revista para recortarlo, vi que en la otra cara había la figura de un hombre. Entonces di la vuelta a todos los pedazos y comencé a componer al hombre, que sí sabía cómo era. Cuando conseguí recomponer al hombre, di vuelta a toda la hoja y vi que había arreglado el mundo".

CICLO B

Domingo 1 Adviento (B)

PADRE, QUE SEAN UNO PARA QUE EL MUNDO CREA

Is 63,16-17, 19; 64,2-7; 1 Cor 1,3-9; Mc 13,33-37

Adviento: ¡El Señor viene! ¡Estad preparados! Dios nos dejó encargados a todos del mundo mientras él vuelve. Sin duda la mejor manera de saber que estamos siendo fieles a su encargo es que somos y nos sentimos hermanos entre nosotros, que compartimos la tarea de hacer un mundo mejor, que estemos unidos en las alegrías y también las penas.

EL COMPORTAMIENTO DE LOS GANSOS
(Qué podemos aprender de su vuelo)

En este otoño, si ves a los gansos emigrar dirigiéndose a un lugar más cálido para pasar el invierno, observa que vuelan formando una "V", una V corta. Tal vez te interese saber que la ciencia ha descubierto por qué vuelan en esa forma (*y cómo podemos aprovechar su enseñanza).*

Se ha comprobado que, cuando cada pájaro bate sus alas, produce un movimiento en el aire que ayuda al pájaro que va detrás de él. Volando en "V", la bandada completa aumenta su poder, por lo menos un 71% más que si cada pájaro volara solo.

Las personas que comparten una dirección común y tienen sentido de comunidad, pueden llegar a cumplir sus objetivos más fácil y rápidamente, porque van apoyándose mutuamente, haciendo incluso que muchos de los logros sean aún mejores.

Cada vez que un ganso se sale de la formación, siente inmediatamente la resistencia del aire, se da cuenta de la dificultad de hacerlo solo y rápidamente regresa a la formación, para beneficiarse del poder del compañero que va adelante.

Si nos unimos y nos mantenemos juntos con aquellos que van en nuestra misma dirección, el esfuerzo será menor. Será más sencillo y placentero el logro de alcanzar nuestras metas.

Cuando el líder de los gansos se cansa, se pasa a uno de los lugares de atrás y otro ganso toma su lugar.

Los hombres obtendremos los mejores resultados si nos apoyamos en los momentos duros, si nos respetamos mutuamente, compartiendo siempre los problemas y dificultades.

Los gansos que van detrás graznan para alentar a los que van adelante a mantener la velocidad.

Una palabra de aliento a tiempo ayuda, da fuerza, motiva y produce el mejor de los beneficios.

Finalmente, cuando un ganso enferma o cae herido por un disparo, otros dos gansos salen de la formación y lo siguen para ayudarlo y protegerlo. Se quedan acompañándolo hasta que esté nuevamente en condiciones de volar o hasta que muera y sólo entonces los dos acompañantes vuelan a su bandada o se unen a otro grupo.

Si nosotros sabemos mantenernos uno al lado del otro apoyándonos y acompañándonos, si hacemos realidad el espíritu de equipo, si pese a las diferencias podemos conformar un grupo humano para afrontar todo tipo de situaciones, si entendemos el verdadero valor de la amistad y si somos conscientes del sentimiento de compartir, la vida será más simple y el vuelo de los años más placentero.

Domingo 2 Adviento (B)

DEJEMOS PASAR LA LUZ DE DIOS A TRAVÉS NUESTRO.

Is 40,1-5, 9-11; 2 Pe 3,8-14; Mc 1,1-8

La palabra Evangelio indicaba, en la época de Jesús, una noticia alegre y consoladora, el anuncio de un acontecimiento que podía cambiar la vida. Para san Marcos esa alegre noticia es Jesucristo y al escribir su Evangelio trata de animarnos a seguirlo, a ser también nosotros mensajeros de buenas noticias con nuestras palabras, nuestras actitudes, nuestras obras.

DEJAR PASAR LA LUZ
(Carta a un seminarista)

Querido amigo:

Nosotros los hombres estamos muy acostumbrados a decir: "se te nota que estás más gordo", o "se te nota que has estado enfermo, te veo demacrado", o preguntamos "¿te teniste el pelo?, se te nota". Pero casi nunca nos decimos los cambios que nos notamos en la vida espiritual. ¿Será porque no se nos nota?

Hoy contesto tu carta amigo seminarista para decirte que se te notan las horas de oración que llevas, se te ve algo especial en el rostro, una presencia de Dios en tu mirada.

¡Qué hermoso que Dios te haya escogido! Y qué valioso el que ha sido dócil a su llamada de hoy a ser de Él. Vas a ser un confesor de maravilla, porque he visto que comprendes perfectamente al ser humano, ya que, como conoces el barro, sabes cómo tenemos que luchar cada día, sin descanso, con los demás y principalmente con nosotros mismos. Luchar por combatir el egoísmo, ese enemigo eterno que se mete en nuestra vida; luchar por pensar no sólo en nuestra felicidad, sino también en la de los demás; luchar por aprender a escuchar a los que se nos acercan; combatir la sensualidad que va impregnada en nuestro ser.

Sólo con Dios dentro de nosotros y con lo oración constante podemos salir adelante en estas luchas, quizás con muchas caídas, pero, santo no es aquel que nunca cae, sino el que siempre se levanta. Creo que tú puedes muy bien sentirte contento de estar luchando, porque al verte, se te notan las horas de oración.

El otro día en una reunión comentaron esto: "Un indiecito entró en un templo y contempló extasiado la luz que penetraba por las cristaleras, llegaba a los santos y parecía que salía de sus manos, como si dejaran pasar la luz. Al salir le preguntaban: '¿A qué vas tú a la Iglesia...?' Él respondía: 'A ver a los santos'. '¿Y quiénes son los santos?', le devolvían la pregunta. Y contestaba: 'Los que dejan pasar la luz'". ¡Qué contestación tan hermosa!

Tú dejas pasar la luz, porque se ve en tu mirada las horas de Sagrario que llevas, porque se te nota en tu sonrisa, al hablar de la Santísima Virgen, el amor que le tienes y sé que Ella te ayuda en tantas luchas que como joven sientes, pero que con Dios y Ella todo se puede.

Tú dejas pasar la luz porque amas, porque comprendes, porque has sido dócil a lo que Dios te pide.

En algunas ocasiones he visto cómo caen muchas nueces de un nogal, así pido continúen cayendo en ti las gracias del Señor cada día. No las desaproveches, que todo sea para mayor crecimiento espiritual y cumplas con gozo la misión que Dios te tiene encomendada. Cuenta con mi oración y mi cariño.

Domingo 3 Adviento (B)

VIVID SIEMPRE ALEGRES
Is 61,1-2, 10-11; 1 Tes 5,16-24; Jn 1,6-8, 19-28

La señal más auténtica de un seguidor de Cristo es la alegría. Una alegría que se contagia, que da vida, que levanta el ánimo de quienes nos rodean, que sabe sobreponerse a las dificultades. Esa alegría es testimonio de la luz de Dios y sólo puede partir de un corazón sincero que confía en Él.

AMOR EN UNA LATITA DE LECHE

Dos hermanitos, sucios y harapientos, provenientes del arrabal, uno de cinco años y el otro de diez, iban pidiendo un poco de comida por las casas de la calle que rodea la colina. Estaban hambrientos. "Id a trabajar y no molestéis", se oía detrás de una puerta. "Aquí no hay nada, ¡pordioseros!". Las múltiples tentativas frustradas entristecían a los niños.

Por fin, una señora muy atenta les dijo:

—Voy a ver si tengo algo para vosotros… ¡pobrecitos!, —y volvió con una latita de leche.

¡Qué fiesta! Ambos se sentaron en la acera, y el más pequeño le dijo al de diez años:

—Tú eres el mayor, así que toma primero.

Y lo miraba con sus dientes blancos, con la boca medio abierta, relamiéndose. Yo contemplaba la escena como un tonto. ¡Si vieran al mayor mirando de reojo al pequeñito! Se llevaba la lata a la boca y, haciendo de cuenta que bebía, apretaba los labios fuertemente para que no le entrara ni una sola gota de leche en la boca. Después, extendiéndole la lata, le decía a su hermanito:

—Ahora es tu turno… ¡sólo un poquito!

Y el hermanito, dando un trago exclamaba:
—¡Está sabrosa!…
—Ahora yo —le decía el mayor, y de nuevo, llevándose la latita a la boca, fingía que bebía, pero no tomaba nada.

"Ahora tú"… "Ahora yo"… "Ahora tú"… "Ahora yo"… y después de cuatro o cinco tragos, el menorcito, de cabello ondulado, gordito, con la camisa afuera, se acababa toda la leche… ¡él solito!

Esos "ahora tú" y "ahora yo" me llenaron los ojos de lágrimas… Y entonces, sucedió algo que me pareció extraordinario. El mayor comenzó a cantar y a jugar fútbol con la lata vacía de leche. Estaba radiante, con el estómago vacío, pero con el corazón rebosante de alegría. Brincaba con la naturalidad de quien no hace nada extraordinario. O mejor aún, con la naturalidad de quien está habituado a hacer cosas extraordinarias sin darles la mayor importancia.

¡Qué maravilloso sería el mundo si fuéramos un poco más como aquel niño!

Domingo 4 Adviento (B)

ALÉGRATE: EL SEÑOR ESTÁ CONTIGO
2 Sam 7,1-5, 8-11, 16; Rom 16,25-27; Lc 1,26-38

Dios quiere encarnarse en cada uno de los hombres. Pero para ello, tenemos que, como María, estar atentos a lo que Dios nos pide en nuestra vida diaria, abrirnos con confianza, con fe, a la buena nueva del Evangelio.

LA ANUNCIACIÓN ACTUAL

Lectura del Evangelio aplicado a la familia de hoy (actualización de Lucas 1,26-38).

Por aquellos días, fue enviado por Dios un mensajero a la ciudad de México, a una madre de familia que estaba rezando.

El mensajero al encontrarla le dijo: "Alégrate mujer, porque Dios cuenta contigo". Ella lo miró así como diciéndole que no estaba para bromas mientras pensaba qué podía significar aquel saludo. Pero el mensajero le dijo: "Tranquila mujer, lo que pasa es que Dios sigue pensando que el mundo puede ir mejor de cómo va y quiere que esta Navidad tú le seas testigo de que el hecho que Jesús se hizo hombre, no es sólo cosa del pasado, sino que es una buena noticia para todos, aun en ésta época, pues con Él ha empezado una nueva era que no tendrá fin".

La mujer dijo al mensajero: "Pero ¿cómo se hará esto si yo no soy monja y, además, ya estoy casada?".

El mensajero le respondió: "Tú confía que para algo está el Espíritu Santo. Lo único importante es que tú estés disponible para Dios y ya la vida te presentará oportunidades. Mira por ejemplo a santa Mónica que con su oración y ejemplo cambió a su hijo Agustín; porque para Dios nadie es un caso perdido y todos pueden hacer algo".

Dijo entonces la mujer: "Bueno, pues si para algo sirvo, daremos una mano a Dios".

Y el mensajero se fue, y Jesús se encarnó, se hizo presente de nuevo al mundo en aquella mujer y en aquella familia.

Navidad. Misa de media noche (B)

OS TRAIGO UNA BUENA NOTICIA, QUE CAUSARÁ GRAN ALEGRÍA

Is 9,1-6; Tito 2,11-14; Lc 2,1-14

Cada vez que nace un niño, tenemos la certeza de que "Dios no se ha cansado de la humanidad", de que sigue creyendo en ella. La vida de cada niño y cada persona es luz y esperanza, si sabemos ver en ella el designio de Dios.

LAS CUATRO VELAS

Las cuatro velas se quemaban lentamente. En el ambiente había tal silencio que se podía oír el diálogo que mantenían entre ellas.

La primera dijo: "¡Yo soy la PAZ! Pero las personas no consiguen mantenerme. Creo que me voy a apagar". Y, disminuyendo su fuego rápidamente, se apagó.

Dijo la segunda: "¡Yo soy la FE! Lamentablemente a los hombres les parezco superflua. Las personas no quieren saber de mí. No tiene sentido permanecer encendida". Y cuando terminó de hablar, una brisa pasó suavemente sobre ella y se apagó.

Triste, la tercera vela se manifestó: "¡Yo soy el AMOR! No tengo fuerzas para seguir encendida. Las personas me dejan a un lado y no comprenden mi importancia. Se olvidan hasta de aquellos que están muy cerca y les aman". Y, sin esperar más, se apagó.

De repente, entró un niño y vio las tres velas apagadas.

"Pero, ¿qué es esto? —dijo— deberían estar encendidas hasta el final". Y al decir esto comenzó a llorar.

Entonces la cuarta vela habló: "No llores ni tengas miedo, mientras yo tenga fuego, podremos encender las demás velas. Yo soy ¡LA ESPERANZA!

Con los ojos brillantes, el niño cogió la vela que todavía ardía y encendió las demás.

¡QUE LA ESPERANZA NUNCA SE APAGUE DENTRO DE NOSOTROS!

Sepamos ser la herramienta que los niños y los hombres necesitan para mantener encendidas la esperanza, la fe, la paz y el amor.

Sagrada Familia (B)

ENSEÑAOS Y ACONSEJAOS UNOS A OTROS LO MEJOR QUE SEPÁIS

Ecl 3,2-6,12-14; Col 3,12-21; Lc 2,22-40

Ninguna familia es perfecta. Pero la nuestra empieza a ser buena cuando la acepto como es y no la comparo con otras, o con lo que "me hubiera gustado" que fuera. Es verdad que mi abuelo "chochea" pero qué sabio es. Es verdad que mi padre me abandonó, pero me heredó una sonrisa preciosa...

LA CASA GRIS

El dueño de un pequeño negocio, amigo del gran poeta Olavo Bilac, cierto día le encontró en la calle y le dijo:

—Sr. Bilac, necesito vender mi casa, aquella que usted conoce tan bien ¿Me podría redactar el aviso para el diario?

Olavo Bilac cogió lápiz y papel y escribió: "Se vende encantadora propiedad, donde cantan los pájaros al amanecer en las extensas arboledas. Rodeada por las cristalinas aguas de un lindo riachuelo, la casa, bañada por el sol durante el día, ofrece la sombra tranquila de las tardes en la baranda"

Algunos meses después el poeta se encontró con el comerciante y le preguntó si ya había vendido la casa.

—No pensé más en eso. Después de leer el aviso me di cuenta de la maravilla que tenía.

A veces no nos damos cuenta de las cosas buenas que tenemos y vamos tras falsos tesoros. Debemos valorar lo que tenemos y hemos recibido gratuitamente de Dios. Entre estos regalos están la vida, la salud, el amor, la familia, los amigos, la sonrisa de los niños, la sabiduría que poseemos, la paz, y tantos otros ¡TESOROS INVALUABLES!

Epifanía (B)

PERO... ¿DIOS SE PUEDE DISFRAZAR DE NIÑO?
Is 60,1-6; Ef 3,2-3, 5-6; Mt 2,1-12

¿Cómo reaccionamos ante la noticia de que Dios está entre nosotros? ¿La tomamos como una simple noticia que no nos cambia la vida como hicieron los sumos sacerdotes y los escribas de Jerusalén? ¿O vemos un peligro para nuestra tranquilidad, como le pasó a Herodes? ¿O somos capaces de reconocer en el otro, en todo hombre que viene a este mundo, a un enviado de Dios como hicieron los magos con el niño?

JESÚS SE HA DISFRAZADO

El abad de un monasterio se hallaba muy preocupado. Años atrás, su monasterio había visto tiempos de esplendor. Sus celdas habían estado repletas de jóvenes novicios y en la capilla resonaba el canto armonioso de sus monjes. Pero habían llegado malos tiempos: la gente ya no acudía al monasterio a alimentar su espíritu. La avalancha de jóvenes candidatos había cesado y la capilla se hallaba silenciosa. Sólo quedaban unos pocos monjes que cumplían triste y rutinariamente sus obligaciones.

Un día, decidió pedir consejo, y acudió a un anciano obispo que tenía fama de ser hombre muy sabio. Emprendió el viaje, y días después se encontró frente al buen hombre. Le planteó la situación y le preguntó:

—¿A qué se debe esta triste situación? ¿Hemos cometido acaso algún pecado?

A lo que el anciano obispo respondió:

—Sí, han cometido un pecado de ignorancia. El mismo Señor Jesucristo se ha disfrazado y está viviendo en medio de ustedes, y ustedes no lo saben.

Y, el sabio obispo no dijo nada más

El abad se retiró y emprendió el camino de regreso a su monasterio. Durante el viaje sentía como si el corazón se le saliese del pecho. ¡No podía creerlo! ¡El mismísimo Hijo de Dios estaba viviendo ahí en medio de sus monjes! ¿Cómo no había sido capaz de reconocerle? ¿Sería el hermano sacristán? ¿Tal vez el hermano cocinero? ¿O el hermano administrador? ¡No, él no! Por desgracia, tenía demasiados defectos… Pero el anciano obispo había dicho que se había "disfrazado". ¿No serían acaso aquellos defectos parte de su disfraz? Bien mirado, todos en el convento tenían defectos… ¡y uno de ellos tenía que ser Jesucristo!

Cuando llegó al monasterio, reunió a sus monjes y les contó lo que había averiguado. Los monjes se miraban incrédulos unos a otros. ¿Jesucristo… aquí? ¡Increíble! Claro que si estaba disfrazado…. Entonces, tal vez… Podría ser fulano, ¿o mengano? ¿o…? Una cosa era cierta: Si el Hijo de Dios estaba allí disfrazado, no era probable que pudieran reconocerlo. De modo que empezaron todos a tratarse con respeto y consideración. "Nunca se sabe", pensaba cada cual para sí cuando trataba con otro monje, "tal vez sea éste…"

El resultado fue que el monasterio recobró su antiguo ambiente de gozo desbordante. Pronto volvieron a acudir decenas de candidatos pidiendo ser admitidos en la Orden, y en la capilla volvió a resonar el jubiloso canto de los monjes, radiantes por el espíritu del Amor.

Bautismo de Señor (B)

SOMOS ELEGIDOS DE DIOS... SI QUEREMOS.
Is 55,1-11; 1 Jn 5,1-9; Mc 1,7-11

Nuestro bautismo nos dio una nueva vida, nos dio la posibilidad de ser hombres nuevos; pero despojarnos del "hombre viejo", depende de cada uno.

LOS DOS LOBOS

Un viejo cacique de una tribu estaba teniendo una charla con sus nietos acerca de la vida.
Les dijo:
"¡Una gran pelea está ocurriendo dentro de mí!... ¡es entre dos lobos!

Uno de los lobos es maldad, temor, ira, envidia, dolor, rencor, avaricia, arrogancia, culpa, resentimiento, orgullo, inferioridad, mentiras, egolatría, competencia, superioridad.

El otro lobo es Bondad, Alegría, Paz, Amor, Esperanza, Verdad, Serenidad, Humildad, Dulzura, Generosidad, Amistad, Empatía, Benevolencia, Compasión y Fe.

Y esta misma pelea está ocurriendo dentro de vosotros y dentro de todos los hombres de la tierra".

Lo pensaron durante un minuto y uno de los niños preguntó: "¿Y cuál de los lobos crees que ganará, abuelo?"

El sabio cacique respondió, simplemente: "El que tú alimentes."

Domingo 1 Cuaresma (B)

EL REINO DE DIOS YA ESTÁ AQUÍ
Gén 9,8-15; 1 Pe 3,18-22; Mc 1,12-15

Siempre creemos que la salvación de Dios es para el Cielo. Y no, la salvación de Dios es para empezar a vivirla aquí: sabernos en sus manos, confiar, amar, construir y tirar para adelante.

LECCIONES DEL ARCA DE NOÉ

Todo lo que necesito saber acerca de la vida, lo he aprendido del Arca de Noé.

Uno: No pierdas el barco. Tómalo a tiempo.

Dos: Recuerda que todos estamos en el mismo barco y es el único que tenemos.

Tres: Proyecta y prepara las cosas con tiempo. (No estaba lloviendo cuando Noé construyó el Arca).

Cuatro: Mantente en forma, incluso cuando seas viejo (Noé tenía 600 años); alguien te puede pedir que hagas algo importante para ayudar a la humanidad.

Cinco: Que no te desanimen las burlas y críticas; tan sólo concéntrate en el trabajo que tienes que hacer.

Seis: Construye tu futuro ideal pero con los pies en la tierra.

Siete: Por razones de seguridad, es siempre mejor viajar en pareja.

Ocho: La velocidad no siempre es ventaja. El caracol llegó al barco igual que el mono.

Nueve: Cuando estés cansado y agobiado, flota por un momento.

Diez: Recuerda que el Arca fue construida por aficionados, el Titanic por profesionales.

Once: ¡Ánimo! Después de la tormenta, por muy grande que sea, Dios, siempre tiene un arco iris esperando por ti.

Domingo 2 Cuaresma (B)

SI DIOS ESTÁ A NUESTRO FAVOR ¿QUIÉN ESTARÁ EN CONTRA NUESTRA?

Gén 22,1-2,9,10-13,15-18; Rom 8,31-34; Mc 9,2-10

Dios nos entregó a su propio hijo por amor. Y Jesús dio su vida por nosotros. "Nadie tiene más amor que aquel que da la vida por aquellos que ama". ¿Somos nosotros capaces de superar los miedos y dar la vida por amor?

DALO TODO A QUIÉN QUIERES

Hace muchos años, cuando trabajaba como voluntario en un Hospital, conocí a una niña que sufría una extraña enfermedad. Su única oportunidad de recuperarse aparentemente era una transfusión de sangre de su hermano de cinco años, quién había sobrevivido milagrosamente a la misma enfermedad y había desarrollado los anticuerpos necesarios para combatirla.

El doctor le explicó la situación al niño, y le preguntó si estaría dispuesto a dar su sangre a su hermanita. Lo vi dudar sólo por un momento antes de hacer un gran suspiro y decir: "Sí, lo haré, doctor, si esto la salva"

Durante la transfusión, él estaba estirado en una cama junto a la de su hermana, y sonreía nervioso mientras nosotros los asistíamos y veíamos devolver el color a las mejillas de la niña.

En un determinado momento la cara del niño se puso pálida y su sonrisa desapareció. Miró al doctor y le preguntó con voz temblorosa: "Doctor, ¿a qué hora empezaré a morirme?"

Y es que siendo sólo un niño, no había comprendido bien: Él pensaba que le daría TODA su sangre a su hermana, y entonces él moriría, y aun así, estuvo dispuesto a hacerlo.

Domingo 3 Cuaresma (B)

LO IMPORTANTE ES "HACER EL BIEN", NO "SER BUENO"

Éx 20,1-17; 1 Cor 1,22-25; Jn 2,13-25

Respeto, disciplina, mandamientos… parece que no están de moda y sin embargo son tan necesarios para nuestro bien.
Jesús es duro con los vendedores porque, igual que una buena madre, él sabe que, a veces, el único recurso que queda para ayudar a un hijo rebelde a hacer lo que le conviene, es ser firme.

LA MAMÁ MÁS MALA DEL MUNDO

Yo tuve la mamá más mala del mundo.

Cuando a otros niños les daban permiso de no desayunar, yo tenía que comer tres veces al día. Y mientras los demás niños tomaban refrescos y dulces para merendar, yo tenía que comer un sándwich o verduras.

De chiquita, mi mamá siempre quería saber dónde estaba a cada momento, parecía que en vez de en un hogar yo vivía en una cárcel. Ella, también, tenía que saber quiénes eran mis amigos y lo que estábamos haciendo.

Insistía en que si yo decía que iba a tardar una hora en volver, solamente debía tardarme una hora. Repetía sin cesar que dijera la verdad y nada más que la verdad.

Me da vergüenza admitirlo, pero hasta tuvo el descaro de romper la ley contra el trabajo infantil, pues hizo que lavara platos, hiciera la cama, aprendiera a cocinar, limpiara la casa y muchas cosas igualmente crueles para mi edad. Creo que se quedaba despierta toda la noche pensando en las cosas que me iba a obligar a hacer.

Y cuando llegué a la adolescencia, fue peor. Ella era ya más sabia y mi vida se hizo más miserable. No me dejaba vestirme de cualquier forma. Y ninguno de mis amigos se podía comportar libremente en mi casa, no podíamos decir groserías, fumar o beber.

Y, por supuesto no me dejaba salir con cualquier chico. Mis amigos no podían tocar el claxon para que yo saliera corriendo. Me avergonzaba hasta el extremo de obligar a mis amigos a tener que llegar hasta la puerta para preguntar por mí.

Pero por todo eso, mi mamá fue un completo fracaso: Ninguno de mis hermanos ha sido arrestado, todos terminaron sus estudios y algunos hasta pasaron a la universidad.

Muy a menudo pienso en todo lo que nos perdimos por su culpa: Nunca hemos participado en una demostración de actos violentos, nunca tomamos drogas o nos emborrachamos cada fin de semana como hicieron muchos de nuestros amigos...

Y ¿a quién debemos culpar por nuestra terrible vida? ¡Sí!... a nuestra mala madre. Fue tan mala que nos convirtió en adultos educados y honestos.

Usando a mi mamá como ejemplo, estoy tratando de educar a mis hijos de la misma manera. Y me lleno de orgullo cuando mis hijos me dicen que soy mala por los mismos motivos que yo se lo decía a mi mamá. Y en secreto doy gracias a Dios por haberme dado *la mamá más mala del mundo*.

Domingo 4 Cuaresma (B)

LA FUERZA DE LA NO VIOLENCIA
2 Crón 36,14-17, 19-23; Ef 2,4-10; Jn 3,14-21

Igual que a Jesús, Dios no nos manda al mundo para condenarlo, sino para que el mundo se salve por medio de nosotros.
¿Somos capaces de pedir perdón y asumir la culpa —buscando la paz y la unidad—, incluso cuando no es nuestra culpa?

LA MENTIRA DESCUBIERTA

El Dr. Arun Gandhi, nieto de Mahatma Gandhi y fundador del instituto M. K. Gandhi para la Vida Sin Violencia, compartió la siguiente historia como un ejemplo de la vida sin violencia que le enseñaron sus padres.

Yo tenía 16 años y estaba viviendo con mis padres en el ashram que mi abuelo había fundado en las afueras, a 18 millas de la ciudad de Durban, en Sudáfrica, en medio de plantaciones de azúcar. Estábamos lejos de la ciudad y no teníamos vecinos, así que a mis dos hermanas y a mí, siempre nos entusiasmaba el poder ir a la ciudad para visitar amigos o ir al cine.

Un día mi padre me pidió que le llevara a la ciudad para asistir a una conferencia que duraba el día entero y yo vi una buena oportunidad de salir. Aprovechando que iba a la ciudad, mi madre me dio una lista de cosas del supermercado que necesitaba y como iba a pasar ahí todo el día, mi padre me pidió también que me hiciera cargo de algunas cosas pendientes, incluido el de llevar el auto al taller. Cuando mi padre bajo del coche, me dijo:

—Nos vemos aquí a las 5 de la tarde y volvemos a la casa juntos.

Después de completar muy rápidamente todos los encargos y dejar el coche en el taller, me fui hasta el cine más cercano. Me concentré tanto en la película, que me olvidé del tiempo. Eran las 5,30 cuando me di cuenta. Corrí al taller, recogí el auto y me apuré hasta donde mi padre me estaba esperando. Ya eran casi las seis. Él me preguntó con ansiedad:

—¿Por qué tardaste tanto?

No me atreví a decirle que estaba viendo una película de John Wayne, así que le dije que el coche no estaba listo y tuve que esperar... Yo no sabía que mi padre había llamado al taller.

Mi padre se entristeció ante mi mentira y me dijo:

—Algo no anda bien en la manera como te he criado puesto que no te he dado la confianza de decirme la verdad. Voy a reflexionar que es lo que hice mal contigo. Voy a caminar las 18 millas a la casa y a pensar sobre ello.

Y vestido como estaba, con su traje y sus zapatos elegantes, empezó a caminar hacia la casa por la carretera, que no estaba ni pavimentada ni alumbrada.

Yo me sentí mal y no lo podía dejar solo; así que conduje durante cinco horas y media detrás de él... viendo a mi padre sufrir la agonía de una mentira estúpida que yo había dicho. En ese momento decidí que nunca más volvería a mentir.

Muchas veces me acuerdo de este episodio y pienso: "Si mi padre me hubiera castigado de la manera como nosotros solemos castigar a nuestros hijos ¿habría yo aprendido la lección?". ¡No lo creo! Más bien hubiera aceptado el castigo y hubiera seguido haciendo lo mismo. Pero en cambio esta acción de no violencia de mi padre fue tan fuerte que marcó mi vida y la tengo impresa en la memoria como si fuera ayer.

Domingo 5 Cuaresma (B)

DONDE HAYA ODIO PONGA YO AMOR
Jer 31,31-34; Heb 5,7-9; Jn 12,20-33

Creer en Dios no significa que siempre nos va a ir bien, sino que, por nuestros actos, les va a ir mejor a los que viven a nuestro alrededor. Somos como el grano de trigo que muere para dar fruto.

CARTA DE SOR LUCY
(Víctima de la guerra de Bosnia-Herzegovina)

Soy Lucy, una de las jóvenes religiosas que ha sido violada por los soldados serbios. Le escribo, Madre, después de lo que nos ha sucedido a mis hermanas Tatiana, Sandria y a mí.

Permita no entrar en detalles del hecho. Hay en la vida experiencias tan atroces que no pueden contarse a nadie más que a Dios, a cuyo servicio, hace apenas un año, me consagré.

Mi drama no es tanto la humillación que padecí como mujer, ni la ofensa incurable hecha a mi vocación de consagrada, sino la dificultad de incorporar a mi fe un evento que ciertamente forma parte de la misteriosa voluntad de Aquél a quien siempre considere mi esposo divino.

Hacía pocos días que había leído "Diálogos de Carmelitas", y espontáneamente pedí al Señor la gracia de poder también yo morir mártir. Dios me tomó la palabra, pero ¡de que manera! Ahora me encuentro en la angustiosa oscuridad interior. Él ha destruido el proyecto de mi vida, que consideraba definitivo y exaltante para mí y me ha introducido de improviso en un nuevo designio suyo que, en este momento, me siento incapaz de descubrir.

Cuando adolescente escribí en mi Diario: "Nada es mío, yo no soy nadie, nadie me pertenece". Alguien, en cambio, me apresó una noche, que jamás quisiera recordar, me arrancó de mi misma, queriendo hacerme suya...

Era ya de día cuando desperté y mi primer pensamiento fue el de la agonía de Cristo en el Huerto. Dentro de mí se desencadenó una lucha terrible. Me preguntaba por qué Dios permitió que yo fuese desgarrada, destruida precisamente en lo que era la razón de mi vida; pero, también me preguntaba a qué nueva vocación él quería llamarme.

Me levanté con esfuerzo y mientras ayudada por sor Josefina me enderezaba, me llegó el sonido de la campana del convento de la Agustinas, cercano al nuestro, que llamaba a la oración de la nueve de la mañana. Hice la señal de la cruz y recité mentalmente el himno litúrgico: "En esta hora sobre el Gólgota, / Cristo, verdadero Cordero Pascual, / paga el rescate de nuestra salvación".

¿Qué es, Madre, mi sufrimiento y la ofensa recibida, comparados con el sufrimiento y la ofensa de Aquél por quien había jurado mil veces dar la vida? Dije despacio, muy despacio: Que se cumpla tu voluntad, sobre todo ahora que no tengo donde aferrarme y que mi única certeza es saber que Tú, Señor, estás conmigo.

Madre, le escribo no para buscar consuelo, sino para que me ayude a dar gracias a Dios por haberme asociado a millares de compatriotas ofendidas en su honor y obligadas a una maternidad indeseada. Mi humillación se añade a la de ellas, y porque no tengo otra cosa que ofrecer en expiación por los pecados cometidos por los anónimos violadores y para reconciliación de las dos etnias enemigas, acepto la deshonra sufrida y la entrega a la misericordia de Dios.

No se sorprenda Madre, si le pido que comparta conmigo un "gracias" que podría parecer absurdo. En estos meses he llorado un mar de lágrimas por mis dos hermanos asesinados por los mismos agresores que van aterrorizando nuestras ciudades, y pensaba que no podría sufrir más, ¡tan lejos estaba de imaginar lo que me habría de suceder!

A diario llamaban a la puerta de nuestro convento centenares de criaturas hambrientas, titiritando de frío, con la desesperación en los ojos. Hace unas semanas un muchacho de dieciocho años me dijo: "Dichosas ustedes que han elegido un lugar donde la maldad no puede entrar —El chico tenía en la mano el rosario de las alabanzas del Profeta, y añadió en voz baja: —Ustedes no sabrán nunca lo que es la deshonra".

Pensé largamente sobre ello y me convencí de que había una parte secreta del dolor de mi gente que se me escapaba y casi me avergoncé de haber sido excluida. Ahora soy una de ellas, una de las tantas mujeres anónimas de mi pueblo, con el cuerpo devastado y el alma saqueada. El Señor me admitió a su misterio de vergüenza. Es más, a mí, religiosa, me concedió el privilegio de conocer hasta el fondo la fuerza diabólica del mal.

Sé que de hoy en adelante, las palabras de ánimo y de consuelo que podré arrancar de mi pobre corazón, ciertamente serán creíbles, porque mi historia es su historia, y mi resignación, sostenida por la fe, podrá servir, si no de ejemplo, por lo menos de referencia de sus reacciones morales y afectivas.

Basta un signo, una vocecita, una señal fraterna para poner en movimiento la esperanza de tantas criaturas desconocidas.

Dios me ha elegido —que Él me perdone esta presunción— para guiar a las más humilladas de mi pueblo hacia un alba de redención y de libertad. Ya no podrán dudar de la sinceridad de mis palabras, porque vengo, como ellas, de la frontera del envilecimiento y la profanación.

Recuerdo que cuando frecuentaba en Roma la universidad para la Licenciatura en Letras, una anciana eslava, profesora de literatura, me recitaba estos versos del poeta Alexej Mislovic: "Tú no debes morir / porque has elegido estar / de la parte del día".

La noche, en que por horas fui destrozada por los serbios, me repetía estos versos, que los sentía como un bálsamo para el alma, enloquecida ya casi por la desesperación.

Ahora ya todo pasó y al volver hacia atrás tengo la impresión de haber sufrido una terrible pesadilla.

Todo ha pasado, Madre, pero, todo empieza. En su llamada telefónica, después de sus palabras de aliento, que le agradeceré toda la vida, usted me hizo una pregunta concreta: ¿Qué harás de la vida que te han impuesto en tu seno? Sentí que su voz temblaba al hacerme esa pregunta, pregunta a la que no creí oportuno responder de inmediato; no porque no hubiese reflexionado sobre el camino a seguir, sino para no turbar sus eventuales proyectos respecto a mí. Yo ya decidí. Seré madre. El niño será mío y de nadie más. Sé que podría confiarlo a otras personas, pero él —aunque yo no lo quería ni lo esperaba— tiene el derecho a mi amor de madre. No se puede arrancar una planta con sus raíces. El grano de trigo caído en el surco tiene necesidad de crecer allí, donde el misterioso, aunque inicuo sembrador lo echó para crecer.

Realizaré mi vocación religiosa de otra manera. Nada pediré a mi congregación que me ha dado ya todo. Estoy muy agradecida por la fraterna solidaridad de las Hermanas, que en este tiempo me han llenado de delicadeza y atenciones, y particularmente por no haberme importunado con preguntas indiscretas.

Me iré con mi hijo. No sé a dónde; pero Dios, que rompió de improviso mi mayor alegría, me indicará el camino a recorrer para hacer su voluntad.

Volveré pobre, retornaré al viejo delantal y a los zuecos que usan las mujeres los días de trabajo y me iré con mi madre a recoger en nuestros bosques la resina de la corteza de los árboles...

Alguien tiene que empezar a romper la cadena de odio que destruye desde siempre nuestros países. Por eso, al hijo que vendrá le enseñaré sólo el amor. Éste, mi hijo, nacido de la violencia, testimoniará junto a mí, que la única grandeza que honra al ser humano es la del perdón.

Sor Lucy Vertrusc

Domingo de Ramos (B)

"HAY QUE MORIR PARA VIVIR"
Is 50,4-7; Fil 2,6-11; Pasión, Mc 14,1-15,47

Jesús le dice a Pedro, demasiado confiado en sus fuerzas: "Te aseguro que hoy me negarás tres veces". Lo mismo nos dice a nosotros. Tenemos que aprender a confiar más en él que en nuestras propias fuerzas, sólo así superaremos nuestra debilidad.

LA HISTORIA DEL SALMÓN

¿Han visto alguna vez a los salmones saltando río arriba? Realizan un viaje contra corriente increíble, que todavía no es muy comprendido por los científicos.

El salmón nace en el río y permanece en agua dulce mientras es pequeño. Al llegar a su juventud, baja hasta el mar, donde vive y llega a su madurez. Cuando se acerca la época de la reproducción, emprende el camino de vuelta, volviendo exactamente al lugar donde nació.

Es un viaje muy duro. Centenares de kilómetros, llenos de dificultades, de rápidos y cascadas. Tiene que liberarse de las plantas acuáticas que lo pueden retener ¡Y si sólo fuera eso! Lo peor es que el salmón se encuentra en el río a muchos peces, compañeros, que se dejan arrastrar por la corriente y que le dicen: "Ven con nosotros. En el mar se está muy bien. ¿Para qué quieres ir allá arriba?"

Y otros le gritan: "¡No subas más arriba: hay peces que te atacan!" Y es verdad. El salmón puede ver en su camino algunos salmones heridos por las mordeduras de otros depredadores acuáticos.

Entonces comienza a dudar y piensa: "No puedo más. Me quedaré a descansar un rato allá, donde parece que el agua se remansa. Ya continuaré cuando haya recuperado las fuerzas".

Pero, al mismo tiempo, escucha una voz interior que le empuja: "Salmón, ¡No te dejes llevar por lo comodidad, cumple tu designio! ¡Continúa tu viaje con los compañeros que luchan a tu lado! O sigues río arriba o la corriente te arrastrará hacia abajo y no cumplirás tu importante misión. No hay otra alternativa: ¡O río arriba o hacia el mar!"

Parece que los salmones no comen nada, una vez que han comenzado su ascensión río arriba. Sólo el instinto les da fuerzas para luchar contra corriente. No todos llegan a la meta: muchos mueren exhaustos durante su titánico viaje.

Pero al llegar al lugar de su nacimiento, las hembras ponen los huevos y los machos los fertilizan. Ya pueden, agotados, morir: ellos sí han sido fecundos, entregando su vida para dar vida a otros.

Nadie tiene mayor amor que el que da la vida por otros.

Vigilia Pascual (B)

NO TENGÁIS MIEDO... ¡HA RESUCITADO!
Mc 16,1-8

Nosotros somos testigos de la resurrección ¿se nos nota? Tenemos que aprender a vivir la Pascua (y la vida) con alegría, con una alegría que se contagie. Ir como los discípulos por todo el mundo sembrando optimismo, esperanza, ilusión.

¡YA GANAMOS!

Para entender el mensaje de Pascua, imaginemos que somos parte de un equipo de futbol. No somos muy buenos pero aun así decidimos apuntarnos a un torneo oficial. Vamos consiguiendo puntos y, sin esperarlo, logramos llegar a la final.

Lo malo es que en la final nos toca jugar contra el equipo más fuerte y sabemos, ciertamente, que no podremos ganarles. De todas maneras nos entrenamos con ganas.

El día del partido nos presentamos con anticipación y entrenamos dispuestos a dar batalla. Faltando 10 minutos para la hora del juego, el otro equipo no ha llegado y el árbitro nos avisa de que si no llega a tiempo, firmará el acta y se retirará, por lo que seremos los ganadores. Empezamos entonces a rezar para que no lleguen...

A la hora en punto llegan sólo dos jugadores, pero el árbitro dice que al no estar el equipo completo, no pueden jugar, así que firma el acta que nos hace campeones y se va.

Mientras estamos festejando, llega el resto del equipo contrario y nos dice que ya que hemos venido que echemos un partidito. Nosotros con temor y precaución les decimos:

—Bueno sí, pero nosotros ya ganamos el torneo.

—Sí —nos dicen ellos—, vosotros ya ganasteis.

Como no nos fiamos del todo, repetimos:

—Pero… pero, ¡ya ganamos!

Sí, tranquilos —nos aseguran—, no veis que ya se fue el árbitro con el acta firmada.

Y entonces empezamos el partido. Curiosamente jugamos a gusto, muy tranquilos, sin miedo por el resultado. No nos importa si nos meten una goleada, pues sabemos que ¡ya ganamos!, así que nos dedicamos a disfrutar del juego, que se convierte en uno de los más bonitos que hemos tenido.

Ese es sin duda el gran mensaje de la Pascua: con Jesús ¡ya ganamos! No tenemos que hacer nada para ganarnos el cielo, el ya firmó el acta que nos hizo campeones. Ahora lo que tenemos que hacer es disfrutar del juego de la vida, con ganas, sin miedo por el resultado, sin miedo a fallar pues… ¡YA GANAMOS!

Domingo 2 Pascua (B)

A QUIENES LES PERDONÉIS LOS PECADOS, YO SE LOS PERDONO

Hch 4,32-35; 1 Jn 5,1-6; Jn 20,19-31

"¿Quién es el que vence al mundo?" pregunta san Juan en la segunda lectura. El que acepta la manera de pensar de Jesús y no se deja "contaminar" por la mentalidad del mundo.

LOS TRES PRÍNCIPES

En un lejano país había un rey famoso por su sabiduría. Tenía tres hijos, además de muchas riquezas, y entre ellas un hermoso diamante que era la envidia de todo el mundo que lo conocía. Los tres hijos anhelaban que el padre les diera el diamante. Pero ¿a quién de los tres se lo daría?

Un día el rey llamó a sus tres hijos y les dijo:

—Hijos míos, os quiero poner una prueba y el que mejor supere dicha prueba será el dueño del diamante. Es la siguiente: tenéis tres días para realizar una gran hazaña. Aquel que haya realizado la mayor hazaña, recibirá como premio el diamante que tanto deseáis.

Pasados los tres días, se volvieron a reunir con el padre y cada uno explicó su hazaña.

—Yo —dijo el mayor—, he dado muerte a un dragón que sembraba el pánico en el reino.

—Yo —dijo el segundo—, con una sola daga he vencido a diez hombres armados.

El más pequeño se acercó y con humildad dijo:

—Salí esta mañana al campo y encontré a mi mayor enemigo durmiendo al borde de un acantilado y... le dejé seguir durmiendo.

El padre, emocionado, se levantó de su trono, abrazó a su hijo pequeño y le entregó el diamante.

Domingo 3 Pascua (B)

¿POR QUÉ SURGEN DUDAS EN VUESTRO CORAZÓN?

Hch 3,13-15, 17-19; 1 Jn 2,1-5; Lc 24,35-48

No es siempre fácil entender el Plan de Dios, sobre todo cuando no coincide con nuestra manera de ver las cosas. Pero fe es sobre todo confiar, y luego volver a confiar y confiar.

BORDADOS DE LA VIDA

Cuando yo era chiquito, mi madre trabajaba mucho cosiendo en una mesa alta. Yo me sentaba en el suelo, miraba y preguntaba qué es lo que estaba haciendo. Ella me contestaba que estaba bordando.

Todos los días yo le hacía la misma pregunta y ella me contestaba lo mismo. Observaba su trabajo desde abajo, y le decía:

—Mamá, ¿qué es eso tan raro que estás bordando?

Desde donde yo miraba, todo su bordado era muy extraño y confuso. Era un amontonado de nudos e hilos de diferentes colores, unos largos, otros cortos, unos gruesos y otros finos…

Ella sonreía, miraba hacia mí y de manera amable me decía: "Hijo, ve a jugar, en cuanto termine mi trabajo, te llamaré, te tomaré en mis brazos y dejaré que veas el trabajo desde mí posición".

Durante muchos días me seguí preguntando: ¿Por qué ella usaba algunos hilos de colores oscuros y otros claros en vez de un solo color? ¿Por qué me parecían tan desordenados y enmarañados? ¿Por qué estaba todo tan lleno de nudos y puntos? ¿Por qué mi mamá no les daba una forma definida? ¿Por qué tardaba tanto?

Por fin, un día, ella me llamó, me tomó en sus brazos y me enseñó el bordado. Me sorprendí mucho al verlo. ¡No me lo podía creer! ¡Lo que desde abajo me parecía tan confuso, desde arriba, era el cuadro de un paisaje maravilloso!

Entonces ella me dijo:

—Hijo, desde abajo mi bordado te parecía confuso y desordenado porque tú no lo podías ver desde mi posición. Pero, ahora, mirándolo desde arriba ya puedes ver que en lo que estaba haciendo había un bello diseño.

Muchas veces, a lo largo de los años, he mirado hacia al cielo y he dicho: "Padre Dios, ¿qué es lo que estás haciendo?" Él parece responder: "Estoy bordando tú vida, hijo".

Y yo sigo preguntando: "Pero lo veo todo tan confuso, Padre... todo está desordenado. Hay muchos nudos, situaciones difíciles que no terminan y cosas buenas que pasan rápido. Algunos hilos son tan oscuros... ¿Por qué no haces algo mejor diseñado?".

Él me sonríe y parece decirme: "Hijo mío, ocúpate de tú trabajo, relájate... y confía en mí. Yo haré mí trabajo. Un día, te traeré donde estoy yo, y entonces podrás ver el plan de tu vida desde mí posición".

A veces no entendemos qué está ocurriendo en nuestras vidas. Las cosas son confusas, no encajan y parece que nada nos sale bien. Lo importante es que tengamos paciencia, que confiemos y recordemos que estamos mirando el reverso de la vida. Del otro lado, Dios está bordando un bello diseño...

Domingo 4 Pascua (B)

¡CUÁNTO AMOR NOS HA TENIDO DIOS! ...Y QUÉ POCO LO DISFRUTAMOS

Hch 4,8-12; 1 Jn 3,1-2; Jn 10,11-18

Jesús afirmó: "Nadie me quita la vida; yo la doy porque quiero". Nosotros también somos libres para llevar nuestra vida o para dejar que las circunstancias nos amarguen.

¿CÓMO VA A SER TU DÍA HOY? DEPENDE DE TI

Esta mañana desperté, antes que el reloj sonara, emocionado con todas las cosas que tengo que hacer. Tengo responsabilidades que cumplir hoy. Soy importante. Mi tarea es escoger que clase de día voy a tener.

— Puedo quejarme porque el día está lluvioso o puedo dar gracias a Dios porque las plantas están siendo regadas.

— Hoy me puedo sentir triste porque no tengo más dinero o puedo estar contento que mis finanzas me empujan a planear mis compras con inteligencia.

— Hoy puedo quejarme de mi salud o puedo alegrarme de que estoy vivo.

— Puedo lamentarme de todo lo que mis padres no me dieron mientras estaba creciendo o puedo sentirme agradecido de que me permitieran haber nacido.

— Hoy puedo autocompadecerme por no tener muchos amigos o puedo emocionarme y embarcarme en la aventura de descubrir nuevas relaciones.

— Hoy puedo quejarme porque tengo que ir a trabajar o puedo gritar de alegría porque tengo un trabajo.
— Hoy puedo quejarme porque tengo que ir a la escuela o puedo abrir mi mente y llenarla con nuevos y ricos conocimientos.
— Hoy puedo murmurar amargamente porque tengo que hacer las labores del hogar o puedo sentirme agradecido porque tengo un techo sobre mi cabeza.
— Hoy puedo llorar porque las rosas tienen espinas o puedo celebrar que las espinas tienen rosas.

El hoy se presenta ante mí, esperando a que yo le dé forma y aquí estoy, soy el escultor de mi día. Lo que suceda depende de mí, y yo decidiré escoger qué tipo de día voy a tener.

¡Que tengas un gran día! ...a menos que tengas otros planes.

Domingo 5 Pascua (B)

EL QUE PERMANECE EN MÍ, DA FRUTO ABUNDANTE

Hch 9,26-31; 1 Jn 3,18-24; Jn 15,1-8

La fe es un camino largo, una búsqueda constante de Dios, un adaptarse a los cambios. Pero no se trata tanto de cambiar, sino de permitir que Dios nos cambie y que se vaya haciendo realidad su sueño a través de nosotros.

EL SUEÑO DE DIOS

Una vez un hombre, como tú y como yo, se fue al desierto porque quería encontrar a Dios y conseguir la paz en el corazón. Luchó contra sus pasiones y contra todo lo que llevaba por dentro. La pelea fue larga y a veces dudó si realmente valía la pena todo ese esfuerzo. Pero Dios lo acompañaba, y el hombre siempre encontraba motivos para amanecer.

Después de muchos años cansado le dijo a Dios:

—Señor, tanto esfuerzo por tratar de superar mis problemas y conseguir la paz... y nada.

—Está bien —dijo Dios—, ya te probaste que tú no puedes solo, voy a regalarte yo la paz que tanto deseas.

Y le regaló la paz. Paz para él mismo y para compartir con los otros.

Al volver, la gente, al verlo con paz, no lo dejaba en paz, porque le traían todos los problemas y dudas.

Entonces, el hombre, ya anciano, se quejó ante Dios y le dijo:

—Señor, ahora es peor que antes. Antes yo luchaba contra mis problemas, pero ahora me llegan las dificultades de todos.

—No te preocupes —le contestó Dios—, voy a regalarte una cosa para los demás. Voy a dejarte la paz y, además, tendrás mi mirada sobre las cosas.

El anciano entonces resolvía los problemas de todos, porque miraba las cosas como Dios las mira.

Pero un día un muchacho muy orgulloso dijo:

—Yo no creo en este viejo. Voy a ponerlo a prueba.

Atrapó entonces una golondrina viva y con ella en la mano se dirigió a ver al viejo. Pensaba preguntarle: "Esta golondrina que tengo detrás ¿va a vivir o va a morir?" Si me dice que va a vivir, yo le aplasto la cabeza y se la tiro a los pies demostrándole que iba a morir. Y si me dice que va a morir, yo la suelto para que vea que se ha equivocado y que soy yo quién decide que viva.

Y así lo hizo. Dirigiéndose al anciano le preguntó: "Hombre sabio, esta golondrina que tengo detrás, ¿va a vivir o a morir?".

El anciano lo miró con benevolencia y después de sonreírle se puso a escribir en el suelo con un palito que tenía en la mano.

El joven insistió en la pregunta, creyendo que el anciano estaba evadiéndose con el silencio.

Finalmente consiguió la respuesta, acompañada de la misma sonrisa benévola:

—Mira hijo, que la golondrina viva, es el sueño de Dios; que muera, esa es cosa tuya.

Es cierto que todo depende de Dios, pero él quiere contar con nosotros y siempre hay algo que podemos hacer para ayudarle a realizar sus sueños.

Domingo 6 Pascua (B)

EL QUE NO AMA, NO CONOCE A DIOS, PORQUE DIOS ES AMOR

Hch 10,25-26, 34-35, 44-48; 1 Jn 4,7-10; Jn 15,9-17

Dice Jesús: "Como el Padre me ama, así os amo yo. Permaneced en mi amor... Os he dicho esto para que mi alegría esté en vosotros y vuestra alegría sea plena". Por eso el que ama de verdad al estilo de Dios es feliz, a pesar de los sacrificios que el amor le pueda exigir.

DIOS ES AZÚCAR

Un día la profesora, preguntó a sus alumnos, si ellos sabían explicar quién era Dios. Un alumno levantó la mano y dijo: "Dios es nuestro Padre. El hizo la tierra, el mar y todo lo que existe. Nos hizo a nosotros como hijos suyos".

La profesora buscando más respuestas fue más lejos: "¿Cómo sabéis que Dios existe si nunca lo habéis visto?".

Todo el salón quedó en silencio. Ezequiel, un niño muy tímido, levantó su mano y dijo: "Mi Mamá dice que Dios es como el azúcar en mi leche que me hace todas las mañanas. Yo no veo el azúcar que está dentro de la taza mezclada con la leche, más si no tuviera azúcar, la leche no tendría buen sabor. Así es Dios, Él está siempre en medio de nosotros sólo que no lo vemos, pero si Él se fuera, nuestra vida quedaría sin buen sabor".

La profesora sonrió y dijo: "¡Muy bien, Ezequiel! Yo os he enseñado muchas cosas, pero hoy tú me has enseñado algo más profundo que todo lo que yo ya sabía. ¡Ahora sé que Dios es nuestro azúcar y que está todos los días endulzando nuestra vida!". Se acercó y le dio un beso, agradecida por la respuesta de aquel niño.

La sabiduría no está en el conocimiento sino en la vivencia de Dios en nuestras vidas. Creer no es 'saber', es 'vivir confiados'. Teorías existen muchas, pero dulzura como la del amor de Dios aún no existe ni en los mejores azúcares.

Que tengas un buen día y... no te olvides colocar azúcar en tu vida.

Ascensión (B)

¿AMAR A TODOS? SÍ, PERO... ¿TAMBIÉN A ÉSE?
Hch 1,1-11; Ef 1,17-23; Mc 16,15-20

Jesús nos invita a llevar su amor a toda creatura hasta los confines del mundo. Pero a nosotros lo que nos gusta es disminuirnos el trabajo haciendo diferencias en países, partidos, religiones, etc., mirando con recelo al que no es de los nuestros y tratando de encontrar excusas para no tener que amarlo.

NEGROS Y BLANCOS

Hace ya bastante tiempo, todos los elefantes de la selva eran negros o blancos. Eran respetuosos con los demás animales, pero se llevaban muy mal entre ellos mismos, por lo que ambos grupos se encontraban separados: los negros en un sitio y los blancos en otro.

Un día, los elefantes negros decidieron matar a los elefantes blancos, y éstos decidieron acabar con aquéllos y empezó una guerra terrible.

Pero algunos elefantes de ambos grupos que querían la paz, se metieron en lo más profundo de la selva alejándose del resto. Y no se volvió a saber nada más de ellos.

La batalla duró mucho tiempo, hasta que no quedó ni un solo elefante negro y ni un solo elefante blanco. Así que durante años no hubo elefantes sobre la tierra.

Un día, los nietos de los elefantes pacíficos que se habían escondido, salieron de lo profundo de la selva. Eran todos grises.

Desde entonces los elefantes han vivido en paz. Bueno casi... Porque, a veces, los que tienen orejas pequeñas y los que tienen orejas grandes se miran unos a otros de una manera un tanto extraña e inquietante...

Pentecostés (B)

MI ACTITUD: ¿ES VENENO O BÁLSAMO?
Hch 2,1-11; 1 Cor 12,3b-7.12-13; Jn 20,19-23

Si dejamos de verdad que el Espíritu Santo nos cambie, se caen todos los prejuicios, barreras, rencores, miedos… y llega la paz interna y externa, y entonces todos nos entendemos.

LILI Y SU SUEGRA

Hace mucho tiempo, en China, una joven llamada Lili se casó y fue a vivir con su marido a casa de su suegra. Después de algunos días, Lili se dio cuenta de que no se entendería nunca con ella. Sus personalidades eran muy diferentes y Lili fue irritándose cada vez más, pues la mujer constantemente la criticaba.

Los meses pasaron, Lili y su suegra cada vez discutían y peleaban con mayor frecuencia. Pero nada podía hacer pues, según una antigua tradición china, la nuera tiene que cuidar a su suegra y obedecerla en todo.

Cuando la situación se volvió insoportable, Lili tomó una decisión y fue a visitar a un amigo de su padre. Después de oírla, él tomo un paquete de hierbas y le dijo:

—No deberás usarlas de una sola vez para liberarte de tu suegra, pues una muerte repentina causaría sospechas. Cada dos días pondrás un poco de estas hierbas en su comida para envenenarla lentamente. Mientras tanto, ten mucho cuidado y para que nadie sospeche de ti cuando tu suegra muera, actúa de manera muy amigable con ella. No discutas y ayúdala a resolver sus problemas. Recuerda, para que esto funcione bien, debes seguir todas mis instrucciones.

Ella respondió:

—Sí, Sr. Huang, haré todo lo que usted me pide.

Muy contenta con el plan, agradeció al Sr. Huang, y volvió de prisa a casa, preparada para asesinar poco a poco a su suegra.

Pasaron las semanas y cada dos días, Lili le servía una comida especialmente preparada para ella. Y recordando lo que el Sr. Huang le había recomendado, para evitar sospechas, controló su temperamento, y obedecía a su suegra tratándola como si fuera su propia madre.

Después de seis meses, el ambiente de la casa había cambiado por completo. Lili había aprendido a controlar su carácter y casi nunca expresaba su aversión hacia su suegra. A lo largo de esos meses, no habían tenido ni una discusión y su suegra ahora parecía más amable y más tratable. Ahora las mujeres se querían como madre e hija.

Un día Lili fue nuevamente a buscar al Sr. Huang, para pedirle ayuda y le dijo: "Querido Sr. Huang, por favor ayúdeme a evitar que el veneno mate a mi suegra. Ella se ha transformado en una mujer agradable y yo la amo como si fuera mi madre. No quiero que ella muera por causa del veneno que le di". El Sr. Huang sonrió y dijo: "Lili no tienes de qué preocuparte. Tu suegra no ha cambiado, la que cambiaste fuiste tú. Las hierbas que te di, eran vitaminas para mejorar la salud de tu suegra. El veneno estaba en la mente, en la actitud de las dos, pero fue echado fuera y sustituido por el amor que tú le diste a ella".

Donde no hay amor, tú pon amor y encontrarás amor.

Santísima Trinidad (B)

**A DIOS NADIE LO HA VISTO,
PERO SI NOS AMAMOS...**

Dt 4,32-34, 39-40; Rom 8,14-17; Mt 28,16-20

Las tres lecturas hablan de Dios presente en nuestra vida. Pero si queremos ver a Dios, tenemos que limpiar nuestra mirada para que, con claridad, sepamos ver cada día desde el amor: el sol, el árbol, el color del cielo y, por supuesto, a las personas que tenemos a nuestro lado.

EL CANTO DE DIOS

Se reunió el sabio Gurú con sus discípulos como lo hacía todas las mañanas. "Dios" era el tema de aquel día y la discusión estaba sumamente interesante. Hasta que, cansado ya de tanta paráfrasis filosófica, un discípulo le preguntó a quemarropa:

—Maestro sublime, dinos pues, si no hay pruebas contundentes, ¿por qué crees tú que existe Dios?

El Gurú dirigió su mirada risueña al horizonte y oyendo el bello canto de un ruiseñor contestó:

—Dios es como esa ave que se esconde tras el árbol: no podemos verla, pero sabemos que está allí porque oímos su canto.

Dios mora tras todas las cosas y su canto lo entonan todas sus creaturas, pero es tan pronunciada la sordera del hombre, que escucha más el estruendo de los coches que los latidos de su corazón.

Domingo 2 Ordinario (B)

¿QUÉ BUSCAMOS AL SER CRISTIANOS?
1 Sam 3,3-10, 19; 1 Cor 6,13-15, 17-20; Jn 1,35-42

Al igual que Juan y Andrés queremos conocer a Jesús. Y como a ellos, también Jesús nos pregunta hoy a nosotros: ¿qué buscan?
¿Qué buscamos al seguirlo, al ir a Misa, al rezar…? De niños no lo sabíamos bien, como Samuel en el Templo. Pero ahora ¿se nos nota que somos sus seguidores en la forma de amar y vivir? ¿Podemos invitar a otros a nuestra comunidad diciendo como Jesús "vengan a ver"?

EL DIAMANTE

Un monje había llegado a las afueras de la aldea y acampó bajo un árbol para pasar la noche. De pronto llegó corriendo hasta él un habitante de la aldea y le dijo: "¡La piedra! ¡La piedra! ¡Dame la piedra preciosa!"

—¿Qué piedra? —preguntó el monje.

—La otra noche se me apareció en sueños el Señor Shiva —dijo el aldeano—, y me aseguró que si venía al anochecer a las afueras de la aldea, encontraría un monje que me daría una piedra preciosa que me haría rico para siempre.

El monje rebuscó en su bolsa y extrajo una piedra.

—Probablemente se refería a ésta —dijo mientras entregaba la piedra al aldeano—. La encontré en un sendero del bosque hace unos días. Por supuesto que puedes quedarte con ella.

El hombre se quedó mirando la piedra con asombro. ¡Era un diamante! Tal vez el mayor diamante del mundo, pues era tan grande como la mano de un hombre. Tomó el diamante y se marchó. Pasó la noche dando vueltas en la cama, totalmente incapaz de dormir.

Al día siguiente, al amanecer, fue a despertar al monje y, devolviéndole el diamante, le dijo:

—Dame la riqueza que te permite desprenderte con tanta facilidad de este diamante.

Domingo 3 Ordinario (B)

CONVERTÍOS Y CREED, DE VERDAD, EN EL EVANGELIO

Jon 3,1-5, 10; 1 Cor 7,29-31; Mc 1,14-20

La conversión es cambiar de mentalidad, es revisar el camino por donde va nuestra vida y estar dispuesto a dejarlo por uno mejor; es ir dejando lo que no nos deja ser libres y aprender a disfrutar la vida como Dios la pensó.

CAFÉ PARA VIVIR

Un grupo de graduados universitarios, bien situados en su trabajo, estaban dialogando sobre sus vidas, en una reunión de ex alumnos. Decidieron ir a visitar a uno de sus viejos profesores, ya retirado, que siempre había sido para ellos una inspiración.

Durante la visita, la conversación se convirtió en quejas sobre el estrés en el trabajo, en la vida y en las relaciones sociales.

Después de ofrecerles café, el profesor fue a la cocina y regresó con una cafetera grande y muchas tazas. Algunas de las tazas eran de porcelana, otras de cristal, otras de vidrio; algunas eran de apariencia muy simple, otras muy bonitas, algunas parecían muy caras...

El profesor les invitó a servirse cada uno. Cuando ya todos tenían su taza de café en la mano, el profesor les dijo su teoría:

—Daos cuenta de que las tazas de apariencia más bonita y costosa fueron elegidas por vosotros, mientras que dejasteis de lado las más simples y baratas. Por supuesto que es normal que busquéis y escojáis sólo lo mejor para vosotros, pero esa es la fuente de vuestros problemas y estrés. La taza que cada uno tiene no añade nada a la calidad del café que estáis bebiendo. En la mayoría de los casos es simplemente más cara y en algunos, hasta opaca y nos distrae de lo que estamos bebiendo. Lo que todos vosotros queríais era café, no una taza… pero conscientemente os fuisteis a escoger las mejores, y en seguida empezasteis a mirar también las de los demás.

Ahora, amigos, pensad en esto: La vida es el café… Vuestros trabajos, el dinero y posición social son las tazas. Ellas son sólo herramientas que envuelven y sostienen la vida. El tipo de taza que vosotros tenéis no define ni cambia la calidad de la vida que estáis viviendo. Y sin embargo, a veces, por concentrarnos tanto en la taza, fracasamos en disfrutar el delicioso café que Dios nos da. Recordad siempre esto: Dios prepara el café, nosotros escogemos la taza.

La gente más feliz no es la que tiene lo mejor de todo, sino la que sabe sacar lo mejor de todo lo que tiene.

Por eso, no permitas que las tazas controlen tu vida. En lugar de eso ¡disfruta tu café!

Domingo 4 Ordinario (B)

LO QUE HACEMOS HABLA DE NOSOTROS MÁS QUE LO QUE HABLAMOS

Dt 18,15-20; 1 Cor 7,32-35; Mc 1,21-28

Jesús no tenía todo tan claro, como a veces nos creemos, cuando se lanzó a predicar por Cafarnaúm. Él lo que quería era animar a la gente a confiar en Dios. Pero si algo lo distinguía de otros predicadores, es que sus obras reforzaban sus palabras.

¿POR QUÉ DEJÓ NAZARET?
(Simpática carta con despedida de Jesús a María, en Nazaret)

Querida mamá:
    Cuando te despiertes yo ya me habré ido. He querido ahorrarte despedidas. Ya has sufrido bastante y lo que sufrirás, María.

Ahora es de noche, mientras te escribo. El gato me mira como diciendo "¿es que no va a poder uno dormir en esta casa nunca?".

Quiero decirte por qué me voy, por qué te dejo, por qué no me quedo en el taller haciendo marcos para las puertas y enderezando sillas el resto de mi vida. Durante treinta años he observado a la gente de nuestro pueblo y he intentado comprender para qué vivían, para qué se levantaban cada mañana y con qué esperanza se dormían todas las noches.

Juan el de la panadería, y con él la mitad de Nazaret, sueñan con hacerse ricos y creen de verdad que cuántas más cosas tengan más completos van a ser. El alcalde y los otros ponen el sentido de sus vidas en conseguir más poder, ser obedecidos por más gente, tener capacidad para disponer del futuro de los otros hombres. El rabino y sus beatas se han rendido ya de todo lo que signifique esforzarse por crecer y se disculpan haciéndolo pasar por voluntad de Dios.

El resultado es que la mayoría de los días son grises, las soledades demasiado grandes para ser soportadas por hombros normales, la amargura algo habitual en la casa, las alegrías cortas y poco alegres.

A veces, madre, cuando llegaba el cartero y sonaba la trompetilla en la plaza del pueblo, cuando la gente acudía corriendo alrededor, yo me fijaba en esas caras que esperaban ansiosamente, de cualquier parte y con cualquier remite, una buena noticia: ¡habrían dado la mitad de sus vidas porque alguien les abriera, desde fuera, un boquete en el cascarón! Me venían ganas de ponerme en medio y gritarles: "¡La noticia buena ya ha llegado! ¡El reino de Dios está dentro de vosotros! ¡Las mejores cartas les van a llegar de dentro! ¿Por qué se repiten que están cojos si resulta que Dios les ha dado piernas de gacela?"

Yo me siento prendido por la plenitud de la vida, María. Yo me descubro encendido en un fuego que me lleva y me hace contarles a los hombres noticias simples y hermosas que ningún periódico dice nunca. Y quisiera quemar al mundo con esta llama; que en todos los rincones hubiera vida, pero vida en abundancia.

Ya sé que soy un carpintero sin bachillerato y que apenas he cumplido la edad de poder abrir los labios en público. No me importaría esperar más, pensarlo más, ser más maduro, "hacer mi síntesis teológica"... pero esta tarde me he enterado de que han detenido a Juan, que bautizaba en el río. ¿Quién alentará ahora la chispita de esperanza que aún humea en el corazón de los pobres? ¿Quién gritará lo que Dios quiere en medio de tantos gritos que no quieren a Dios? ¿Quién jurará a los sencillos y a los cansados que tienen derecho a vivir porque son queridos desde el principio del universo?

Hay demasiada infelicidad, mamá, como para que yo me contente con fabricar hamacas para unos pocos... demasiados ciegos, tantos pobres, demasiada gente para quien el mundo es la blasfemia de Dios. No se puede creer en Dios en un mundo donde los hombres mueren y no son felices... a menos que se esté del lado de los que dan la vida para que todo eso no siga sucediendo; para que el mundo sea como Dios lo pensó.

Si he de decirte la verdad, no tengo nada claro lo que voy a hacer. Sé por dónde empezar. No sé dónde terminaremos. Por lo pronto me voy a Cafarnaúm, a la orilla del lago, donde hay más gente y lo que pase tendrá más resonancia.

Está amaneciendo…

Te escribiré. Te vendré a ver de vez en cuando. Las vecinas, el gato, las estrellas del cielo y Dios Nuestro Señor te harán compañía en esa ola inmensa de convivencia fraterna con la naturaleza que los hombres no son capaces de descubrir.

Y cuando hagamos ese pequeño grupo de gente que viva como estamos hechos para hacerlo, podrás venirte con nosotros, llena de flores, llena de ritmo, bendita entre todas las niñas de Israel, que me diste en fruto a mí,

tu Jesús

Domingo 5 Ordinario (B)

SEÑOR ¿POR QUÉ A MÍ?
Job 7,1-4, 6-7; 1 Cor 9,16-19, 22-23; Mc 1,29-39

Job cuestiona a Dios sobre los males que sufre ¿por qué yo? Igual nos pasa a nosotros. Y Dios nos pregunta: ¿Confías en mí? ¿Confías en que el mundo está bien pensado a pesar del dolor, el sufrimiento y la muerte? Sólo, si como Jesús tenemos ratos de oración, podremos contestar que sí y encontrar la fuerza para confiar a pesar de todo lo que nos pueda pasar.

DIOS SÍ ME HA ESCUCHADO Y LO TENGO TODO
(Del Instituto de readaptación en New York)

Yo había pedido a Dios la fuerza para triunfar;
Él me ha hecho débil para que aprenda el gusto por las cosas pequeñas...

Yo le había pedido la salud para hacer cosas grandes;
Él me ha dado la enfermedad para que haga cosas mejores...

Yo le había pedido la riqueza para ser feliz;
Él me ha dado la pobreza para que sea sensato...

Yo le había pedido el poder para que los hombres contaran conmigo;
Él me ha dado la debilidad para que sólo necesite a Dios...

Yo le había pedido un compañero para no tener que vivir solo;

Él me ha dado un corazón capaz de amar a todos los hermanos...

Yo le había pedido de todo para gozar de la vida;
Él me ha dado la vida para que goce de todo.

No he recibido nada de lo que había pedido;
pero tengo todo lo que podía esperar.

Porque, aunque diga lo contrario,
Dios me ha escuchado y puedo ser el más feliz de los hombres.

Domingo 6 Ordinario (B)

TÚ SÍ, TÚ NO, TÚ SÍ, TÚ NO...
Lev 13,1-2, 44-46; 1 Cor 10,31-11,1; Mc 1,40-45

Ser leproso en tiempos de Jesús era difícil. Además del sufrimiento de la enfermedad, se te consideraba alejado de Dios y eras condenado por algo que no habías hecho. Tal vez nosotros no marginamos a los leprosos, pero criticamos, juzgamos, y nos sentimos mejores que otros...
Se nos olvida que para Dios todos, hasta los que creemos peores, son sus hijos muy queridos.

LAS PATAS DE UN ELEFANTE

Había una vez una selva donde los animales querían aprender. Se pusieron de acuerdo y construyeron una escuela.

Después de varios días de clase, un gorila, aburrido, se entretenía mirando a su alrededor. Y vio que había un alumno nuevo, el elefante.

—¡Qué gordo está! —pensó el gorila.

Después miró sus patas y comenzó a reír:

—¿Cómo se las arreglará para escribir con esas patas tan enormes? Seguro que no sabe ni poner la 'A'.

Llegó el profesor y lo primero que les dijo es que cada uno escribiera su nombre en el cuaderno. El gorila no quitaba ojo al elefante. Éste, sabiéndose observado, cogió el lápiz con la trompa y se puso a escribir correctamente. Cuando el profesor corrigió los cuadernos, felicitó públicamente al elefante porque lo había hecho perfectamente.

El gorila pensó:

—¡Nunca más me volveré a reír de nadie!

Domingo 7 Ordinario (B)

CONSTRUIR EL AMOR
Is 43,18-19, 21-22, 24-25; 2 Cor 1,18-22; Mc 2,1-12

Ante los problemas y dificultades que encontramos en la vida podemos tomar la actitud de los amigos del paralítico que actúan confiados que Dios hará algo a través de los hombres, o tomar la actitud de los escribas que sentados se dedican a criticar y juzgar a los que quieren cambiar las cosas.
El amor es siempre un gran proyecto que requiere fe, esfuerzo, "remover ladrillos", superar prejuicios…

LA SOLUCIÓN ES EL AMOR

Hechos lamentables suceden a cada momento en nuestra ciudad, en nuestro país y en nuestro mundo. Y lo peor, es que desatan ¡una psicosis colectiva! (todos hablan de "lo mal que estamos"). Y esa psicosis colectiva crea en nosotros dosis de energía negativa encendiendo un círculo vicioso en el que todos desconfían y tienen miedo… Y el miedo, la rabia, o el pesimismo, son como virus que se alimentan a sí mismos y crean aun más energía negativa. Y eso no ayuda a mejorar las cosas.

Lo que yo propongo no es vivir como si nada pasara, no. No podemos cerrar los ojos y negar que estos hechos estén sucediendo. Tampoco podemos creer que tenemos "la solución" contra todo el mal en el mundo… Pero tengo una propuesta: generemos energía positiva. ¿Cómo? Pues, de la misma forma que el mal, el miedo y el pesimismo se contagian, una persona optimista puede también contagiar a muchas otras de energía positiva e ir haciendo el cambio. Por lo menos esa es la solución que propuso Jesús en el evangelio.

Este es el plan:
1. Contagia de amor tu entorno inmediato
   - ¡Tú eres lo más inmediato! Así que:
   - Regálate unos minutos al día para darte un detalle de amor (hasta Jesús encontraba un rato al día para estar a gusto a solas con Dios).
   - Conviértete en tu mejor amigo (no te critiques).
   - Empieza a amarte tal cual eres (Dios te ama así). Tienes muchas razones para ser como eres, no tienes que convencer a nadie más que a ti mismo.
   - Planifica una vida hermosa para ti: ¡sueña! (Eso no cuesta).
   - Come sano, cuida tu salud y mantente activo.
   - Y sobre todo, ¡CREE EN TI!

2. Contagia tu círculo cercano
   - Ama a todos los que viven contigo tal como son, (ellos también tienen sus razones para ser como son).
   - Dales detalles de amor: una notita, un dulce, una sonrisa.
   - Haz del cariño algo natural: un abrazo, un beso, etc. A todos nos gustan esos detalles y siempre nos ayudan.

3. Contagia tu siguiente entorno
   - Crea un ambiente de trabajo, de estudios, de amistades, etc. donde la amabilidad, la tolerancia, las palabras mágicas de "gracias y por favor" sean la base de la comunicación.
   - Desea el bien a todos; regala sonrisas a conocidos y desconocidos, ¡no sabes el bien que puedes hacer!
   - Diario, haz algo desinteresado por otra persona. Aunque sea ceder el paso o el asiento.

4. Cuida tus pensamientos
   - Evita los noticieros y periódicos amarillistas, las revistas que se meten en la vida privada de otros y las telenovelas.
   - Huye de pláticas destructivas (chismes, críticas, quejas, etc.).
   - Cuando te vayas a quejar de algo, asegúrate de poder sugerir algo mejor.
   - ¡No te tomes la vida tan en serio! Perdona las ofensas y ríete de ti mismo de vez en cuando.

5. Haz algo por tu planeta
   - Recicla el papel, las pilas, las bolsas de plástico…
   - Tira la basura en su lugar y sepárala…
   - Usa sólo el agua y la luz necesarias.
   - Camina si no necesitas tu coche.

Como ves el plan es muy simple: energía negativa atrae energía negativa, y energía positiva atrae energía positiva… ¿tú qué energía estás sembrando?

El miedo es la energía más negativa que existe. En realidad NO hay nada que temer, aunque muriéramos, seguimos en manos de un Dios que nos ama infinitamente. El amor es la fuerza más grande que existe. Siempre empieza por uno mismo y luego inevitablemente se expande. Así que ámate y expande el amor. Tal vez no acabemos con "el mal" de todo el mundo, pero seguro que será mucho mejor nuestro entorno, nuestra vida y la vida de quienes nos rodean, y eso es sin duda: IR CAMBIANDO EL MUNDO.

Domingo 8 Ordinario (B)

CAMBIANDO ESQUEMAS
Os 2,16-17.21-22; 2 Cor 3,1-6; Mc 2,18-22

¿Cómo ayunar si estamos con el novio en la fiesta de bodas? La nueva manera de vivir la religión que enseñó Jesús no es tanto de penitencias y ayunos de purificación personal, sino del alegre servicio y ayuda al prójimo. Así que "no echemos ese vino nuevo en odres viejos"

EL PROPÓSITO DE UN PERRO

Siendo veterinario, fui llamado para examinar a un Sabueso Irlandés de diez años de edad llamado Belker. Los dueños del perro: Ron, su esposa Lisa y su pequeño Shane, estaban muy apegados a Belker, y estaban esperando un milagro.

Examiné a Belker y descubrí que estaba muriendo de cáncer. Dije a su familia que no podíamos hacer ya nada por Belker, y me ofrecí para llevar cabo el procedimiento de eutanasia en su casa. Hicimos los arreglos necesarios, y Ron y Lisa dijeron que sería buena idea que el niño de seis años, Shane, observara el suceso. Ellos creían que Shane podría aprender algo de la experiencia.

Al día siguiente, toda la familia se reunió alrededor de Belker. Shane parecía tranquilo y acariciaba al perro por última vez, mientras yo actuaba y me preguntaba si el niño comprendería lo que estaba pasando. En unos cuantos minutos Belker se quedó dormido pacíficamente para ya no despertar.

El pequeño pareció aceptar la transición de Belker sin ninguna dificultad o confusión. Nos sentamos todos preguntándonos el porqué del lamentable hecho de que la vida de las mascotas sea más corta que la de los humanos.

Shane, que había estado escuchando atentamente, dijo:

—Yo sé por qué.

Sorprendidos, todos nos volvimos para mirarlo. Lo que dijo a continuación me maravilló, pues nunca había escuchado una explicación más reconfortante que esa y que, desde ese momento, cambió mi forma de ver la vida.

Shane dijo:

—La gente viene al mundo para aprender cómo vivir una buena vida, cómo amar a los demás todo el tiempo y ser buenas personas, ¿verdad? Bueno, como los perros ya saben cómo hacer todo eso, pues no tienen que quedarse por tanto tiempo como nosotros.

- *Los perros son buenos maestros que nos enseñan cosas valiosas:*
- *Cuando tus seres queridos lleguen a casa, siempre corre a saludarlos.*
- *Nunca dejes pasar una oportunidad para ir a pasear.*
- *Deja que la experiencia del aire fresco y del viento en tu cara sea de auténtico éxtasis.*
- *Échate la siesta.*
- *Estírate antes de levantarte.*
- *Corre, brinca y juega a diario.*
- *Pon siempre atención y deja que la gente te toque.*
- *Evita morder cuando un simple gruñido es suficiente.*
- *Cuando haga mucho calor, toma mucha agua y recuéstate bajo la sombra de un árbol.*
- *Cuando estés feliz, baila moviendo todo tu cuerpo.*
- *No te olvides nunca de los que en la vida te acariciaron con amor.*

– Se leal.
– Nunca pretendas ser algo que no eres.
– Si lo que quieres está enterrado, escarba con ganas hasta que lo encuentres.
– Cuando alguien tenga un mal día, guarda silencio, siéntate cerca y suavemente hazles sentir que estas ahí.
¡DISFRUTA CADA MOMENTO DE CADA DIA!
¡Y hazlo todo con cariño y entrega!

Domingo 9 Ordinario (B)

EL QUE SE ENFADA, PIERDE
Dt 5,12-15; 2 Cor 4,6-11; Mc 2,23-3,6

El sábado y la religión se hicieron para el hombre y no al revés. El sábado y la religión fueron creados para liberar y des-angustiar a las personas... igual que un buen juego.
Pero nos gustan las reglas y sentirnos mejores que otros.

MEJOR EMPATAR QUE GANAR

Mientras los ingleses dominaban África intentaron transmitir sus costumbres a los habitantes de ese 'mundo' tan distinto y, aparentemente inferior.

Al enseñarles a jugar cricket, deporte tan apreciado en el Reino Unido, quedaron sorprendidos al comprobar que todos los partidos que jugaban los indígenas entre ellos terminaban siempre en empate.

Buscando la razón de ese hecho, se dieron cuenta de que lo hacían a propósito, hasta el punto que si un equipo iba ganando fácilmente, antes de terminar el partido se dejaba empatar por el otro.

Al preguntar a los indígenas el porqué de tan 'raro' comportamiento, ellos contestaron:

—El ganar siempre crea problemas en un juego, pues hay siempre un vencedor y un vencido y eso corre el riesgo de traspasar los límites del juego. En cambio, si empatamos, todos disfrutamos del partido y no hay peligro de que nadie pueda sentirse humillado ni nadie que pueda sentirse superior. Un juego para nosotros es eso, un juego, o sea un momento bonito de convivencia y nada más.

Domingo 10 Ordinario (B)

SIEMPRE ES MEJOR ESTAR EN COMUNIÓN QUE TENER RAZÓN

Gén 3,9-15; 2 Cor 4,15-5,1; Mc 3,20-35

Adán y Eva, después de su error, se esconden y se culpan en vez de confiar en Dios y buscar la reconciliación. Nosotros muchas veces también.

POR QUÉ LAS PERSONAS GRITAN CUANDO ESTÁN ENFADADAS

Un día el Maestro pregunto a sus discípulos lo siguiente:

—¿Por qué las personas gritan cuando están enfadadas?

Ellos lo pensaron unos momentos.

—Porque perdemos la calma —dijo uno—, por eso gritamos.

—Pero, ¿por qué gritar cuando la otra persona está a tu lado? —pregunto el Maestro—¿No es posible hablar en voz baja? ¿Por qué gritas a una persona cuando estás enfadado?

Los discípulos dieron algunas otras respuestas, pero ninguna de ellas dejó satisfecho al Maestro. Finalmente, explico:

—Cuando dos personas están enfadadas, sus corazones se alejan mucho. Para cubrir esa distancia deben gritar, para poder escucharse. Mientras más enfadadas estén, más fuerte gritarán queriendo escucharse uno a otro a través de esa gran distancia.

Luego el Maestro prosiguió:

—Por el contrario, ¿qué sucede cuando dos personas se enamoran? Ellos no se gritan sino que se hablan muy suavemente. ¿Por qué? Porque sus corazones están muy cerca. La distancia entre ellos es muy pequeña. Cuando se enamoran, aún más, ¿qué pasa? No hablan, sólo susurran y se acercan más en su amor. Finalmente ya no necesitan ni siquiera susurrar. Sólo se miran y es todo, sus corazones se tocan.

—Por eso vosotros —concluyó el maestro—, cuando discutáis, no dejéis que vuestros corazones se alejen. No digáis palabras que os distancien más. Pues puede llegar un día en que la distancia sea tanta que ya no encontraréis el camino de regreso.

Domingo 11 Ordinario (B)

SEMBRAR EL BIEN Y CONFIAR, ESO ES AMAR
Ez 17,22-24; 2 Cor 5,6-10; Mc 4,26-34

El Reino de Dios en este mundo consiste en sembrar y sembrar amor, aunque sea de poquito en poquito... Y confiar. Sin que sepamos cómo o cuándo, Dios lo hará germinar y que dé fruto.

SEMBRANDO AL VIENTO

Guillermo tomaba cada día el autobús para ir a su trabajo, en las afueras de la ciudad. Una parada después subía una anciana que se sentaba siempre al lado de una ventana. Durante el trayecto, la señora sacaba una bolsa e iba tirando algo de su interior hacia la carretera. Siempre hacía lo mismo.

Intrigado, Guillermo se sentó un día a su lado y le preguntó:

—Señora ¿qué es lo que arroja por la ventanilla?

—¡Son semillas! —exclamó la anciana.

—¿Semillas? ¿Semillas de qué? —preguntó Guillermo.

—¡De flores! —respondió la mujer—. Es que miro afuera y está todo ¡tan triste!

Guillermo, algo pesimista, le dijo:

—Pero señora, las semillas caen en el asfalto, y las aplastan los coches o se las comen los pájaros... ¿Realmente usted cree que sus semillas puedan germinar?

—Seguro que sí —contesto ella—. Aunque muchas se pierdan, alguna caerá en la cuneta y, con el tiempo, brotará...

—Pero tardarán en crecer —insistió Guillermo—, y además necesitan agua.

—Yo hago lo que puedo —concluyó la mujer con una sonrisa—, ya vendrán los días de lluvia.

Guillermo sintió un poco de compasión por esa viejita pensando que había perdido un poco de cordura. La anciana siguió tirando sus semillas cada día hasta que llegó el invierno y ya no apareció por el autobús.

Apenas iniciada la primavera, mientras viajaba camino al trabajo, Guillermo, al mirar por la ventanilla, observó que todo el borde del camino estaba lleno de flores. ¡Era un paisaje alegre y lleno de colores!

Entonces, recordó la imagen de la anciana tirando semillas. Se levantó y preguntó al conductor por la señora de las semillas. Y así supo que en invierno había enfermado y hacía poco que había muerto.

Guillermo volvió a su asiento un poco confundido y se quedó contemplando el paisaje en silencio. Entonces pensó:

—Las flores han brotado, pero ¿de qué le ha servido su trabajo a la buena señora? ¡No ha podido ver su obra!

De repente, oyó la risa de una niña que, detrás de él señalaba entusiasmada las flores y decía:

—¡Mira papá! ¡Mira cuántas flores!

Dicen que Guillermo, desde aquél día, hace su viaje de su casa al trabajo, con una bolsa de semillas, rebosante y generosa, entre sus manos... y que las va tirando tontamente por la ventana...

Domingo 12 Ordinario (B)

CON LAS PIEDRAS QUE ME TIRAN, YO CONSTRUYO MI CASTILLO
Job 38,1, 8-11; 2 Cor 5,14-17; Mc 4,35-41

Creer es vivir sin miedo. Claro que hay que luchar por que la barca no se hunda, pero ¡sin miedo! Como dice san Pablo: "Ya no debemos juzgar a nadie (ni a las circunstancias) con criterios humanos".

LA HISTORIA DEL BURRO

Un día, el burro de un campesino se cayó en un pozo. El animal lloró durante horas mientras el dueño trataba de encontrar la forma de sacarlo.

Finalmente, agotado, el hombre decidió que el burro ya estaba viejo y el pozo ya estaba seco y necesitaba ser tapado de todas formas. Así que invitó a todos sus vecinos para que vinieran a ayudarle a tapar el pozo. Cada uno agarró una pala y empezaron a tirar tierra.

El burro pronto se dio cuenta de lo que estaba pasando y lloró horriblemente. Pero, después de unas cuantas paladas, y para sorpresa de todos, se aquietó. Así que el campesino miró al fondo del pozo y se sorprendió de lo que vio...con cada palada de tierra que le echaban, el burro estaba haciendo algo increíble: se sacudía y daba un paso por encima de la tierra. Muy pronto todo el mundo vio como el burro llegó hasta la boca del pozo ya tapado, pasó por encima del borde y salió trotando...

La vida va a arrojarte tierra, todo tipo de tierra... el truco para salir del pozo es sacudírsela y usarla para dar un paso hacia arriba.

Cada uno de nuestros problemas es un escalón hacia arriba. Podemos salir de los más profundos huecos si no nos damos por vencidos… ¡Usa la tierra que te echan para salir adelante!

Domingo 13 Ordinario (B)

NO TEMAS, BASTA QUE TENGAS FE
Sab 1,13-15, 2,23-24; 2 Cor 8,7, 9, 13-15; Mc 5,21-43

Tener fe es confiar en Dios por encima de nuestras seguridades y convicciones. Confiar en que Él quiere nuestro bien siempre y sabe lo que nos conviene, que su amor va más allá, incluso de la muerte. Sólo si vivimos en esa confianza podemos decir que tenemos fe.

Chiste: EJEMPLO DE FE, O DE LO QUE NO ES FE...

En un pueblito se produjo una larga sequía que amenazaba con dejar en la ruina a sus habitantes, debido a que todos subsistían con el fruto de su trabajo en el campo. Como la mayoría de ellos se decían creyentes, marcharon a ver al párroco del lugar y le dijeron:
—Padre, como Dios es tan poderoso, pidámosle que envíe la lluvia necesaria para revertir esta angustiante situación.
—Está bien, —dijo el anciano sacerdote—le pediremos al Señor, pero deberá haber una condición indispensable.
—¡Díganos cuál es! —respondieron todos.
—Hay que pedírselo con fe, con mucha fe—contestó el padre.
—Así lo haremos, padre. Y para demostrarlo empezaremos a venir a la iglesia todos los días.
Los campesinos comenzaron a ir a la iglesia todos los días, pero las semanas transcurrían y la esperada lluvia no se hacía presente. Así que un día, fueron a reclamarle al párroco:

—Usted nos dijo que si le pedíamos a Dios que enviara las lluvias, Él iba a acceder a nuestras peticiones. Pero ya van varias semanas y no obtenemos respuesta alguna.

—¿Habéis pedido con fe verdadera? —les preguntó el párroco.

—¡Sí, por supuesto! —respondieron al unísono.

—Entonces —dijo el párroco—, si lo habéis hecho así, ¿por qué durante todos estos días ni uno solo ha traído el paraguas?"

Domingo 14 Ordinario (B)

JESÚS SE EXTRAÑÓ DE SU FALTA DE FE... EN EL MATRIMONIO

Ez 2,2-5; 2 Cor 12,7-10; Mc 6,1-6

"Nadie es profeta en su tierra" solemos aplicárnoslo a nosotros cuando no nos hacen caso, pero también deberíamos aplicarlo a nuestros seres queridos cuando nos corrigen a nosotros y nos recuerdan lo que Dios nos pide, y no hacemos caso.

REGLAS PARA UN MATRIMONIO FELIZ

1. No estén los dos enfadados al mismo tiempo.
2. Nunca os gritéis el uno al otro a menos que la casa se esté quemando. *(Si el otro sube la voz, tú bájala)*
3. Si uno de los dos ha de ganar una discusión, deja que sea tu pareja *(cuando en una discusión hay un ganador siempre pierden los dos)*
4. No critiques al otro a menos que sea con amor *(y no perdáis el tiempo buscando un culpable; mejor, buscad soluciones).*
5. No sacar errores o cosas desagradables del pasado. *(Más de 48 horas ya es historia pasada).*
6. Estad siempre disponibles el uno hacia el otro para escuchar, dialogar. *(Eso no significa que estaré de acuerdo con lo que digas, sino que siempre el "nosotros" será más importante que el tema de la discusión).*
7. Nunca os vayáis a dormir enfadados, con un acuerdo sin resolver *(acabad la discusión, tal vez con un sincero: "necesito tiempo para pensarlo" y un beso, pero en paz).*

8. Por lo menos una vez al día trata de decirle algo bonito o un cumplido agradable a tu pareja *(No puede ser que en 24 horas no encuentres nada bonito o agradable que decir de quien vive contigo)*.
9. Cuando hayas hecho o dicho algo equivocado, admítelo y pide perdón *(sin exigir nunca que el otro también lo pida)*
10. Se necesitan dos para discutir y el que está equivocado es el que más habla.

Domingo 15 Ordinario (B)

DE DOS EN DOS
Amos 7,12-15; Ef 1,3-14; Mc 6,7-13

*Y Jesús los mandó "de dos en dos", como en el matrimonio...
Cada persona con que nos encontramos decidirá si abre o cierra su corazón a la buena noticia que llevamos, pero lo importante es que nuestro mensaje sea coherente con nuestra manera de vivir.*

DIEZ VERDADES SOBRE EL MATRIMONIO

1. Nadie puede obligar a otro a amar, y nadie puede hacer a otro feliz.
2. Inténtalo como quieras, pero nunca podrás hacer cambiar a tu pareja. Sin embargo, si tú cambias, tu pareja puede cambiar.
3. Las personas no se casan con personas; se casan con ilusiones y fantasías. Que sorpresa descubrir que tu pareja es tan humano como tú.
4. El auténtico matrimonio comienza en el momento en que las ilusiones se acaban. El reto del matrimonio está en descubrir con quien uno se ha casado.
5. El estar enamorado es solamente una de las razones por las cuales se escoge a la pareja. Y no debería ser la más importante.
6. Muy probablemente, las cualidades que ahora te molestan de tu pareja son las mismas que al principio te atrajeron.
7. Es imposible caminar hacia una auténtica relación matrimonial sin experimentar periodos

de sufrimiento y soledad, aprendiendo a superarlos.
8. El mayor regalo que puede darse a los hijos es el de una pareja que se quiere.
9. Un matrimonio tiene éxito cuando cada uno de los componentes se da cuenta de que las necesidades de su pareja son tan importantes como las suyas.
10. El matrimonio es una de las mejores oportunidades de la vida para madurar, superar el egoísmo y aprender a amar.

Domingo 16 Ordinario (B)

DETENTE PARA PODER AVANZAR MÁS
Jer 23,1-6; Ef 2,13-18; Mc 6,30-34

Como no les dejaban ni comer, Jesús les dijo "Venid a un lugar retirado para descansar". Es importante pararnos de vez en cuando para saber a dónde vamos y para reconstruir, en diálogo con Dios, nuestro "rompecabezas" interno.

EL ÁRBOL DE LOS PROBLEMAS

El carpintero que había contratado para ayudarme a reparar una vieja granja, acababa de finalizar su primer día de trabajo. El día no había sido fácil para él. Primero su cortadora eléctrica se dañó y le hizo perder más de una hora de trabajo y ahora su antiguo camión se negaba a arrancar.

Me ofrecí para llevarlo a casa. Mientras lo llevaba, él iba muy callado y aun tenso por los problemas del día. Una vez que llegamos, me invitó a conocer a su familia. Mientras nos dirigíamos a la puerta, se detuvo un momento frente a un pequeño árbol, tocando las puntas de las ramas con ambas manos.

Cuando se abrió la puerta, ocurrió una sorprendente transformación. Su bronceada cara estaba plena de sonrisas. Abrazo a sus dos pequeños hijos y le dio un cariñoso beso a su esposa.

Después de un agradable rato en su hogar, me acompañó hasta mi coche. Cuando pasamos cerca del árbol, sentí curiosidad y le pregunté sobre lo que le había visto hacer un poco antes.

—Oh —me dijo—, ése es mi árbol de los problemas. Sé que yo no puedo evitar tener problemas en el trabajo, pero una cosa es segura: los problemas no pertenecen a la casa, ni a mi esposa, ni a mis hijos. Así que simplemente los cuelgo en el árbol cada noche cuando llego a casa. Luego en la mañana los recojo otra vez. Lo divertido es —agregó mientras sonreía—, que cuando salgo en la mañana a recogerlos, no hay tantos como los que recuerdo haber colgado la noche anterior.

Es muy sabio saber tomarse una pausa cuando las angustias y problemas nos rodean. Pero parece que nos da miedo que si lo hacemos, perderemos más el control. Tenemos que convencernos que al parar, los veremos en su auténtica medida y nos será más fácil resolverlos.

Domingo 17 Ordinario (B)

PARA SUBIR UNA MONTAÑA, TAN IMPORTANTE ES EL PRIMERO COMO EL ÚLTIMO PASO. DECIDÁMONOS A EMPEZAR...

2 Re 4,42-44; Ef 4,1-6; Jn 6,1-15

En el evangelio de hoy, la generosidad de un muchacho que comparte su comida, permite a Jesús hacer el milagro de dar de comer a mucha gente. Todos tenemos algo que compartir con los demás. Si cada uno aporta lo que tiene, Dios hará el resto para mejorar el mundo.

LAS ESTRELLAS DE MAR

Había una vez un escritor que vivía a orillas de una enorme playa virgen, tenía una casita donde pasaba temporadas escribiendo y buscando inspiración para su libro. Era un hombre inteligente y culto y con sensibilidad acerca de las cosas importantes de la vida.

Una mañana mientras paseaba a orillas del océano vio a lo lejos una figura que se movía de manera extraña como si estuviera bailando. Al acercarse vio que era un muchacho que se dedicaba a coger estrellas de mar de la orilla y lanzarlas otra vez al mar.

El hombre le preguntó al joven que estaba haciendo. Este le contestó:

—Recojo las estrellas de mar que han quedado varadas y las devuelvo al mar, la marea ha bajado demasiado y muchas morirán.

—Pero —dijo el escritor— esto que haces no tiene sentido, primero es su destino, morirán y serán alimento para otros animales y además hay miles de estrellas en esta playa, nunca tendrás tiempo de salvarlas a todas.

El joven miró al escritor, cogió una estrella de mar de la arena, la lanzó con fuerza por encima de las olas y exclamó:

—Para ésta sí tiene sentido lo que hago.

El joven siguió recogiendo estrellas y el escritor se marchó un tanto desconcertado. Esa tarde no tuvo inspiración para escribir y en la noche no durmió bien, soñaba con el joven y las estrellas de mar por encima de las olas.

A la mañana siguiente bajó a la playa, buscó al joven y se puso a ayudarle a salvar estrellas.

Domingo 18 Ordinario (B)

EDUCAR A LOS NIÑOS CON UN POCO DE HAMBRE Y UN POCO DE FRÍO

Éx 16,2-4, 12-15; Ef 4,17, 20-24; Jn 6,24-35

¿Es mejor ser pobre o ser rico?, ¿Estar sano o estar enfermo?, ¿Tener dificultades que superar o vivir cómodamente? Dios inventó la vida con sus dificultades. Nosotros debemos aprender a aceptarlas luchando por superarlas. Y así hay que educar a los niños (y a los creyentes) a saber aprovechar lo difícil de la vida para crecer.

RAÍCES PROFUNDAS

Tiempo atrás, yo era vecino de un médico, cuyo pasatiempo era plantar árboles en el enorme patio de su casa. A veces lo observaba desde mi ventana y lo que más me llamaba la atención era el hecho de que jamás regaba los árboles que plantaba y eso hacía que sus árboles tardaran mucho en crecer.

Cierto día, decidí acercarme y le pregunté por qué no regaba sus árboles, que así tardarían menos en crecer. Fue entonces cuando él me describió su interesante teoría. Me dijo que, si regaba sus plantas, las raíces se acomodarían en la superficie y quedarían siempre esperando por el agua fácil, que venía de encima. En cambio, al no regarlos, los árboles tardarían más para crecer, pero sus raíces tenderían a ir hacia lo más profundo, en busca del agua y de los variados nutrientes encontrados en las capas más inferiores del suelo. Así, según él, los árboles tendrían raíces profundas y serían más resistentes a las intemperies. Y agregó que él frecuentemente daba unas palmadas cariñosas a sus árboles, con un periódico doblado para que se mantuvieran siempre despiertos y atentos a las inclemencias.

Tiempo después de esa conversación, me fui a vivir a otro país, y nunca más volví a ver a mi vecino. Varios años después, al retornar del exterior, fui a dar una vuelta por mi antigua residencia. Al aproximarme, noté un bosque que no existía antes. ¡Mi antiguo vecino, había realizado su sueño! Lo curioso es que aquel era un día de un viento muy fuerte y helado y los árboles de la calle estaban arqueados, como si no estuviesen resistiendo al rigor del invierno. En cambio los árboles de mi antiguo vecino, el médico, estaban sólidos: prácticamente no se movían, resistiendo estoicamente aquel fuerte viento.

—Qué efecto curioso —pensé—, las adversidades por las cuales aquellos árboles habían pasado, llevando palmaditas y habiendo sido privados del agua fácil, parecía que los había beneficiado de un modo que el confort jamás hubiera conseguido.

Tengo la costumbre de pasar todas las noches a ver a mis hijos durmiendo, antes de ir a acostarme. Los observo atentamente en sus camas y veo cómo van creciendo. Antes rezaba por ellos pidiendo para que sus vidas fueran fáciles, para que no sufrieran las dificultades y agresiones de éste mundo... Ahora, gracias a la teoría de mi vecino, he cambiado mis ruegos.

Es inevitable que los vientos helados y fuertes de la vida nos alcancen. Sé que mis hijos encontrarán innumerables dificultades y que, por tanto, mis deseos de que las dificultades no ocurran, eran sido muy ingenuos. Siempre habrá una tempestad en algún momento de sus vidas, porque, queramos o no, la vida no es fácil. Por eso ahora rezo para que mis hijos crezcan con raíces profundas, de tal forma que puedan sacar energía de las mejores fuentes, que sólo se encuentran si se tiene necesidad de buscar en los lugares más difíciles.

Aprendí lo que decía el sabio Confucio, que debemos educar a los niños con un poco de hambre y un poco de frío...

Domingo 19 Ordinario (B)

YO SOY EL PAN QUE HA BAJADO DEL CIELO
1 Re 19,4-8; Ef 4,30-5,2; Jn 6,41-51

¿Para qué comer, para qué vivir? —pregunta el profeta Elías, cansado de la vida. Preocuparnos sólo de nosotros mismos es un pan que no sacia. Jesús nos ofrece otro mejor: vivir en el servicio y entrega a otros; porque el amor desinteresado es el único pan que nutre y da sentido a la vida.

UNA BUENA LECCIÓN

Un estudiante universitario salió un día a dar un paseo con un profesor, a quien los alumnos consideraban su amigo debido a la bondad para quienes recibían sus clases. Mientras caminaban, vieron en el camino un par de zapatos viejos y supusieron que pertenecían a un hombre que trabajaba en el campo de al lado y, por la hora, dedujeron que estaba a punto de concluir sus labores diarias. El alumno dijo al profesor:

—Hagámosle una broma; escondamos los zapatos y ocultémonos detrás de esos arbustos para ver su cara cuando no los encuentre.

—Mi querido amigo —le dijo el profesor—, nunca tenemos que divertirnos a expensas de los pobres. Tú eres rico y puedes darle una alegría a este hombre. Coloca una moneda en cada zapato y luego nos ocultaremos para ver cómo reacciona cuando las encuentre.

Eso hizo el alumno y ambos se ocultaron entre los arbustos cercanos. Al poco tiempo un hombre pobre, cruzó el terreno en busca de sus zapatos. Al llegar deslizó el pie en un zapato, pero al sentir algo adentro, sacó el pie y se agachó para ver qué era y encontró la moneda. Pasmado, se preguntó qué podía haber pasado. Miró la moneda, le dio vuelta y la volvió a mirar. Luego miró a su alrededor, para todos lados, pero no vio a nadie. Guardó la moneda en su bolsillo y se puso el otro zapato; su sorpresa fue mayor al encontrar otra moneda.

Sus sentimientos de agradecimiento lo sobrecogieron; cayó de rodillas y levantó la vista al cielo pronunciando un ferviente agradecimiento en voz alta, hablando de su esposa enferma y sin ayuda y de sus hijos que no tenían pan y que debido a una mano desconocida hoy no pasarían hambre.

El estudiante quedó profundamente afectado ante la escena y se le llenaron los ojos de lágrimas. Cuando el hombre pobre se había marchado el profesor le preguntó:

—¿Ahora no estás más complacido que si le hubieras hecho una broma?

El joven respondió:

—Hoy me ha enseñado usted una gran lección. Ahora entiendo algo que antes no entendía: que siempre es mejor dar que recibir.

Domingo 20 Ordinario (B)

MÁS QUE COMER A JESÚS, LA COMUNIÓN ES COMPROMISO DE ASUMIR SU VIDA

Prov 9,1-6; Ef 5,15-20; Jn 6,51-58

Jesús es el pan que da la verdadera vida. Comerlo es buscar ser como él, tratar de comprender el mundo y la vida como él lo hizo, disfrutar el amor de Dios y compartirlo. A ello nos ayuda mucho tener momentos "sabrosos" de oración.

¿PARA QUÉ SIRVE REZAR?

Después de una exhaustiva sesión matinal de oraciones en el monasterio, el novicio le preguntó al abad:

—¿Todas estas oraciones que usted nos enseña, hacen que Dios se acerque a nosotros?

—Te voy a responder con otra pregunta —dijo el abad—. ¿Todas estas oraciones que rezas harán que el sol salga mañana?

—¡Claro que no! ¡El sol sale porque obedece a una ley universal!

—Pues ahí tienes la respuesta a tu pregunta. Dios está cerca de nosotros, independientemente de las oraciones que recemos.

El novicio entonces protestó diciendo:

—¿Quiere usted decir que todas nuestras oraciones son inútiles?

—Por supuesto que no —respondió con calma el maestro—. Si tú no te despiertas temprano jamás podrás ver la salida del sol. Si tú no rezas, aunque Dios esté siempre cerca, nunca conseguirás notar Su presencia.

Domingo 21 Ordinario (B)

AMAR A LA ESPOSA(O) COMO CRISTO LA AMA...
Jos 24,1-2, 15-17, 18; Ef 5,21-32; Jn 6,60-69

Josué renueva hoy el compromiso de servir a Dios, los apóstoles el de seguir a Jesús a pesar de las dificultades... Y nosotros ¿alguna vez hemos renovado nuestro compromiso cristiano en un momento de crisis?
San Pablo nos dice hoy "Maridos amad a vuestra mujer como Cristo ama a la Iglesia". Ese es un compromiso nada fácil pero importante y que tenemos que saber renovar constantemente.

CUIDA A TU PAREJA

Cuando yo digo a la gente: "No cuides tanto a tu familia, cuida a tu pareja". La gente se sorprende y me dice: "Pero ¿cómo que no voy a cuidar tanto a mi familia? ¡Es mi familia!".

"Pues por eso —contesto yo—, a tu familia no la tienes que cuidar: es tu familia. Tu familia, está segura, nunca se pierde".

¿A que no han oído decir a alguien 'allí va mi ex hijo, allí va mi ex papá'? Pero si han oído mucho, 'allí va mi ex pareja'. Y es que los padres, los hijos, los hermanos, los abuelos, los tíos, los primos... la familia, es lo más seguro que se tiene, no hay ex. Ellos están allí y por muchos años que pasen sin verse, por mucho tiempo que tarden en escribirse están allí, siempre forman parte de mí. Nadie dice: 'Aquella señora que va pasando por allí, fue mi madre durante veinticinco años'. No, su madre es y será siempre su madre; es una relación que está segura, nos guste o no.

De todos los amores familiares, de todos los lazos que tenemos con nuestra gente, de todos los puentes que tenemos, el amor más débil que existe es el de pareja. Dado que no hay consanguinidad, hay que darlo todo, para conseguir algo. Es como cuidar una flor delicada. Si la flor no se riega, se muere, y si se riega mucho también. Hay que saber cuidar una flor.

En cambio, el lazo con el padre, la madre y el hijo es como tener un "cují coreano", una planta que no necesita regarse. Son relaciones que tal vez nadie riega, pero están ahí, aguantan el paso del tiempo. A veces no son muy bonitos pero están ahí. Eso que llamamos amor eterno, se puede dar con el papá, la mamá, un hijo, un hermano…

Por ejemplo, yo tengo un hermano en los Estados Unidos, que se fue a vivir allá hace más de diez años, y en todo ese tiempo no nos comunicamos. Nunca le llamé y, puedo decir que, hasta por descuido. Siempre sabía de él, por nuestra madre, y cuando regresó, lo fui a buscar al aeropuerto, y al darnos el abrazo fue tan fuerte que lloramos de emoción. Allí estábamos y seguíamos siendo hermanos a pesar del tiempo pasado.

Pero vete lejos de tu pareja diez años… y a ver qué encuentras al volver…

Por eso el amor de pareja, es amor diario, que tiene que cuidarse y regarse todos los días o corre el riesgo de morirse.

Yo puedo hablar con mis padres cada semana, o una vez al mes… Pero a mi mujer, debo llamarla constantemente, o por lo menos una vez cada día. Y no es que sea bueno o no bueno hacerlo, es que es necesario, el amor de pareja es así.

Otro ejemplo para entender que el amor de pareja es el más débil, es compararlo con el amor de aquellos papás que por alguna circunstancia del destino, tienen un hijo discapacitado. No es que no quieran a los otros, pero de aquél hijo tienen que estar más pendientes, porque no se puede valer por sus propios medios, se puede caer, o, a lo mejor, no puede comer solo, etc. En cambio los otros hijos están bien, los padres saben que están ahí seguros e independientes.

De todos los amores, el de pareja es el "más discapacitado", es del que tengo que estar más pendiente porque necesita más atención. Mientras el amor de los padres y de los hermanos, es independiente, el amor de pareja es dependiente, tengo que alimentarlo todos los días, pues no se mantiene solito. Sólo así, alimentándolo cada día, conseguiré que sea un amor "hasta que la muerte nos separe".

Domingo 22 Ordinario (B)

FE SON OBRAS Y NO BUENAS RAZONES
Dt 4,1-2,6-8; Sant 1,17-18,21-22,27; Mc 7,1-8,14-15,21-23

El estar muy atentos a cumplir los mandatos y tradiciones religiosas puede alejarnos del principal mandamiento de Dios que es amar.
Santiago al hablar de la "verdadera religión" no habla de culto sino de ayudar a huérfanos y viudas y alejarse de la maldad.

MEJOR DORMIR QUE MURMURAR

Cuando yo era niño, era un muchacho piadoso, ferviente en la oración y en las devociones. Una noche estaba yo velando con mi padre, mientras sostenía el Corán en mis rodillas.

Todos los que se hallaban en el recinto comenzaron a adormilarse y no tardaron en quedar profundamente dormidos. De modo que le dije a mi padre:

—Ni uno solo de esos dormilones es capaz de abrir sus ojos o alzar su cabeza para decir sus oraciones. Diría uno que están todos muertos.

Y mi padre me replicó:

—Mi querido hijo, preferiría que también tú estuvieras dormido como ellos, en lugar de murmurar.

Domingo 23 Ordinario (B)

CUANDO UNO AMA DE VERDAD, SUCEDEN MILAGROS

Is 35,4-7; Sant 2,1-5; Mc 7,31-37

El mensaje de las lecturas de hoy es la buena nueva del amor de Dios que trae esperanza para todos los que sufren. Jesús fue mensajero de ese amor de Dios con sus palabras y sus gestos que "curaban" a quienes se acercaban a él.
Nosotros no podemos hacer milagros, pero si con humildad nos ponemos en manos de Dios y amamos a los hermanos, suceden cosas extraordinarias y nos convertimos, como Jesús, en signos creíbles de su amor.

¿CUÁNTO CUESTA UN MILAGRO?

Un día Tess, una pequeña niña de ocho años, escuchó a su madre y a su padre hablar acerca de su hermanito Andrew. Ella no entendía mucho, sólo sabía que su hermano estaba muy enfermo y que su familia no tenía dinero. Escuchó que planeaban mudarse para un complejo de apartamentos el siguiente mes porque su padre no tenía el dinero para las facturas médicas y la hipoteca de la casa. Y que sólo una operación costosísima podría salvar a Andrew. Y aunque su padre estaba gestionando un préstamo, no lo conseguía. Tess escuchó a su padre comentarle a su madre:

—Sólo un milagro puede salvarlo.

Tess se fue a su cuarto y sacó un frasco de mermelada, que tenía escondido donde guardaba sus ahorros. Vació todo su contenido en el suelo y lo contó cuidadosamente. Lo contó una segunda vez y una tercera; no podía equivocarse en la cantidad que tenía. No había margen para errores. Luego colocó todas las monedas en el frasco nuevamente, lo tapó y se escabulló por la puerta trasera de la casa.

Caminó hasta la farmacia que tenía un jefe indio color rojo en el marco de la puerta. Esperó a que la atendieran; pero el farmacéutico parecía muy ocupado en ese momento, hablando con otro señor, y no le prestaba atención. Tess movió su pie haciendo ruido. Nada. Se aclaró la garganta con el peor sonido que pudo producir. Nada. Finalmente, sacó una moneda del frasco y golpeó el mostrador.

—¿Qué deseas? —le preguntó el farmacéutico en un tono bastante desagradable— ¿No ves que estoy hablando con mi hermano que acaba de llegar de Chicago y al que no he visto en años?

—Bueno, pues yo quiero hablarle a usted acerca de mi hermano —le contestó Tess en el mismo tono que usara el farmacéutico—. Está muy enfermo y quiero comprar un milagro.

—¿Qué dices? —preguntó el farmacéutico sorprendido— ¿comprar un milagro?

—Sí —dijo Tess muy segura— mi hermano es Andrew y tiene algo creciéndole dentro de la cabeza y mi padre dice que sólo un milagro lo puede salvar. Así que necesito que usted me venda un milagro.

—Aquí no vendemos milagros, pequeña —le contestó el farmacéutico; ahora en un tono mucho más dulce—. Lo siento pero no te puedo ayudar.

—Mire —insistió Tess vaciando el contenido del frasco—, yo tengo el dinero para pagarlo. Si no es suficiente, conseguiré el resto. Sólo dígame cuánto cuesta.

El hermano del farmacéutico, un hombre vestido muy elegantemente, se inclinó y le preguntó a la niña:

—¿Qué clase de milagro necesita tu hermanito?

—No lo sé —contestó Tess, ahora con los ojos llenos de lágrimas, a punto de derramarse—. Sólo sé que está muy enfermo y mi mamá dice que necesita una operación. Pero mi papá no puede pagarla, así que yo quiero usar mi dinero.

—¿Cuánto dinero tienes? —preguntó el hombre de Chicago.

—Exactamente un dólar con once centavos, ya lo conté varias veces —contestó Tess con algo de timidez—. Es todo el dinero que tengo, pero puedo conseguir más si se necesita.

—Pues que coincidencia —dijo el hombre sonriendo—, un dólar con once centavos, es justo el precio de un milagro para hermanos menores.

Tomó el dinero en una mano y con la otra tomó la de la niña mientras le decía:

—Llévame a tu casa. Quiero ver a tu hermano y conocer a tus papás. Veamos si yo tengo el milagro que necesitas.

Ese hombre de buena apariencia era el Dr. Carlton Armstrong, un cirujano especialista en neurocirugía. La operación se efectuó sin cargos y en poco tiempo Andrew estaba de regreso a casa y con buena salud. Los padres de Tess hablaban felices de las circunstancias que llevaron a este doctor hasta su puerta.

Esa cirugía —dijo su madre—fue un verdadero milagro. Me pregunto cuánto nos habría costado. Tess sonrió. Ella sabía exactamente cuánto costaba ese milagro, un dólar con once centavos más la fe de una pequeña niña.

Un milagro no es la suspensión de una ley natural sino la implementación de una ley superior.

Domingo 24 Ordinario (B)

CON MIS OBRAS TE PROBARÉ MI FE
Is 50,4-9; Sant 2,14-18; Mc 8,27-35

Pedro reconoce en Jesús al Mesías. Pero ni él ni los demás apóstoles querían entender que seguir a Jesús incluye el sufrimiento y el saber sacrificarse por amor a otros.
¿Tenemos fe en Jesús? No sirve de nada decir que sí, si esa fe es muy egoísta y no se traduce en obras de caridad y servicio al prójimo.

Chiste: SOBRE REZOS Y REZADORES

La abuela preguntó al nietecito:
—¿Rezas tus oraciones cada noche?
El nieto contestó:
—¡Por supuesto! Todas las noches.
—¿Y por las mañanas? —preguntó la abuela.
—No —fue la respuesta del niño—. Durante el día no tengo miedo.

Muchas veces nuestras oraciones más que confianza, expresan miedo.

Domingo 25 Ordinario (B)

**SER PACÍFICO NO ES VIVIR EN PAZ,
ES SEMBRAR PAZ**

Sab 2,12, 17-20; Sant 3,16-4,3; Mc 9,30-37

Los apóstoles discutían "quién de ellos era el más importante".
Jesús lo deja claro "el que quiera ser el primero, que sea el último y el servidor de todos". Y la segunda lectura afirma: "Donde hay envidias y rivalidades, ahí hay desorden y toda clase de obras malas. Pero los que tienen la sabiduría que viene de Dios... son amantes de la paz, comprensivos, dóciles..."

LOS DOS PERRITOS

Se dice que hace tiempo, en un pequeño y lejano pueblo, había una casa abandonada.

Cierto día, un perrito buscando refugio del sol, logró meterse por un agujero de una de las puertas de dicha casa. Subió lentamente las viejas escaleras de madera y, al llegar arriba, se encontró con una puerta medio abierta; con cautela se metió en el cuarto. Para su sorpresa, se dio cuenta de que dentro había cien perritos como él mirándole fijamente. El perrito comenzó a mover la cola y a levantar sus orejas poco a poco. Los cien perritos hicieron lo mismo. Posteriormente sonrió y ladró alegremente a uno de ellos y se quedó sorprendido al ver que los cien perritos también le sonreían y ladraban alegremente con él. Cuando el perrito salió de la casa se quedó pensando para sí mismo:

—¡Qué lugar tan agradable! ¡Voy a venir más a menudo a visitarlo!

Tiempo después, otro perrito callejero entró al mismo sitio y se encontró en el mismo cuarto. Pero a diferencia del primero, este perrito al ver a los otros 100 perritos se sintió amenazado pues le miraban de forma agresiva. Entonces empezó a gruñir y los otros perritos lo imitaron. Asustado, se puso a ladrar ferozmente, pero los cien perritos hicieron lo mismo con él. Entonces salió rápido de la habitación muy enfadado y pensando:

—¡Qué lugar tan horrible es este! ¡Nunca volveré a venir!

Cuando salió de la casa, pasó junto a un letrero viejo, tirado en el suelo, que decía: "La casa de los cein espejos".

Nuestra disposición nos hace ver una misma situación, o a las personas que nos rodean, de diferente manera.

Domingo 26 Ordinario (B)

APRECIAR EL BIEN, SIN MIRAR DE QUIÉN VIENE
Num 11,25-29; Sant 5,1-6; Mc 9,38-43, 45, 47-48

San Juan estaba celoso porque otros —que no eran del grupo (de su Iglesia)—hacían el bien en nombre de Jesús. Pregunta: ¿Cuál religión es la buena?
Respuesta: La que nos lleva a amar al prójimo, ¡a todo prójimo! Y a sentirnos alegres por el bien, lo haga quien lo haga.

JESÚS VA AL FÚTBOL

Jesucristo nos dijo que nunca había visto un partido de fútbol. De manera que mis amigos y yo le llevamos a que viera uno. Fue una feroz batalla entre los 'Punchers' protestantes y los 'Crusaders' católicos.

Marcaron primero los 'Crusaders'. Jesús aplaudió alborozadamente y lanzó al aire su sombrero. Después marcaron los 'Punchers'. Y Jesús volvió a aplaudir entusiasmado y nuevamente voló su sombrero por los aires.

Esto pareció desconcertar a un hombre que se encontraba detrás de nosotros. Dio una palmada a Jesús en el hombro y le preguntó:

—¿A qué equipo apoya usted, buen hombre?

—¿Yo? —respondió Jesús visiblemente excitado por el juego—. ¡Ah!, pues yo no animo a ningún equipo. Sencillamente disfruto del juego.

El hombre se volvió a su vecino de asiento y, haciendo un gesto de desprecio, le susurró:

—Humm… ¡un ateo!

Cuando regresábamos, le informamos en pocas palabras a Jesús acerca de la situación religiosa del mundo actual.

—Es curioso lo que ocurre con las personas religiosas, Señor —le decíamos—, siempre parecen pensar que Dios está de su parte y en contra de los del otro bando.

Jesús asintió:

—Por eso es por lo que Yo no apoyo a las religiones, sino a las personas.

Y agregó:

—Las personas son más importantes que las religiones. El hombre es más importante que el sábado.

—Deberías tener cuidado con lo que dices —le advirtió muy preocupado uno de nosotros—, ya fuiste crucificado una vez por decir cosas parecidas, ¿te acuerdas?

—Sí… y por personas religiosas precisamente —respondió Jesús con una irónica sonrisa.

Domingo 27 Ordinario (B)

UNA FIDELIDAD SIN AMOR SIRVE DE POCO
Gén 2,18-24; Heb 2,9-11; Mc 10,2-16

Adán, como cualquier hombre, al conocer a Eva dijo: ¡Guau! Ésta no es como los animales, mis mascotas, ésta sí me complementa para ya no sentirme solo.
Pero pasado un tiempo, le sucedió como a todos los maridos que empiezan a culpar a la mujer de todas sus desgracias, "por ella perdí el paraíso…"
Y desde la inmadurez o dureza de corazón pregunta: ¿no me puedo divorciar?
Un matrimonio maduro no se consigue con sólo casarse. Hay que luchar cada día para que el egoísmo no imponga sus reglas, para esforzarse por conquistar de nuevo al otro cada día.

MI MAMA NO TIENE NOVIO

De visita en casa de mis abuelos, me divierte ver a mi tía la menor, prepararse cuando espera a su novio: toda contenta se peina, perfuma y pinta los labios, se viste muy guapa y corre de un lado a otro de la casa, arreglando todo con detalle para que su "mi amor" no encuentre defecto alguno en el entorno.

Entonces llega el novio oliendo a mucha loción y cuando se miran... ¡uff!, parece que flotan en el aire. Se abrazan con ternura y ella le ofrece algo de tomar junto con las galletas que le preparó durante la tarde.

Además, él celebra todo lo que ella le prepara para cenar con esmero. Luego se sientan a charlar durante horas después de lograr que los niños los dejemos tranquilos. Se escuchan el uno al otro sin perder detalle ni soltarse la mano, hasta que al susodicho no le queda otro remedio que despedirse cuando mi abuelo empieza a rondar con la almohada bajo el brazo.

Al día siguiente le pregunto a mi mamá: "Mami, ¿quién es tu novio?", y me dice muy sonriente que su novio es mi papá... (?!)...

—No, mami, en serio...

Pero ella insiste y yo no lo creo... ¿Cómo va a ser mi papá su novio?

Ante todo, él nunca llega con un ramo de flores, ni chocolates. Sí, le da un regalo a mamá en su cumpleaños y Navidad, pero nunca he visto que el novio de mi tía se presente con una licuadora o dinero para que se compre algo.

Además mamá no pone cara de Blanca Nieves cuando papá llega del trabajo, ni él sonríe como príncipe azul cuando la mira.

Mamá no corre a arreglarse el peinado, ni a pintarse los labios cuando oye que llega mi papá y apenas voltea a verlo para decir "hola", porque está revisando las tareas de nosotros. El saludo de mi papá, en vez de "hola mi vida" es "Hola... ¡qué día!" y de inmediato se pone en la peores fachas para estar cómodo.

En lugar de "¿qué se te antoja de cenar?", mi mamá le pregunta temerosa "Qué... ¿quieres cenar?" Y cuando creo que papá le va a decir "Qué guapa estás hoy", le pregunta "¿sabes dónde está el mando de la televisión?".

Los novios se dicen cosas románticas como "¡cuánto te amo!", en vez de "¿has ido al banco?".

Mi tía y su novio no pueden dejar de mirarse. Cuando mamá pasa delante de papá, el mueve la cabeza hacia los lados para no perder detalle de lo que está viendo en la tele.

A veces, papá le da un abrazo sorpresa a mamá, pero ella tiene que zafarse porque siempre está a las carreras y a veces le oigo susurrar "No, que ahí están los niños". Debe ser malo abrazarse después de casados. Además, mis papás sólo se dan la mano cuando en Misa el padre dice "daos fraternalmente la paz".

Yo creo que ella me dice que son novios para que no me entere de que "cortaron" cuando se casaron. La verdad, yo veo que mi mamá no tiene novio y mi papá no tiene novia. Qué aburrido casarse... ¡SÓLO SON ESPOSOS!

Domingo 28 Ordinario (B)

UN CRISTIANO MÁS QUE CONFIAR EN SUS FUERZAS, CONFÍA PRIMERO EN DIOS
Sab 7,7-11; Heb 4,12-13; Mc 10,17-30

Jesús no quiere que sus seguidores luchemos por "ser buenos", sino por "hacer el bien". No quiere que nos ganemos el cielo allá arriba —Él ya lo ganó por nosotros—, quiere que construyamos aquí abajo el Reino de Dios, ayudando y compartiendo con los más pobres.

COMPRAR UN SARI MÁS BARATO

Una anécdota de la Madre Teresa de Calcuta.
Cuenta ella que una señora hindú muy rica, fue a verla un día y le dijo:

—Madre, yo quisiera tomar parte en su trabajo de ayuda a los necesitados.

La Madre le respondió:

—Eso está muy bien.

Y empezaron a platicar sobre la vida de la señora. Entrando en confianza, la señora le dijo:

—Madre, a mí me gustan y compro saris caros y elegantes todos los meses.

Ese día, la señora llevaba un traje que valía 800 rupias, mientras el de la Madre apenas valía 8 rupias.

Madre Teresa después de orar un poco para hallar la respuesta correcta a la petición de ayudar de la señora, le dijo:

—Creo que podemos empezar por el sari. La próxima vez que vaya a comprar uno, no lo compre de 800 rupias, cómprelo de 500 y el dinero que ahorre tráigamelo para emplearlo en los pobres.

La señora rica siguió el consejo y empezó a comprarse vestidos más baratos. Decía la Madre Teresa que la buena mujer llegó a comprar saris de sólo 100 rupias, compartiendo el resto con los pobres. Y no bajó más el precio porque la Madre Teresa le dijo que ya era suficiente.

La señora confesó a la madre Teresa que eso había cambiado su vida. Que había entendido lo que significaba compartir y que tenía la sensación de haber recibido mucho más de lo que había dado.

Domingo 29 Ordinario (B) DOMUND

EL QUE QUIERA SER EL MÁS GRANDE, QUE SEA EL SERVIDOR DE TODOS
Zac 8,20-23; Rom 10,9-18; Mc 16, 15-20

Estar de misión no es ir a conquistar un país o una persona. No somos los buenos y los otros los malos. La idea es ir a vivir con ellos, a convivir con ellos, y si les llama la atención nuestro estilo de vida —basado en el mensaje de Jesús—, nos pedirán conocerlo mejor.
El evangelio no es un arma para conquistar, es un mensaje de vida y salvación para compartir.

EL MENSAJE DE LA ESPADA

En tiempos de guerras entre reyes moros, corrió de boca en boca la leyenda de que quien se apoderara de la espada Asharaf, ejercería un dominio absoluto sobre todas las tierras del Islam.

Apoderarse de la espada no era empresa fácil. Había que descubrir primero dónde estaba, llegar hasta el lugar y hacerse con ella en competencia a muerte, ya que todos los reyes anhelaban poseerla. Nadie escatimaba fuerza ni ingenio para llegar a poseer la espada triunfadora.

Tras muchas peripecias, uno de los reyes logró hacerse con ella. Se aseguró de que era la auténtica espada Asharaf e inmediatamente se lanzó al campo de batalla para sojuzgar a los demás reyes. Se sabía invencible, y estaba impaciente por ejercitar el poder que le concedía la espada.

Sin embargo, no le salieron las cosas como esperaba. En la primera y apresurada batalla a que se lanzó, fue derrotado, y él mismo murió en la lucha, atravesado por la propia espada que él estaba seguro que le daría la victoria. Murió con una mueca de sorpresa en los labios, como si preguntara cómo podía haber sucedido aquello. Si esa era la auténtica espada Asharaf, ¿cómo le había traicionado en su primer encuentro?

La misma sorpresa se dibujaba en el rostro de los vencedores, que sacaron con cuidado la ensangrentada espada y la examinaron con precaución. No fue difícil explicar el enigma. Una vez limpia de sangre, la espada reveló en su hoja, de arriba a abajo, en filigrana vertical, una inscripción artística muy clara que cualquier árabe podía leer al instante. La inscripción decía: "No luches nunca con la espada. En paz y concordia se unirán tus hermanos a ti".

Ese era el mensaje de la espada Asharaf. Su nuevo dueño lo entendió, renunció a la lucha, emprendió el camino de la paz y los demás reinos se unieron a él en unidad y fraternidad.

Tenemos prisa y no sabemos pararnos a escuchar, a leer, a descifrar el mensaje. Hemos oído la leyenda y se nos desata la imaginación. Nos sabemos dueños de la verdadera espada, del verdadero mensaje, de la verdadera religión...

Pero espera un momento. Reflexiona. Contempla al menos la espada que tienes ya en la mano. Lee el mensaje grabado en su hoja brillante. Entérate por ti mismo. No te dejes llevar por las apariencias. Es posible que la espada no sea para lanzarse a la guerra, sino para evitarla.

Domingo 30 Ordinario (B)

¿DE VERDAD QUEREMOS VER LAS COSAS COMO LAS VE JESÚS?
Jer 31,7-9; Heb 5,1-6; Mc 10,46-52

Seguir a Jesús es "ver" la vida de otra manera, dejar de ser "ciegos". No esperar la salvación sino vivir salvados, enfrentando los problemas y dudas desde la confianza en el amor de Dios.
Si hay algo que daba Jesús a la gente que se acercaba a él —y que tenemos que dar sus seguidores— es esperanza.

CREATIVIDAD EN LA CARIDAD

Había un hombre sentado en la esquina de una calle, con una gorra a sus pies y un pedazo de madera que, escrito con tiza blanca, decía: "Por favor, ayúdame, soy ciego".

Un creativo de publicidad que iba de camino al trabajo se detuvo frente a él, observó que sólo había unas cuantas monedas en la gorra, leyó el letrero y se quedó pensativo. Sin pedir permiso, cogió el cartel, le dio la vuelta, tomó la tizas y escribió otra frase en la parte de atrás. Luego colocó de nuevo el cartel junto a los pies del ciego, y se marchó sin decir una palabra.

Por la tarde, el creativo volvió a pasar frente al ciego que pedía limosna. Su gorra estaba llena de billetes y monedas. El ciego reconoció sus pasos y le preguntó si había sido él quien había cogido su cartel y lo había reescrito. Ante la respuesta afirmativa, preguntó:

—¿Qué es lo que usted escribió en mi tabla? —le preguntó con curiosidad el invidente.

—Nada que no sea tan cierto como tu anuncio, aunque está expresado con otras palabras —contestó el publicista sonriendo y continuó su camino.

El ciego tardó en saberlo pero lo que decía su nuevo cartel era: "Hoy es primavera, y yo no puedo verla".

¿Tenemos flexibilidad, imaginación y suficiente optimismo para cambiar nuestros esquemas cuando algo no nos sale bien?

Domingo 31 Ordinario (B)

A DIOS NADIE LE HA VISTO, PERO SI NOS AMAMOS, ÉL PERMANECE EN MEDIO DE NOSOTROS

Dt 6,2-6; Heb 7,23-28; Mc 12,28-34

El mandamiento principal y el segundo no se pueden separar: el único camino hacia Dios es el prójimo y el mejor camino para amar al prójimo es aceptarlo como es y aprender a amarlo como lo ama Dios.

LA FÁBULA DEL PUERCOESPÍN

Durante la Edad de Hielo, muchos animales murieron a causa del frío.

Los puercoespín dándose cuenta de la situación, decidieron unirse en grupos; de esa manera se abrigarían y protegerían entre sí.

Pero las espinas de cada uno herían a los compañeros más cercanos, los que justo ofrecían más calor. Por lo tanto decidieron alejarse unos de otros y empezaron a morir congelados.

Así que tuvieron que hacer una elección, o aceptaban las espinas de sus compañeros o desaparecerían de la tierra. Con sabiduría, decidieron volver a estar juntos.

Aprendieron a convivir con las pequeñas heridas que la relación con los más cercanos puede ocasionar, ya que lo más importante es el calor que el otro proporciona a nuestra vida.

Y de esa forma pudieron sobrevivir.

Moraleja:
La mejor relación no es aquella que une a personas perfectas, sino aquella en que cada individuo aprende a vivir con los defectos de los demás y a admirar sus cualidades.

Domingo 32 Ordinario (B)

NUESTRAS OBRAS CONSTRUYEN EL CIELO... O EL INFIERNO

1 Re 17,10-16; Heb 9,24-28; Mc 12,38-44

En la primera lectura una viuda pobre comparte lo poco que tiene para alimentarse con quien tiene necesidad. En el Evangelio Jesús critica a los que presumen de ser muy religiosos, pues dicen vivir para Dios pero sólo piensan en sus intereses.

EL CIELO Y EL INFIERNO EN UN PLATO DE ARROZ

Cierto día, un gran sabio chino pidió a Dios que le permitiera ver cómo era el Cielo y el Infierno para compartir su experiencia con los demás hombres.

Dios decidió mostrarle primero el infierno. Era una sala inmensa con mesas preparadas en las que humeaban, perfumando el ambiente, unos enormes platos de arroz suculento. Alrededor de las mesas se sentaban muchísimas personas. Sin embargo, todos los comensales tenían cara de hambrientos y el gesto demacrado. Tenían que comer con palillos; pero no podían, porque eran unos palillos tan largos como un remo. Por eso, por más que estiraban su brazo, nunca conseguían llevarse nada a la boca. Todo era ira y desesperación.

Conmovido por este espectáculo de ayuno forzado en la abundancia, el sabio fue llevado al Cielo y vio sorprendido que el paraíso era idéntico al infierno: una amplia sala con mesas preparadas, platos enormes con arroz humeante. Alrededor de las mesas estaban, también, muchísimas personas. Sin embargo, nadie tenía la cara desencajada; todos los presentes lucían un semblante alegre; respiraban salud y bienestar por los cuatro costados. La diferencia consistía, según pudo ver el sabio, en que cada comensal, en vez de pensar en comer él mismo, daba de comer al comensal que tenía enfrente.

Domingo 33 Ordinario (B)

SI HAY FE NO HAY MIEDO

Dan 12,1-3; Heb 10,11-14, 18; Mc 13,24-32

Las lecturas nos hablan del fin del mundo. Son simbólicas y se refieren no tanto al más allá, sino a cómo enfrentamos esta vida. Si tenemos fe, estamos tranquilos pues nos sabemos en manos de Dios.
El verdadero mal del mundo no son las desgracias, cataclismos, crisis económicas, muerte, etc. sino el miedo y la falta de confianza en Dios.

Chiste:
EL MALAMÉN

Un día como tantos en la escuela, la profesora empezó la clase preguntando a los niños. El tema era el miedo y el terror.

—Pedrito, ¿tú de quién tienes más miedo?

—Yo del "Coco", profesora.

—Pero Pedrito, "el Coco" no existe, es una leyenda... no debes de tenerle miedo...

—Mariana, ¿tú a qué le tienes miedo?

—Yo a los fantasmas, profesora.

—Los fantasmas tampoco existen, Mariana, son una invención, así que no debes de tenerles miedo...

—¿Y tú Juanito? ¿De quién tienes más miedo?

—Yo del "Malamén", profesora.

El silencio invadió el salón de clases.

—¿Del "Malamén", Juanito? —preguntó intrigada la profesora—, nunca oí hablar de ese ser, ¿quién es?

—Yo tampoco sé quién es, profesora, pero me temo que sea el ser más terrible que pueda pisar la tierra, su maldad es implacable y su legado de terror se ha esparcido durante varias generaciones, ya que todas las noches mi mamá y mi abuelita dicen al final de las oraciones: "No nos dejes caer en tentación y líbranos del "Malamén".

CRISTO REY (B)

¿JESÚS REY?
Dan 7,13-14; Ap 1,5-8; Jn 18,33-37

En esta fiesta de Cristo rey, Jesús nos pregunta como a Pilatos ¿tú crees que soy rey por ti o sólo porque otros te lo han dicho?
Nos cuesta entender su Reino, un reino en el que el importante sirve y no es servido, en donde es mejor dar que recibir, un reino donde las armas de guerra son el amor, el perdón, la humildad...

PARÁBOLA DEL REY

Iba yo pidiendo, de puerta en puerta por el camino de la aldea, cuando una carroza de oro apareció a lo lejos como en un sueño magnífico. Y yo me preguntaba, maravillado, quién sería aquel Rey de Reyes. Mis esperanzas volaron hasta el cielo, y pensé que mis días malos se habían acabado. Y con mi saco bien abierto, me quedé aguardando limosnas espontáneas, tesoros derramados sin siquiera pedirlos.

La carroza se paró a mi lado. Me miraste y bajaste sonriendo. Sentí que la felicidad de la vida me había llegado al fin. Pero cuál no sería mi sorpresa cuando, de pronto, tú extendiste tu mano diciéndome: "¿Puedes darme alguna cosa?".

¡Ah, qué ocurrencia de tu realeza! ¡Pedirle a un mendigo! Yo estaba confuso y no sabía qué hacer. Luego saqué despacio de mi saco un granito de trigo, uno solo, y te lo di.

Pero qué sorpresa la mía cuando, al vaciar por la tarde mi saco de granos en el suelo, encontré un granito de oro, sólo uno, el más pequeño en la miseria del montón. ¡Qué amargamente lloré de no haber tenido corazón para darte todo!

CICLO C

Domingo 1 Adviento (C)

SÓLO TENEMOS UN DÍA EN LA VIDA PARA SER FELICES: HOY

Jer 33,14-16; 1 Tes 3,12-4,2; Lc 21,25-28.34-36

Jesús nos dice en el evangelio de hoy: "levantad la cabeza porque se acerca la hora de vuestra liberación". Para poder ver y disfrutar esa liberación de la que habla Jesús, tenemos que saber de qué somos esclavos para dejar que él nos quite el peso de nuestros miedos y ataduras.

¿TÚ DE QUÉ ERES ESCLAVO?

¿De las heridas que recibiste cuando eras pequeño?, ¿De tus traumas de la infancia?, ¿De lo que alguien más decidió que fueras?, ¿De una relación que no te satisface?, ¿De un trabajo que no disfrutas?, ¿De la rutina de tu vida?

¡Libérate ya! tira ya ese saco que llevas en la espalda en el que guardas el resentimiento, el rencor y la culpa. Deja ya de culpar a otros y a tu pasado por lo que no marcha bien en tu vida. Cada día tienes la oportunidad de empezar otra vez. Cada mañana, al abrir los ojos, naces de nuevo, recibes otra oportunidad para cambiar lo que no te gusta y para mejorar tu vida. La responsabilidad es toda tuya. Tu felicidad no depende de tus padres, de tu pareja, de tus amigos o de tu pasado, depende sólo de ti.

¿Qué es lo que te tiene paralizado?, ¿El miedo al rechazo?, ¿al éxito?, ¿al fracaso?, ¿al qué dirán?, ¿a la crítica?, ¿a cometer errores?, ¿a estar solo?

Rompe ya las cadenas que tú mismo te has impuesto. A lo único que le debes tener miedo es a no ser tú mismo, a dejar pasar tu vida sin hacer lo que quieres, a desaprovechar esta oportunidad de decir lo que piensas, de compartir lo que tienes. Tú eres parte de la vida y como todos, puedes caminar con la frente en alto *(como nos dice hoy Jesús en el evangelio)*.

Los errores del pasado ya han sido olvidados y los errores del futuro serán perdonados. Date cuenta de que nadie lleva un registro de tus faltas como tú mismo. Ese juez que te reprocha, ese verdugo que te castiga, ese mal amigo que siempre te critica, ¡eres tú mismo! Ya déjate en paz, ya perdónate.

¿Cuándo vas a demostrar tu amor a tus seres queridos?, ¿Cuándo te queden unos minutos de vida?, ¿Cuándo les queden a ellos unos minutos de vida?

El amor que no demuestres hoy, se perderá para siempre. Recuerda que la vida es tan corta y tan frágil que no tenemos tiempo que perder en rencores y estúpidas discusiones. Hoy es el día de perdonar las ofensas del pasado y de arreglar las viejas rencillas. Ama a tus seres queridos sin esperar cambiarlos, acéptalos tal como son.

Disfruta de tus relaciones sin hacer drama. Si pretendes que todos hagan lo que tú quieres o que sean como tú has decidido, sí pretendes controlar a los que te rodean, llenarás tu vida de conflictos. Permite a otros que tomen sus propias decisiones como tú tomas las tuyas, tratando siempre de lograr que haya armonía.

¿Qué estás esperando para empezar a disfrutar de tu vida? ¿Qué se arreglen todos tus problemas?, ¿Qué se te quiten todos tus traumas?, ¿Qué por fin alguien reconozca tu valía?, ¿Que llegue el amor de tu vida?, ¿Qué regrese el que se fue?, ¿Que todo te salga como tú quieres?, ¿Qué se acabe la crisis económica?, ¿Que te suceda un milagro?, ¿Que por arte de magia todo sea hermoso y perfecto?

¡Despierta ya, hermano! ¡Despierta ya, hermana! ¡Esta es la vida! La vida no es lo que sucede cuando todos tus planes se cumplen, ni lo que pasará cuando tengas eso que tanto deseas. La vida es lo que está pasando en este preciso instante. Tú vida es este momento. En este momento tu corazón lleva sangre a todas las células de tu cuerpo y tus pulmones llevan oxígeno a donde se necesita. En este momento algo que no podemos comprender, te mantiene vivo y te permite, ver, pensar, expresarte, moverte, reír, ¡hasta llorar si quieres!

No te acostumbres a la vida, no te acostumbres a despertar todos los días y estar aburrido o malhumorado, o preocupado. Abre tus ojos y agradece todas las bendiciones que puedes ver, agradece tu capacidad de oír el canto de los pájaros, tu música preferida, la risa de tus hijos.

Yo sé que la vida no es perfecta, que está llena de situaciones difíciles. Tal vez, así es como se supone que sea. Tal vez por eso se te han brindado todas las herramientas que necesitas para enfrentarla: una gran fortaleza que te permite soportar las pérdidas, la libertad de elegir como reaccionar ante lo que sucede, el amor y el apoyo de tus seres queridos. ¡Aprovéchalas, no dejes pasar la oportunidad de vivir hoy!

Domingo 2 Adviento (C)

EN EL DESIERTO VERÁN LA SALVACIÓN DE DIOS
Bar 5,1-9; Fil 1,4-6.8-11; Lc 3,1-6

El desierto en la Biblia significa un lugar para enfrentarse con uno mismo y buscar lo que nos pide Dios. Todos necesitamos momentos de desierto, de oración, para revisar quiénes somos y a dónde vamos. Sólo así, como nos dice Juan Bautista, podremos: "rellenar los valles", o sea, levantar nuestra autoestima; "rebajar las montañas" de nuestro orgullo y coraje; "enderezar lo tortuoso", es decir, limpiar nuestra mirada de desconfianza; "allanar los caminos ásperos", que significa ser bondadosos en el hablar y hacer. Sólo así conseguiremos que "todos los hombres vean la salvación de Dios".

DEJAR SECAR LA IRA

Mariana quedó feliz por haber ganado de regalo un juego de té de color azul. Al día siguiente, Julia, su amiguita, vino bien temprano a invitarla a jugar. Mariana no podía pues saldría con su madre aquella mañana. Julia, entonces, le pidió a Mariana que le prestara su juego de té para que ella pudiera jugar sola en el jardín del edificio en que vivían. Mariana no quería prestar su nuevo regalo, pero ante la insistencia de la amiga decidió dejárselo, encargándole mucho que tuviera cuidado de aquel juguete tan especial.

Al volver del paseo, Mariana se quedó pasmada al ver su juego de té tirado por el suelo del jardín. Faltaban algunas tazas y la charola estaba rota. Llorando y muy molesta Mariana se desahogó con su mamá:

—¡Mira, mamá, lo que hizo Julia conmigo! Le presté mi juguete y ella lo descuidó todo y lo dejó tirado en el suelo.

Totalmente descontrolada Mariana quería ir a la casa de Julia a pedir explicaciones, pero su madre cariñosamente le dijo:

—Hijita, ¿te acuerdas de aquel día cuando saliste con tu vestido nuevo todo blanco y un coche que pasaba te salpicó de lodo tu ropa? Al llegar a casa querías lavar inmediatamente el vestido pero tu abuelita no te dejó. ¿Recuerdas lo que dijo tu abuela? Ella dijo que había que dejar primero que el barro se secara, porque después sería más fácil quitar la mancha. Así es hijita, y con la ira pasa lo mismo. Hay que dejarla secarse primero, y después es mucho más fácil resolver todo.

Mariana no entendía muy bien, pero decidió seguir el consejo de su madre y se fue a ver la tele. Un rato después sonó el timbre de la puerta. Era Julia, su amiga, con una caja en las manos y que, sin más preámbulo, le dijo:

—Mariana, ¿recuerdas al niño malcriado de la otra calle, el que a menudo nos molesta? Pues vino para jugar conmigo y no lo dejé porque creí que no cuidaría tu juego de té. Entonces él se enfadó y destruyó el regalo que me habías prestado. Cuando se lo conté a mi mamá, ella preocupada me llevó a comprar otro igualito, para ti. Aquí lo tienes. Espero que no estés enfadada conmigo. No fue mi culpa.

—¡No hay problema! —dijo Mariana—, ¡mi ira ya se secó!

Y dando un fuerte abrazo a su amiga, la tomó de la mano y la llevó a su cuarto para contarle la historia del vestido nuevo que se había ensuciado de lodo.

Nunca reacciones mientras sientas ira. La ira nos ciega e impide que veamos las cosas como realmente son.

Con la ira juzgamos a las personas, no los hechos.

Con la ira un rayón en el coche vale más que una persona que se equivocó.

Con la ira un insulto lo convertimos en un tatuaje que quema.

Con la ira ya no escuchamos, sólo queremos vengarnos.

Con la ira decimos muchas cosas de las que después nos arrepentimos.

Por eso recuerda siempre: "Dejar secar la ira".

Domingo 3 Adviento (C)

NO SOMOS RESPONSABLES DE LA CARA QUE TENEMOS, PERO SÍ DE LA QUE PONEMOS

Sof 3,14-18; Fil 4,4-7; Lc 3,10-18

Toda la liturgia de hoy habla de alegría. San Pablo nos dice: "Alegraos siempre; os lo repito: ¡Alegraos! El Señor está cerca, no os inquietéis por nada". Ciertamente no es fácil estar siempre alegres, pero tampoco debe nuestro estado de ánimo depender de las circunstancias que nos rodean.

EL CAMIÓN DE BASURA

¿Con qué frecuencia permites que las majaderías de otras personas cambien tu estado de ánimo y te quiten tu alegría? ¿Te das permiso de enojarte cuando otro conductor te agrede en el tránsito, o alguien te cuenta que un vecino dice mentiras sobre ti, o un jefe exigente te pide más de lo que te corresponde hacer o un compañero de trabajo quiere arruinar tu día?

Lo que realmente distingue a una persona alegre es, el control que tenga sobre el manejo de sus sentimientos a pesar de las circunstancias que le toque vivir cada día. Hace 16 años aprendí esta lección. Me la enseñaron en el asiento de un taxi en Nueva York.

Me subí al taxi y partimos rumbo a la dirección que le indiqué al conductor. Íbamos en el carril derecho cuando de repente un coche salió de no sé dónde y el taxista tuvo que dar un frenazo, se oyó el rechinar de las llantas y por escasos centímetros no chocamos con el otro coche.

Todavía estaba recuperándome del susto, cuando el conductor del otro coche —el tipo que casi causó el accidente—, asomando la cabeza por la ventanilla comenzó a gritarnos una cantidad de insultos y majaderías. Pero lo que acabó de sacarme de mis casillas fue la actitud del chofer de mi taxi, que en vez de enojarse e insultar al otro, simplemente de forma extremadamente amistosa y cortés le sonreía y saludaba con la mano. Yo estaba furioso y confundido, y le pregunté: "¿Por qué hace eso? Ese tipo por poco nos atropella, destruye su taxi y nos manda directo al hospital".

Entonces, el taxista con voz pausada me contó lo que ahora yo llamo "La Ley del Camión de Basura".

—Muchas personas —me dijo—, son como un camión de basura. Van acumulando frustración, enojo y desaliento por las circunstancias de la vida. Una vez que están llenos, necesitan un lugar en donde vaciarla, y si uno se lo permite, le echan encima toda esa basura: sus frustraciones, sus rabias y sus decepciones. Yo no acepto esa basura de otros. Por eso cuando alguien quiere vaciar su basura en mí, no me lo tomo como algo personal; sino tan sólo sonrío, saludo, le deseo todo el bien del mundo y sigo mi camino.

A partir de ese día comencé a pensar ¿por qué tan a menudo permito que estos "camiones de basura" que me rodean me contaminen? y ¿con qué frecuencia yo mismo me voy llenando de basura y luego la vacío sobre las personas que más amo: mi familia, mis amigos, o sobre la gente del trabajo o de la calle?

Y desde entonces me propuse no ser el basurero de nadie. Empecé a ver con más claridad los camiones de basura que me querían echar encima sus frustraciones, sus rabias y sus decepciones y, como el taxista me lo recomendó, no las tomo como dirigidas a mí, tan sólo sonrío, saludo, les deseo lo mejor y sigo adelante, dejándoles a ellos su propia basura.

No he vuelto a permitir que los camiones de basura tomen el control de mis sentimientos y mucho menos de mis emociones. Aprendí, que sonreírles a los insatisfechos, malhumorados y frustrados es la mejor medicina que puede ayudarles a cambiar su perspectiva de la vida o por lo menos les puede iluminar su día, si quieren...

Hay que ser amable con los demás, porque no sabemos qué batallas están librando en sus propias vidas, pero desde luego nunca permitir que nos echen encima su basura.

Domingo 4 Adviento (C)

ESPERAR LA NAVIDAD NO ES SER PASIVO, ES SEMBRAR ESPERANZA

Miq 5,1-4; Heb 10,5-10; Lc 1,39-45

Dos mujeres, María e Isabel. Un encuentro y el amor que se manifiesta en ganas de ayudar a quien lo necesita. Como ellas, hay que saber olvidarse de los propios problemas, y olvidarse de lo que pueda decir la gente chismosa, y hacerse presente para quien nos pueda necesitar... y hacer así presente el amor de Dios.

EL MEJOR CUMPLEAÑOS

Jamás olvidaré el día en que mamá me obligó a ir a una fiesta de cumpleaños, cuando estaba en tercero de primaria.

Una tarde, llegué a casa con una invitación, algo manchada de mermelada:

—No pienso ir —dije—. Es una chica nueva que se llama Ruth. Vero y Paty, mis amigas, no irán. Invitó a toda la clase, a las treinta y seis, pero no creo que vaya nadie.

Mamá estudió con extraña tristeza esa invitación hecha a mano. De pronto, anunció:

—Bueno, tú sí irás. Mañana iré a comprar el regalo.

Yo no podía creerlo. ¡Mamá nunca me había obligado a ir a una fiesta! Eso me mataría, sin duda. Pero no hubo ataque de histeria que la hiciera cambiar de opinión.

Llegó el sábado, mamá me sacó de la cama para que envolviera el regalo: Un bonito juego de peine, espejo y cepillo, de color rosa perlado, que había comprado por menos de tres dólares. Luego, me llevó en su viejo automóvil amarillo.

Ruth abrió la puerta de la calle y me guió por la escalera más empinada y peligrosa que yo había visto jamás. Cruzar la puerta de su casa fue un verdadero alivio; los pisos de madera relumbraban en una sala llena de sol. Los muebles eran viejos, pero estaban recubiertos por fundas blancas e impecables. En la mesa vi el pastel más grande de mi vida. Estaba decorado con nueve velas rosadas, un "Feliz Cumpleaños Ruthy" bastante desmañado, y algo que parecían pimpollos de rosa. Rodeaban al pastel treinta y seis tazas llenas de chocolate casero, cada una con su nombre.

—No será tan horrible una vez que lleguen las otras —pensé.

Mientras, pregunté a Ruth:

—¿Dónde está tu mamá?

Ella bajó la vista al suelo.

—Bueno, está medio enferma.

—Ah... ¿Y tu papá?

—Se fue —contestó ella.

Luego se hizo silencio; sólo se oían algunas toses carrasposas detrás de una puerta cerrada.

Pasaron quince minutos. Luego, diez más. De pronto comprendí la horrible verdad: No vendría nadie. ¿Cómo escapar de allí? En medio de mi autocompasión, oí unos sollozos apagados. Al levantar la vista, me encontré con la cara de Ruth, llena de lágrimas. De inmediato, mi corazón de niña se llenó de simpatía hacia Ruth, y de ira contra mis treinta y cinco egoístas compañeras. Me levanté de un salto, plantando en el suelo mis zapatos de charol, y proclamé a todo pulmón:

—¿Para qué queremos a las otras?

La expresión sobresaltada de Ruth se convirtió en entusiasmado acuerdo. Allí estábamos, dos niñas de ocho años con un pastel de tres pisos, treinta y seis tazas de chocolate, helado, litros y litros de refresco rojo, tres docenas de artículos de fiesta, juegos para jugar, premios para ganar.

Empezamos por el pastel. Como no encontrábamos ninguna cerilla y Ruthy (había dejado de ser Ruth para mí) no quería molestar a su mamá, nos limitamos a fingir que las encendíamos. Le canté el "Feliz Cumpleaños", en tanto ella pedía un deseo, y apagaba de un soplido las velas imaginarias.

En un abrir y cerrar de ojos llegó la tarde, y mamá hizo sonar el claxon frente a la casa. Después de recoger todos mis recuerdos, y de dar mil gracias a Ruthy, volé al coche, burbujeando de alegría.

—Mamá ¡gané todos los juegos! Bueno, la verdad es que Ruthy ganó el de ponerle la cola al burro, pero dijo que la del cumpleaños no podía llevarse los premios, así que me lo cedió. Y repartimos las cosas de la fiesta, la mitad para cada una. Le encantó el juego de tocador, mamá. Yo era la única. ¡La única de toda mi clase! y no veo la hora de decirle a los otras que se perdieron una fiesta estupenda".

Mamá detuvo el coche junto a la acera, y me abrazó con fuerza.

—¡Estoy orgullosa de ti! —me dijo, con lágrimas en los ojos.

Ese día descubrí que una sola persona puede cambiar las cosas. Yo había cambiado por completo el noveno cumpleaños de Ruthy. Y mamá había cambiado mi vida por completo.

Y tú... ¿Habrías ido a la fiesta? Una palabra, un gesto, pueden cambiarle la vida a alguien, pero también puede cambiárnosla a nosotros mismos.

Por eso actúa de modo tal que, en tu paso por la vida de los demás, sólo siembres amor. Seguramente cosecharás más de lo que puedes imaginar...

Nochebuena (C)

QUEMARSE POR AMOR A LOS DEMÁS
Is 9,1-3,5-6; Sal 95; Tit 2,11-14; Lc 2,1-14

El niño Jesús trajo esperanza, trajo luz para que no caminemos por la vida en tinieblas. Y nos invitó también a nosotros a ser luz para todos los que nos rodean.

APRENDER A AMAR COMO UNA VELA

- Así como una vela disipa la oscuridad, así el amor ilumina la vida de las personas.
- Así como la luz de una vela nos muestra el camino, así lo hace el amor.
- Así como una vela reúne a la gente a su alrededor, así también atrae el amor cuando es verdadero.
- Así como una vela debe gastarse para poder dar luz, así el que ama, debe negarse a sí mismo muchas veces.
- Así como una vela al quemarse se derrite y va deformando su figura original, así el dar amor involucra riesgo de cambios y de dolor.
- Así como la vela para realizar el objetivo de su existencia tiene que quemarse poco a poco, de igual manera el que ama se va gastando poco a poco en la entrega total de sí mismo ("Nadie tiene más amor que el que da la vida por aquellos que ama").
- Una vela puede apagarse rápido, pero si se acerca al fuego, también, se enciende rápido. Así nosotros, aunque a veces nos desanimamos en nuestro propósito de amar, podemos siempre acercarnos a Cristo que es la fuente de nuestra luz y nuestro amor.

– Una vela en realidad da poca luz, pero tiene la ventaja de que puede contagiar su luz a otras velas y juntas ir iluminando cada vez más. Una persona que ama es poco para cambiar la sociedad, pero al igual que la vela, puede contagiar su amor a otros e ir cambiando poco a poco el mundo.
– Esa fue la luz que nos trajo Jesús de Nazaret.

NAVIDAD (C)

HAGAMOS QUE NAVIDAD SEA NAVIDAD
Is 52,7-10; Heb 1,1-6; Jn 1,1-18

A veces nos pasa en Navidad que nos agobian los preparativos, prisas, regalos, etc. y no tenemos tiempo de pararnos a ver lo realmente importante. "Jesús vino a los suyos y los suyos no lo recibieron, —nos dice el Evangelio—, pero a los que sí lo recibieron (a los que se dan tiempo para comprender y vivir su mensaje de amor) les dio la oportunidad de ser hijos de Dios"... como él.

UNA HISTORIA DE NAVIDAD

Era sólo un pequeño sobre blanco, enredado entre las ramas de nuestro árbol de Navidad. Ningún nombre, ninguna identificación, ninguna señal.

Todo comenzó porque mi marido, Luis, odiaba las Navidades, bueno, no el verdadero sentido de la Navidad, pero sí los aspectos comerciales y el gasto en exceso, las carreras frenéticas de último momento para conseguir una corbata para el tío Carlos o un regalo para la abuela, dando los regalos más fáciles porque no puedes pensar en otra cosa mejor.

Sabiendo que él se sentía así, un año decidí evitar las típicas camisetas, suéteres, corbatas y todo lo demás y me puse a buscar algo que realmente fuera especial para Luis.

La inspiración me vino un día que no lo esperaba. Nuestro hijo Miguel, que tenía entonces 12 años, jugaba fútbol en la categoría junior de la escuela a la que pertenecía y, poco antes de Navidad, iba a jugar un partido amistoso contra un equipo patrocinado por una iglesia del centro de la ciudad. Aquellos niños llegaron vestidos con uniformes andrajosos, y contrastaban con nuestros chicos con sus bonitas equipaciones. Cuando el partido comenzó, yo estaba asombrada al ver que los otros jugaban sin espinilleras: era sin duda un lujo que los pobre niños no se podían permitir.

A mitad del partido, la cantidad de goles que les iban metiendo era escandalosa. Luis, sentado junto a mí, movía su cabeza apesadumbrado:

—Desearía que al menos pudieran meter un gol.

Luis quería a los niños, a todos los niños, y los entendía, pues había dirigido la liga infantil de fútbol y de baloncesto.

Fue entonces cuando se me ocurrió la idea para su regalo.

Al día siguiente, fui a una tienda de deportes de la ciudad y compré un surtido de uniformes, con espinilleras y lo envié de forma anónima a la iglesia del centro de la ciudad. En vísperas de Navidad, puse un sobre en el árbol, dentro iba una nota explicando a Luis lo que yo había hecho, y que ese era mi regalo para él.

Su sonrisa fue lo más luminoso de las Navidades de ese año y de los siguientes años; pues cada Navidad, continué con la tradición. Un año envié uniformes a un equipo de baloncesto de jóvenes discapacitados psíquicos. Otro año un cheque a una pareja de ancianos cuya casa había ardido entera la semana anterior a Navidad; y así cada año.

El sobre se convirtió en la parte más importante de nuestras Navidades. Siempre era la última cosa que se abría en la mañana de Navidad y nuestros hijos, sin hacer mucho caso a sus nuevos juguetes, podían permanecer con los ojos abiertos de par en par, esperando a que su padre cogiera el sobre del árbol y leyera su contenido.

Cuando los chicos crecieron los juguetes dieron paso a otros regalos más prácticos, pero el sobre nunca perdió su encanto.

La historia no termina ahí… Perdimos a Luis el año pasado debido a un cáncer terrible y cuando llegaron las Navidades, yo me encontraba aún envuelta en un sentimiento de tristeza tal, que no quería ni poner el árbol. Pero en la víspera de Navidad encontré un sobre en el árbol, y por la mañana, había tres más. Cada uno de nuestros hijos, sin que lo supiesen los otros, colocó un sobre en el árbol para su padre.

La tradición se mantuvo, y estoy segura de que se extenderá más allá, con nuestros nietos, permaneciendo alrededor del árbol con los ojos como platos, mirando como sus padres cogen y leen los sobres. El espíritu de Luis, como el espíritu de la Navidad, permanecerá siempre con nosotros, pues Jesús que es la razón de esta época se hará presente este año y para siempre.

SAGRADA FAMILIA (C)

MENOS DEVOCIÓN Y MÁS FE VIVA
1 Sam 1,20-22.24-28; Sal 83; 1 Jn 3,1-2.21-24; Lc 2,41-52

La vida está a menudo llena de dificultades y problemas, el mirar a la Sagrada Familia no es garantía de que esos problemas desaparecerán pero sí una ayuda para enfrentarlos con fe, como ellos, guiados por la confianza en Dios

NAZARET UN MODELO PARA LAS FAMILIAS

*C*uando entré al seminario me preguntaba cómo podía la Sagrada Familia ser modelo para las familias, pues me parecía muy utópica la comparación. La verdad es que lo que yo conocía de la Sagrada Familia era sobre todo devociones y estampas. Y la veía, —como veía entonces a los santos—, conociendo su vida por el final, ya canonizados, ignorando sus luchas diarias en la fe y el amor.

Con el pasar de los años he visto que sólo si somos capaces de verla como una familia en su realidad histórica, política, económica, laboral, etc. seremos capaces de verla humana, débil, y por lo mismo un ejemplo alcanzable. E aquí unos ejemplos.

- José y María, eran dos jovencitos enamorados que quieren casarse y vivir juntos; cada uno tiene su carácter y sus ideas (cada uno trae tradiciones familiares propias y una lista de antepasados variados, unos santos y otros no tanto como en cualquier familia).
- Tenían sus planes y sueños para la boda y para su vida de casados. Pero Dios interviene y María queda embarazada. Así es que cambian sus planes:

hubo que adelantar la boda y aguantar el chismorreo de la gente. No tuvieron mucho tiempo como pareja antes de que apareciese el primer hijo, un hijo "algo especial"... Pero José y María aceptan el plan de Dios y viven la vida con sus problemas y alegrías día a día; van dejando que sea Dios quien los guíe y se encarne en su propia familia.

Cuántas parejas de jóvenes tienen su boda y vida de casados ya planeada (o soñada) y los acontecimientos y Dios cambian sus planes: se quedan embarazados cuando no lo esperan (por las causas que sean); poco antes de la boda muere algún pariente y la fiesta de boda no puede ser como la planearon; antes de conocerse bien como pareja llegan los primeros hijos; tienen un hijo "algo especial" (con alguna discapacidad o súper—capacidad)... Con su ejemplo, la Sagrada Familia, los invita a aceptar la vida, buscando en ella los planes misteriosos de Dios y a vivir al día ("A cada día le basta su afán" insistirá Jesús a sus seguidores, cosa que probablemente había aprendido de sus padres en su casa), dejando que Dios se vuelva a hacer presente al mundo a través de su amor. Los planes de Dios para una familia concreta no son siempre claros, pero su plan global sobre el hombre sí lo es y se va realizando poco a poco.

- José, después de la desilusión primera y de pensar en abandonar a su novia, asume la paternidad de un hijo que no es suyo y acepta parecer el "tonto" ante las miradas acusadoras de la gente. La ley le permitía apedrear a María, pero él, por amor a su mujer y al niño que viene, acepta hacer de padre, no cuestiona, no pide abortar, no juzga.
- Un censo obligado cuando el hijo está a punto de llegar y que obliga a que nazca en unas pobres cir-

cunstancias, sin hospital o parientes: *debajo de un puente o en una lanchita o cruzando la frontera...*
- Emigración obligada por la situación política del país que hace peligrar la vida del hijo (Herodes lo quiere matar). *¿Cuántos José y María no llegan hoy en día huyendo de los problemas de su país, de la guerra y viven en los campos de refugiados?*
- Inseguridad laboral dentro del propio país (Al volver gobierna Arquelao) que los obliga a dejar su región o estado o su país. Obliga a José a dejar su seguridad y trasladarse a vivir a Nazaret *o a Estados Unidos...*
- La angustia de perder a un hijo durante unas horas o días en un evento social con muchísima gente como puede ser una peregrinación a Jerusalén, *o un partido de fútbol, o en un supermercado...*
- Las dificultades de tener un hijo un "algo especial" como Jesús... *Siempre es difícil tener un hijo "especial", con alguna discapacidad o súper—capacidad...*
- La influencia negativa en nuestra identidad del pueblo o barrio donde vivimos y que nos acompaña toda la vida con la gente que no nos conoce: "¿De Nazaret puede salir algo bueno?" *¿O de Chamapa? ¿O del Bronx? ¿O de África?* ¡Cuántas puertas no se cierran a mucha gente sólo por su procedencia...!
- Muerte del cabeza de familia como José *(o que el padre simplemente abandona la familia)* y eso afecta a la vida familiar afectiva, económicamente... María pensaría como tantas madres solas ¿cómo llegar ahora a fin de mes? ¿cómo superar la sensación de soledad o de abandono?
- Inestabilidad laborar de los hijos, trabajar en lo que se pueda... (Jesús refleja en sus parábolas que trabajó de campesino, pastor, obrero, etc.)

- Asesinato injusto de un hijo, del único hijo aunque fuera ya mayor de edad. Y siendo testigo: María estaba de pie ante la cruz *o estaba en Tijuana o en Michoacán o en Bosnia...*

En el relato del Evangelio de hoy vemos a Jesús adolescente. Sin lugar a duda la adolescencia de los hijos es un momento difícil para toda familia, un tiempo de crisis, "una enfermedad que sólo se cura con el tiempo". Jesús también "sufrió" la enfermedad de la adolescencia. ¡Y sus padres la sufrieron con él!

- Cuando Jesús, a los doce años, se perdió en el Templo hubo, sin duda una escena familiar difícil y tensa. Fue muy importante como familia que María y José supieron, como pareja, estar unidos en la angustia y no culparse el uno al otro *(como hacen algunos matrimonios ante los comportamientos o accidentes de los hijos).*

- Al encontrar a Jesús 'tan tranquilo' ¡después de tres días! de desesperada búsqueda, era para poner el grito en el cielo. María aguanta la calma y habla antes que José *(seguramente porque, como buena madre, sabía lo molesto que estaba su marido y que tal vez el enfrentamiento de él con el hijo crearía más problemas):* "Hijo ¿por qué nos has hecho esto?", pregunta tan común de los padres a sus hijos adolescentes. Pero María agrega "…mira que tu padre y yo te buscábamos angustiados" (María muestra sus sentimientos y crea así con sus hijo un diálogo profundo de sentimientos, no sólo de normas o reproches).

- Jesús, como buen adolescente, relativiza las cosas: "Bueno no es tan grave, estoy bien, quería aprender y estaba aquí en el Templo oyendo y preguntando; ¿no dicen tú y papá que Dios es lo más importante en la vida? Pues yo estoy aquí ocupándome en sus cosas…"

- Jesús, como todo adolescente necesitaba clarificar su vocación. Ciertamente eso lo tienen que "sufrir" los padres. Lucas resalta que "sus padres no comprendieron lo que les decía". *No es fácil comprender a los adolescentes (ni para ellos mismos) y siempre hay, además un cambio generacional: les toca vivir otros tiempos.*
- Pero Jesús era buen hijo y "volvió con ellos a Nazaret y siguió viviendo sujeto a su autoridad".

José y María confiaban en Dios y en esa fe vivieron su matrimonio y su vida familiar con todos sus avatares. Se adaptaron a las circunstancias que les presentaba la vida y sin desesperar ponían su vida en manos de Dios aunque no siempre lo entendieran.

Los evangelistas resaltan que María conservaba y meditaba en su corazón todo lo que le pasaba, y que José escuchaba sus corazonadas o "sueños". Pero María y José no sólo rezaban y aceptaban pasivamente lo que pasaba; igual que todas las familias, ellos confiaban en que tarde o temprano se haría justicia a los débiles (El canto del Magníficat, que Lucas pone en labios de María, es un claro ejemplo de eso). Justicia política, justicia laboral, justicia económica… Y Jesús aprendió de ellos y, ya mayor, se opondrá con la no—violencia a toda autoridad injusta (sea política o religiosa) que cargaba de fardos pesados las espaldas de la gente sencilla.

Epifanía (C)

COMO LOS MAGOS, NO NOS CANSEMOS DE BUSCAR Y CREER

Is 60,1-6; Ef 3,2-3.5-6; Mt 2,1-12

Fue una estrella la que guio a los reyes magos, pero fue sobre todo el saber leer las señales del "cielo", lo que los puso en el buen camino.
Dios se nos manifiesta de muchas maneras: personas que aparecen en nuestro horizonte y nos ayudan a reconducir nuestra vida, hechos inesperados que la iluminan, lecturas que nos ayudan a reflexionar, etc. Ojalá, como los magos, "al ver la nueva estrella nos llenemos de alegría" y no nos cieguen el orgullo y la autosuficiencia

LA ESTRELLA ESCONDIDA

Las estrellas celebraron su asamblea, y cada una sacó a relucir, como saben hacer relucir las estrellas, sus propios méritos en la creación y en la vida del hombre.

La estrella polar demostró cómo ayudaba a los hombres a fijar el norte de sus caminos y de sus mapas; el sol describió el calor, la luz, la vida que hacía llegar a todos los hombres y mujeres de la tierra; una estrella poco conocida reveló que ella fue la que confirmó la teoría de Einstein cuando pasó oportunamente tras el sol durante un eclipse, y con ello hizo un gran servicio a la ciencia; y otras mencionaron los nombres que habían hecho famosos y los descubrimientos a que habían dado lugar.

Cada una tenía algo que decir, y rivalizaban en fama y esplendor. Sólo una pequeña estrella, remota y escondida, permanecía callada en la asamblea celestial. No se le ocurría nada que decir. Cuando le llegó el turno y hubo de hablar, confesó que ella nada había hecho por el cosmos o por el género humano, y que los hombres y mujeres de la tierra ni siquiera la conocían, pues aún no la habían descubierto.

Las demás se rieron de ella y la tacharon de inútil, perezosa e indigna de ocupar un sitio en el firmamento: "Nosotras estamos para alegrar el cielo. ¿De qué sirve una estrella que ni siquiera se sabe que existe?"

La pequeña estrella escuchaba todos los reproches que le dirigían sus hermanas, y algo se le ocurrió mientras hablaban:

—¿Quién sabe? —dijo parpadeando suavemente—, a lo mejor yo también estoy contribuyendo, a mi manera, al progreso y bienestar de hombres y mujeres en la lejana tierra. Es verdad que no me conocen, pero ellos no son tontos, y sus cálculos les dicen que para explicar el curso de otras estrellas y cuerpos celestes que conocen, tiene que haber todavía alguna otra estrella que con su atracción gravitatoria explique las desviaciones en los caminos de las demás. Por eso continúan estudiando y observando y buscando, y con ello avanza su ciencia y continúa despierto su interés.

Las otras estrellas se fueron callando mientras hablaba, y ella tomó ánimos con su silencio y añadió algo al final que hizo pensar a todas:

—No es que yo quiera anteponerme a nadie, y tenéis mucho mérito todas con lo que habéis hecho por los hombres y mujeres de la tierra; pero creo que yo también les estoy prestando un servicio importante: que sepan que aún les queda algo por descubrir.

Bello mensaje. Aún nos quedan estrellas por descubrir. Aún quedan cielos por explorar y aventuras por emprender. Mucho debo a todas las estrellas que han aparecido en mi firmamento a través de los años de mi vida. Pero quizá a la que más deba es a esa pequeña estrella, remota y traviesa, alegre y humilde, anónima y querida, que sigue jugando al escondite con la lente de mi telescopio. Y sigo buscando...

Bautismo de Jesús (C)

SABER DAR FRUTO AHÍ DONDE DIOS NOS PLANTÓ
Is 40, 1-5.9-11; Tit 2, 11-14; 3, 4-7; Lc 3, 15-16.21-22

Ninguno de nosotros escogimos cuándo nacer o el país o familia que nos tocó. Dios nos invitó a la vida y escogió para nosotros el lugar y la época donde quiere que nos desarrollemos.
Nuestra vocación de bautizados consiste en dar fruto ahí donde Dios nos plantó; ser fermento de una sociedad mejor, siguiendo el ejemplo de Jesús. Ojalá Dios pueda decir de nosotros, como dijo de Jesús: "Este es mi hijo, en quien me complazco".

EL ESPEJO: UNA HISTORIA DE AMOR

Renato, casi no ve a la señora al lado del coche estacionado a un costado de la carretera. Llovía fuerte y era de noche. Pero, al verla, se dio cuenta que necesitaba ayuda. Así que paró su coche y se acercó.

El auto de la señora era nuevo, pero tenía una llanta reventada y la dueña era una persona ya mayor. Al ver a Renato, ella pensó por un momento que podía ser un asaltante; su apariencia no inspiraba confianza, parecía ser muy pobre.

Renato percibió su miedo y le dijo: "No tema, señora. Mi nombre es Renato y paré para ayudarla. ¿Por qué no espera dentro de su coche, que está más calientito, mientras yo arreglo su llanta?".

Se agachó, colocó el gato mecánico y se puso a arreglar la llanta. Le costó un poco y hasta se hizo una pequeña herida en la mano. Mientras trabajaba, la señora abrió la ventana y empezó a conversar con él. Le contó que no era del lugar, que sólo estaba de paso por allí y que no sabía cómo agradecerle por su valiosa ayuda. Al terminar le preguntó cuánto le debía.

Renato no pensaba en dinero (a pesar que lo necesitaba y mucho), le gustaba ayudar a las personas desinteresadamente, ese era su modo de vivir. Así que respondió a la señora:

—Si realmente quiere pagarme, la próxima vez que encuentre a alguien que necesite de su ayuda, désela y acuérdese de mí.

Sorprendida y feliz de la experiencia vivida la anciana siguió su camino y, unos kilómetros más adelante, se detuvo en un restaurante. La camarera al verla entrar mojada por la lluvia corrió a traerle una toalla limpia para que se secara y le dirigió una dulce sonrisa. La mujer notó que se encontraba por lo menos con ocho meses de embarazo y que, a pesar de su estado, estaba dispuesta a ayudar y a atender a todos los clientes amablemente.

Mientras cenaba se admiró que esa camarera, teniendo que trabajar embarazada, pudiera atenderla con tanto esmero... y se acordó de Renato.

Terminó de comer, pagó con un billete grande y, mientras la camarera iba a buscar su cambio, se fue.

Cuando regresó la camarera, se preocupó al pensar que la anciana había olvidado su cambio. Entonces notó que había algo escrito en la servilleta y que dentro había diez billetes de $100.

Leyendo lo que la señora había escrito, se le salieron las lágrimas. La servilleta decía: "Gracias por tu atento servicio. Quédate con el cambio y con esto, yo tengo bastante. Alguien me ayudó hoy y de la misma forma, quiero ayudarte yo con tu futuro hijo. Y si quieres agradecerme el dinero no dejes que el círculo de amor al prójimo termine contigo, ayuda tú también a alguien".

Aquella noche, cuando la camarera regresó a su casa muy cansada, se acostó. Su marido ya estaba durmiendo y ella lo tapó con cariño y luego se quedó pensando en el dinero y en lo que la señora había escrito. ¿Cómo pudo saber lo mucho que su esposo y ella necesitaban ese dinero? Con el bebé por nacer y todo tan difícil…

Con una sonrisa agradeció a Dios por ese regalo y luego se volvió hacia su esposo que dormía; ¡pobre hombre!, siempre tan preocupado por lo que sería de ellos. Le dio un beso suave y le susurró: "Todo estará bien… Te amo Renato".

Domingo 1 Cuaresma (C)

SI NO ENCUENTRO TIEMPO PARA DISFRUTAR EL AMOR DE DIOS, MI FE ES SÓLO UNA IDEA BONITA... Y PELIGROSA

Dt 26,4-10: Rom 10,8-13; Lc 4,1-13

Cuaresma es tiempo de "hacer desierto": revisar y fortalecer nuestra manera de vivir la fe, para luchar contra todo lo que nos aleja de Dios y del amor a nuestros hermanos.
Igual que Jesús se preparó durante 40 días para su misión de llevar la buena noticia del amor de Dios, nosotros revisamos durante este tiempo que nuestro cristianismo sea buena noticia para quienes nos rodean.

LA FÓRMULA

El místico regresó del desierto.
—Cuéntanos —le dijeron con avidez—, ¿cómo es Dios?

Pero ¿cómo podría él expresar con palabras lo que había experimentado en lo más profundo de su corazón? ¿Acaso se puede expresar la Verdad con palabras?

Al fin les confió una fórmula —inexacta, eso sí, e insuficiente—, en la esperanza de que alguno de ellos pudiera, a través de ella, sentir la tentación de experimentar por sí mismo lo que él había experimentado.

Ellos aprendieron la fórmula y la convirtieron en un texto sagrado. Y se la impusieron a todos como si se tratara de un dogma. Incluso se tomaron el esfuerzo de difundirla en países extranjeros. Y algunos llegaron a dar su vida por ella.

Y el místico quedó triste. Tal vez habría sido mejor que no hubiera dicho nada.

Que nuestra fe y religión no sean repetir fórmulas, sino experimentar el amor de Dios en lo profundo del corazón y encontrar así la verdad.

Domingo 2 Cuaresma (C)

DÉJATE CAMBIAR POR DIOS
Gén 15,5-12.17-18; Fil 3,17-4,1; Lc 9,28-36

En Cuaresma hablamos de cambiar, de convertirnos. Y curiosamente, a veces, lo que más nos ayuda a cambiar no es forzarnos a nosotros mismos, rechazar lo que somos, sino sabernos amados por Dios, así como Jesús en el Tabor. Un amor que transfigura.

NO CAMBIES

Durante años fui un neurótico. Era un ser angustiado, deprimido y egoísta. Y todo el mundo insistía en decirme que cambiara. Y no dejaban de recordarme lo neurótico que yo era. Y yo me ofendía, aunque estaba de acuerdo con ellos, y deseaba cambiar, pero no acababa de conseguirlo por mucho que lo intentara.

Lo peor era que mi mejor amigo tampoco dejaba de recordarme lo neurótico que yo estaba. Y también insistía en la necesidad de que yo cambiara. Y también con él estaba de acuerdo, y no podía sentirme ofendido con él. De manera que me sentía impotente y como atrapado.

Pero un día me dijo:

—No cambies. Sigue siendo tal como eres. En realidad no importa que cambies o dejes de cambiar. Yo te quiero tal como eres y no puedo dejar de quererte.

Aquellas palabras sonaron en mis oídos como música: No cambies. No cambies... Te quiero...

Entonces me tranquilicé. Y me sentí vivo. Y, ¡oh, maravilla!, cambié.

Domingo 3 Cuaresma (C)

**JESÚS NOS DICE: ESTÉN PREPARADOS PARA MORIR…
PERO, TAMBIÉN Y SOBRE TODO, PARA VIVIR**
Éx 3,1-8.13-15; 1 Cor 10,1-6.10-12; Lc 13,1-9

Nos gusta sentirnos mejores que los demás y creer que por rezar nos va a ir mejor que a otros. Pero más buenos que Jesús no vamos a ser y a él no le fue muy bien en su vida…
El Evangelio nos recuerda que debemos estar siempre listos por si Dios nos llama hoy a su presencia, que ojalá estemos en paz con todos y con las manos llenas de buenos frutos para presentárselos a él y agradecerle la vida, y no decir ¡caray, no esperaba morirme tan de repente!

EL PUENTE

Había un par de hermanos que tenían sus granjas una al lado de la otra y que habían vivido en armonía por muchos años. Un día se pelearon. Era el primer conflicto serio que tenían en 40 años de cultivar juntos hombro a hombro, compartiendo maquinaria e intercambiando cosechas y bienes en forma amigable.

El conflicto comenzó con un pequeño malentendido y fue creciendo hasta que explotó en un intercambio de palabras amargas seguido de semanas de silencio.

Una mañana alguien llamó a la puerta de la granja del hermano mayor. Al abrirla, se encontró a un hombre con herramientas de carpintero.

—Estoy buscando trabajo —dijo el extraño—, quizás usted requiera algunas pequeñas reparaciones aquí en su granja y yo pueda hacerlas.

—Sí —dijo el hermano mayor—, tengo un trabajo para usted.

Y salió con él.

—Mire al otro lado del arroyo —le dijo al carpintero señalando en esa dirección—, ¿ve aquella granja?, ahí vive mi vecino, bueno, de hecho es mi hermano menor. Hasta la semana pasada había una hermosa pradera entre nosotros pero él desvió el cauce del arroyo para dividirla. Lo hizo para hacerme enfurecer, pero yo le voy a jugar una mejor. Quiero que usted construya una valla de madera, una cerca de dos metros de alto. Pues no quiero volver ver a mi hermano nunca más.

El carpintero le dijo:

—Creo que comprendo la situación. Confíe en mí, le entregaré un trabajo que lo dejará satisfecho.

El hermano mayor ayudó al carpintero a reunir todos los materiales necesarios entre los desechos de la granja y se fue por el resto del día al pueblo a comprar provisiones.

El carpintero trabajó duro todo el día midiendo, cortando, clavando. Ya cerca del ocaso, cuando el granjero regresó, el carpintero había justo terminado su trabajo. El granjero quedó con los ojos y la boca completamente abiertos. En vez de la cerca de dos metros que él había encargado, había un bonito puente que unía las dos granjas a través del arroyo. Era una fina pieza de arte, con todo y barandal.

Antes de que pudiera decir nada, su vecino, el hermano menor, vino desde su granja y abrazándolo le dijo:

—Eres un gran hombre, mira que construir este hermoso puente después de lo que yo he hecho y dicho".

Estaban en su reconciliación, cuando vieron que el carpintero tomaba sus herramientas para irse.

—¡No, espera! —dijo el hermano mayor— quédate unos cuantos días. Tengo otros proyectos para ti.

—Me gustaría quedarme —dijo el carpintero—, pero tengo aun muchos puentes que construir.

Domingo 4 Cuaresma (C)

HAZ LA PRUEBA Y VERÁS QUÉ BUENO ES EL SEÑOR
Jos 5,9-12; 2 Cor 5,17-21; Lc 15,1-3.11-32)

En la época de Jesús los fariseos y los escribas eran los que mejor cumplían con la religión. Al menos ellos lo pensaban así y la gente en general también. Para hacerlo se alejaban de los demás y se sentían con el derecho de juzgarlos y criticarlos porque no cumplían bien —como ellos—lo que Dios pedía en la Ley.
Hay muchos católicos a los que nos pasa lo mismo...
"Misericordia quiero y no sacrificios" insistirán los profetas anteriores a Jesús y él lo reafirmará con sus parábolas. Pero nosotros seguimos pensando que tenemos que ser buenos para ir al cielo y nos preocupa más no pecar que amar a nuestros semejantes.

AL CIELO CON LOS AMIGOS

Tres amigos iban por una carretera discutiendo sobre la religión. Dos de ellos hacía poco que habían abandonado la Iglesia católica y se habían hecho uno cristiano y otro testigo de Jehová.

Cuando pasaban cerca de un árbol enorme, cayó un rayo y los tres murieron fulminados. Pero ellos no se dieron cuenta de que ya habían abandonado este mundo, y prosiguieron su camino (dicen que a veces los muertos andan un cierto tiempo antes de ser conscientes de su nueva condición).

La carretera era muy larga y colina arriba. El sol era muy intenso, y ellos estaban sudados y sedientos. En una curva del camino vieron un magnífico portal de mármol, que conducía a una plaza pavimentada con adoquines de oro.

El católico se dirigió al hombre que custodiaba la entrada y entabló con él, el siguiente diálogo:
—Buenos días.
—Buenos días —respondió el guardián.
—¿Cómo se llama este lugar tan bonito?
—Esto es el cielo" —respondió el guardián.
—Qué bien que hayamos llegado al Cielo, porque estamos muy sedientos.
—Usted puede entrar y beber tanta agua como quiera —y el guardián señaló la fuente—; pero ellos dos no pueden entrar.
—Pero es que ellos también tienen sed...
—Lo siento mucho —dijo el guardián—, pero aquí no se permite la entrada a los que abandonaron la verdadera religión.
El hombre sintió un gran disgusto, puesto que tenía muchísima sed, pero no pensaba beber solo. Así que dio las gracias al guardián y siguió el camino con sus amigos.
Después de caminar un buen rato cuesta arriba, ya exhaustos los tres, llegaron a otro sitio, cuya entrada estaba marcada por una puerta vieja, que al parecer estaba siempre abierta, y que daba a un camino de tierra rodeado de árboles.
A la sombra de uno de los árboles había un hombre acostado, con la cabeza cubierta por un sombrero, que parecía el cuidador.
—Buenos días —dijo el caminante.
El hombre respondió con un gesto de la mano sin quitarse el sombrero.
—Tenemos mucha sed, ¿tendrán agua en este lugar?
—Hay una fuente entre aquellas rocas —dijo el hombre, indicando el lugar—. Pueden beber toda el agua que quieran.
Los tres amigos se alegraron, fueron a la fuente y calmaron su sed. Luego volvieron atrás para dar gracias al hombre.

—Pueden volver siempre que quieran —contestó el hombre.

A propósito —preguntó el católico—, ¿cómo se llama este lugar?

—El Cielo —contestó el hombre.

—¿El Cielo? ¡Pero si el guardián del portal de mármol nos dijo que aquello era el Cielo!

—Aquello no era el Cielo —contestó el guardián— era el Infierno.

El católico quedó perplejo y dijo:

—¡Deberían prohibir que utilicen su nombre! Esa información falsa debe provocar grandes confusiones.

—¡De ninguna manera! —contestó el guardián—. En realidad, nos hacen un gran favor... Allí se quedan todos los que, por amor a sí mismos, son capaces de abandonar a sus mejores amigos.

Domingo 5 Cuaresma (C)

EL QUE ESTÉ SIN PECADO QUE TIRE LA PRIMERA PIEDRA

Is 43,16-21; Fil 3,8-14; Jn 8,1-11

Sólo si dejamos de criticarnos y juzgarnos entre nosotros, si deja de importarnos quien es bueno y quién no, si maduramos en el amor y dejamos de lanzar las piedras que condenan al que se equivoca... empezará el nuevo mundo que Dios quiere.

EL TRIPLE FILTRO

El joven discípulo de un sabio filósofo se lo encontró un día y le dijo:

—Maestro, ¿sabes lo que un amigo tuyo estuvo diciendo de ti?

—¡Espera! —lo interrumpió el filósofo— ¿Ya hiciste pasar por el triple filtro lo que vas a contarme?

—¿El triple filtro? —preguntó extrañado el discípulo.

—Sí —dijo el maestro—. El primer filtro es la VERDAD. ¿Estás absolutamente seguro de que lo que quieres decirme es cierto?

—No —dijo el discípulo—. En realidad lo oí comentar a unos vecinos.

—Al menos lo habrás hecho pasar por el segundo filtro, que es la BONDAD. ¿Es bueno para mí lo que me vas a contar?

—No. En realidad no, más bien al contrario...

—El último filtro es la NECESIDAD. ¿Es realmente necesario hacerme saber lo que tanto te inquieta?

—A decir verdad, no —respondió el discípulo.

—Entonces —concluyó el sabio con una sonrisa— si lo que quieres decirme no es VERDADERO, ni BUENO, ni NECESARIO, ¿para qué quiero saberlo?, mejor sepultémoslo en el olvido.

DOMINGO DE RAMOS (C)

PADRE, PERDÓNALOS PORQUE NO SABEN LO QUE HACEN
Is 50,4-7; Fil 2,6-11; Lc 22,14-23,56

La pasión de Jesús resume muy bien el drama humano. En los personajes que aparecen en ella encontramos reflejados nuestros pecados y cobardías: traición, mentira, burlas, negación, interés, falsedad, vengarnos con inocentes, egoísmo…
Sin embargo, también en ella, entendemos el gran amor de Dios, reflejado en la frase de Jesús: "Padre, perdónalos porque no saben lo que hacen".

LA MIRADA DE JESÚS

En el Evangelio de Lucas leemos lo siguiente:
Le dijo Pedro: ¡Hombre, no sé de qué hablas!
En aquel momento, estando aún hablando, cantó un gallo, y el Señor se volvió y miró a Pedro…
Y Pedro, saliendo fuera, rompió a llorar amargamente.

Yo he tenido unas relaciones bastante buenas con el Señor. Le pedía cosas, conversaba con Él, cantaba sus alabanzas, le daba gracias…

Pero siempre tuve la incómoda sensación de que Él deseaba que le mirara a los ojos… cosa que yo no hacía. Yo le hablaba, pero desviaba mi mirada cuando sentía que Él me estaba mirando.

Yo miraba siempre a otra parte. Y sabía por qué: tenía miedo. Pensaba que en sus ojos iba a encontrar una mirada de reproche por algún pecado del que no me hubiera arrepentido. Pensaba que en sus ojos iba a descubrir una exigencia; que había algo que Él deseaba de mí.

Al fin un día, reuní el suficiente valor y miré. No había en sus ojos reproche ni exigencia. Sus ojos se limitaban a decir: "Te quiero". Me quedé mirando fijamente durante largo tiempo. Y allí seguía el mismo mensaje: "Te quiero".

Y al igual que Pedro. Salí fuera y lloré.

JUEVES SANTO (C)

LA VIDA ES PEQUEÑOS DETALLES
Éx 12,1-8.11-14; 1 Cor 11,23-26; Jn 13,1-15

Revivimos hoy la última cena. Una cena triste para Jesús pues es su despedida, pero muy alegre para los apóstoles que no lo saben y sólo están celebrando la Pascua. Mientras discuten quién de ellos era el más importante, Jesús se levanta y les lava los pies, trabajo humilde reservado para los criados y esclavos.
Jesús quiere así dejar claro que en su "equipo", el más importante será el que sea capaz de olvidarse de su orgullo, de sus problemas, sus prisas y se ponga humildemente a servir a los otros.

NECESITO UN ABRAZO

Hace veinte años, yo conducía un taxi para poder vivir. Lo hacía en el turno de noche así que mi taxi se convirtió en un confesionario móvil. Los pasajeros se subían, se sentaban atrás de mí en total anonimato y me contaban acerca de sus vidas. Conocí vidas que me asombraban, otras que me admiraban, otras me hacían reír y algunas que me deprimían.

Pero ningún pasajero me conmovió tanto como la mujer que recogí en una noche de agosto.

Respondí una llamada de unos pequeños edificios en una tranquila parte de la ciudad. Imaginé que recogería a alguno saliendo de una fiesta, o alguien que había tenido una pelea con su amante, o un trabajador que tenía que llegar temprano a una fábrica de la zona industrial de la ciudad.

Cuando llegué al edificio a las 2,30 de la mañana, toqué el claxon. Todo estaba oscuro excepto por una luz en la ventana del primer piso. Bajo estas circunstancias muchos conductores sólo hacen sonar su "claxon" una o dos veces, esperan un minuto, y después se van. Pero yo he visto a muchas personas empobrecidas que dependen de los taxis como su único medio de transporte.

—Probablemente este pasajero será alguien que necesita de mi ayuda —razoné para mí.

Y, aunque la situación parecía peligrosa, me bajé del taxi, fui hacia la puerta y toqué el timbre.

"Un minuto" —respondió una frágil voz.

Pude escuchar que algo era arrastrado a través del piso, y después de una larga pausa, la puerta se abrió. Una pequeña mujer, como de unos ochenta años, apareció ante mí. A su lado una pequeña maleta de nylon.

El departamento se veía como si nadie hubiera vivido ahí durante muchos años. Todos los muebles estaban cubiertos con sábanas, no había relojes en las paredes, ninguna baratija en repisas o algún utensilio. En la esquina había una caja de cartón abierta llena de fotos y una vajilla de cristal.

La mujer repetía su agradecimiento por mi gentileza.

—No es nada —le dije—. Yo sólo intento tratar a mis pasajeros de la forma que me gustaría que mi mamá fuera tratada.

—Oh, estoy segura de que usted es un buen hijo —dijo ella.

Cuando llegamos al taxi me dio una dirección y me preguntó:

—¿Podría llevarme por el centro?

—Ese no es el camino más corto —le respondí rápidamente.

—Oh, no importa —dijo ella—, no tengo prisa, estoy camino al asilo.

La miré por el espejo retrovisor, sus ojos estaban llorosos.

—No tengo familia —continuó—, el doctor dice que no me queda mucho tiempo…

Tranquilamente alcancé el taxímetro, lo apagué y le pregunté:

—¿Qué ruta le gustaría que tomara?

Por las siguientes dos horas manejé a través de la ciudad. Ella me enseñó el edificio donde había trabajado como operadora de elevadores. Manejé hacia el vecindario donde ella y su esposo habían vivido cuando eran recién casados. Me pidió que nos detuviéramos enfrente de un almacén de muebles donde una vez hubo un salón de baile, al que ella iba a bailar cuando era joven. Algunas veces me pedía que pasara lentamente frente a un edificio en particular, o una esquina y miraba en la oscuridad sin decirme nada.

Con el primer rayo de sol apareciendo en el horizonte, ella repentinamente dijo:

—Estoy cansada, vámonos ya.

Conduje en silencio hacia la dirección que ella me había dado al subir al coche.

Era un edificio bajo, con un camino para autos que pasaba bajo un pórtico. Dos asistentes vinieron hacia el taxi enseguida. Eran muy amables y cuidaban cada uno de sus movimientos. Debían haber estado esperando su llegada.

Abrí la cajuela y le dejé su pequeña maleta en la puerta. La mujer estaba lista para sentarse en una silla de ruedas.

—¿Cuánto le debo? —me preguntó, buscando en su bolsa.

—Nada —le dije.

—Tienes que vivir de algo —me respondió.

—Habrá otros pasajeros.

Casi sin pensarlo, me agaché y la abracé. Ella me sostuvo con fuerza y dijo:

—Gracias ¡Necesitaba un abrazo!

Apreté su mano para despedirme y caminé hacia la luz de la mañana. Atrás de mí una puerta se cerró, fue como el sonido de una vida concluida.

No recogí a ningún otro pasajero en ese turno; manejé sin rumbo por el resto del día. No podía hablar. Pensaba ¿qué habría pasado si a la mujer la hubiera recogido un conductor malhumorado o alguno que estuviera impaciente por terminar su turno? ¿Qué habría pasado si me hubiera rehusado a tomar la llamada, o si después de tocar el claxon me hubiera ido?

Evaluando esta experiencia, no creo que haya hecho algo más importante en toda mi vida.

Solemos pensar que nuestras vidas están llenas de grandes momentos, pero los grandes momentos son los que nos agarran desprevenidos, y que para otros son sólo anécdotas.

La gente tal vez no recuerde exactamente lo que tú hiciste o lo que les dijiste un día, pero siempre recordarán cómo los hiciste sentir.

Domingo de Pascua (C)

QUE EN LA CARRERA DE LA VIDA GANEMOS TODOS Y NO SÓLO UNO

Hch 10,34.37-43; Col 3,1-4; Jn 20,1-9

Al morir Jesús parecía que había fracasado y habían ganado los sumos sacerdotes que lo mataron... Pero no, Jesús ganó y la Pascua es la señal.
Cuando María Magdalena les avisó a Pedro y a Juan que no estaba el cuerpo de Jesús, los dos corrieron al sepulcro. Juan corría más rápido y llegó antes, pero luego espero a Pedro para entrar...
Pedro, Juan, María Magdalena corrieron... y todos ganamos.

DISMINUIR EL PASO Y CAMBIAR EL RUMBO

Hace algunos años, en las olimpiadas para personas con discapacidad de Seattle, también llamadas 'Paraolimpiadas', nueve participantes, todos con deficiencia mental o física, se alinearon para la salida de la carrera de los cien metros lisos.

A la señal, todos partieron, no exactamente disparados, pero con deseos de dar lo mejor de sí, terminar la carrera y ganar el premio. Todos, excepto un muchacho, que tropezó, cayó al suelo y comenzó a llorar fuertemente.

Los otros ocho escucharon el llanto, disminuyeron el paso y miraron hacia atrás. Vieron al muchacho en el suelo, se detuvieron y regresaron... ¡Todos!

Una de las muchachas, con Síndrome de Down, se arrodilló a su lado, le dio un beso y le dijo:

—Listo, ahora vas a ganar.

Lo levantaron y todos, los nueve competidores entrelazaron los brazos y caminaron juntos hasta la línea de llegada.

El estadio entero se puso de pie y no había un solo par de ojos secos. Los aplausos duraron largos minutos y las personas que estaban allí aquél día, repiten esa historia hasta el día de hoy.

¿Por qué?

Porque en el fondo, todos sabemos que en esta vida, más importante que ganar, es ayudar a los demás. No hay verdadera victoria en la vida si no sabemos mirar al que está a nuestro lado, aunque ello signifique disminuir el paso y, si es preciso, cambiar el rumbo.

Estoy convencido de que el verdadero sentido de la vida es que TODOS JUNTOS GANEMOS y no cada uno de forma individual.

Domingo 2 Pascua (C)

CONOCER A TODOS LOS QUE VAN A MISA
Hch 5,12-16; Ap 1,9-11.12-13.17-19; Jn 20,19-31

Las lecturas de hoy nos dicen que los creyentes solían reunirse cada ocho días, igual que nosotros. Tomás no asistía siempre a esas reuniones y le costó creer que Jesús se hacía presente en ellas. Nosotros tampoco sabemos siempre valorar la importancia de reunirnos en comunidad. Pero sólo ella puede ayudarnos cuando el fuego de nuestra fe se está apagando.

LA LECCIÓN DEL FUEGO

Un hombre que regularmente asistía a las reuniones de amigos, sin ningún aviso dejó de participar en las actividades del grupo.

Después de algunas semanas, uno del grupo decidió visitarlo. Era una noche muy fría, y el amigo lo encontró en la casa, solo, sentado frente a la chimenea donde ardía un fuego brillante y acogedor. Adivinando la razón de su visita, después de darle la bienvenida, el anfitrión lo condujo a una silla cerca de la chimenea. Se hizo un grave silencio. Los dos hombres sólo contemplaban la danza de las llamas en torno de los troncos de leña que ardían.

Al cabo de unos minutos el visitante se levantó y cuidadosamente con un palo seleccionó una de las brasas que se habían formado, la más incandescente de todas, y la empujó hacia un lado, fuera del fuego. Sin decir nada, volvió a sentarse y permaneció en silencio.

Al poco rato la llama de la brasa solitaria disminuyó, hasta que sólo fue un pequeño brillo y luego su fuego se apagó. En poco tiempo lo que antes era una fiesta de color y luz, ahora no pasaba de ser un negro, frío y muerto pedazo de carbón.

Ninguna palabra se había dicho entre los dos. Antes de irse, el amigo empujo de nuevo la brasa hacia el fuego. Inmediatamente se volvió a encender, alimentada por el calor y la luz de los carbones ardientes en torno a él.

Cuando el visitante llegó a la puerta para irse, su anfitrión le dijo:

—Gracias por tu visita y por el bello sermón. Regresaré al grupo de amigos que tanto bien me hace.

Domingo 3 Pascua (C)

CASI TODOS SABEMOS QUERER, PERO POCOS SABEMOS AMAR

Hch 5,27-32.40-41; Ap 5,11-14; Jn 21,1-19

Para Pedro fue duro que Jesús le preguntara tres veces si lo amaba. Él sabía que sí lo amaba, pero también que lo había negado tres veces. Jesús no quiere hacerlo sentir mal, lo que busca es ayudarlo a no confiar tanto en sus fuerzas y aprender a amar de verdad, dispuesto a negarse a sí mismo por el bien del otro. 'Ama hasta que duela' —decía la madre Teresa de Calcuta.
Pedro lo aprendió bien y tiempo después, como escuchamos en los Hechos, él y los apóstoles, se alegran de saber sufrir por el nombre de Jesús.

EL COLLAR DE TURQUESAS

Detrás del mostrador de una joyería un hombre miraba distraídamente hacia la calle y vio a una pequeña niña que se aproximaba al local. La niña aplastó su naricita contra el cristal del espectacular aparador y estuvo mirando todo lo que había. De pronto sus ojos brillaron cuando vio determinado objeto. Enseguida entró al local y decididamente señaló un hermoso collar azul que le había llamado la atención y le dijo al vendedor:

—Quiero este collar para mi hermana. ¿Podría envolvérmelo para regalo?

El dueño del local, que estaba cerca, miró a la niña con cierta desconfianza y, antes de que el empleado pudiera decir nada, con toda tranquilidad le preguntó:

—¿Cuánto dinero tienes, pequeña?

Sin alterarse, la niña dijo:

—¡Mucho! Tengo aquí todos mis ahorros.

Y sacó de su bolsillo un pañuelo lleno de nudos, los cuales delicadamente fue deshaciendo uno por uno. Cuando terminó, colocó orgullosamente el pañuelo sobre el mostrador y con inusitado aplomo, dijo:

—Esto alcanza, ¿no?

En el pañuelo había solamente unas cuantas monedas. Mirando al dueño con una tierna mirada que expresaba una mezcla de ilusión y tristeza le dijo:

—Sabe, desde que nuestra madre murió, mi hermana me ha cuidado con mucho cariño y la pobre nunca compra nada para ella… Hoy es su cumpleaños y estoy segura de que ella estará feliz con este collar, porque es justo del color de sus ojos.

El empleado miraba al dueño esperando una reacción negativa, pero éste sólo sonrió a la niña, se fue a la trastienda, y personalmente envolvió el colar en un espectacular papel plateado y le puso un hermoso lazo de cinta azul. Ante el estupor del empleado, el dueño colocó el hermoso paquete en una de las exclusivas bolsas de la joyería y se lo entregó a la pequeña diciéndole:

—Toma. Llévalo con mucho cuidado.

La niña se fue feliz saltando calle abajo.

Todavía no había terminado el día cuando una encantadora joven de cabellos rubios y maravillosos ojos azules entró en el negocio. Colocó sobre el mostrador el paquete desenvuelto y preguntó:

—¿Este collar fue comprado aquí?

El empleado cortésmente le pidió que esperara un momento y fue a llamar al dueño, quien de inmediato regresó, y con la más respetuosa sonrisa le dijo:

—Sí, señorita, este collar es una de las piezas especiales de nuestra colección exclusiva y en efecto, fue comprado aquí esta mañana.

—¿Cuánto costó? —preguntó la joven.

—Lamento no poder brindarle esa información, señorita. Es nuestra política que el precio de cualquier artículo siempre es un asunto confidencial entre la empresa y el cliente.

—Pero mi hermana sólo tenía algunas monedas que ha juntado haciendo muñecas de trapo con ropa vieja, y aun mi sueldo es demasiado modesto y apenas nos alcanza para sobrevivir. Este collar ciertamente no es de fantasía, y sé que ella simplemente no tenía dinero suficiente para pagarlo.

El hombre tomó el estuche del mostrador, rehízo el envoltorio casi ceremoniosamente, y con mucho cariño colocó de nuevo la cinta azul, diciendo mientras se lo devolvía a la joven:

—Su hermana pagó el precio más alto que cualquier persona puede pagar: ella, como bien ha aprendido de usted, dio todo lo que tenía.

El silencio llenó el local y las lágrimas rodaron por el rostro de la joven, que tomando en sus manos el paquete, salió lentamente, abrazándolo fuerte contra su pecho.

Domingo 4 Pascua (C)

¿PUEDE UNA OVEJA SER PASTOR?
Hch 13,14.43-52; Ap 7,9.14-17; Jn 10,27-30

Jesús fue lo que decimos un 'don nadie' si pensamos en estudios, títulos o cargos públicos. Fue una sencilla oveja que se convirtió en pastor de la humanidad. ¿Y cómo lo hizo? Por su manera coherente de vivir su única vida.
Si nosotros sabemos "escuchar su voz, creer en lo que dice y seguirlo", él nos transformará y nos dará una vida que merece la pena de vivir.

UNA VIDA SOLITARIA

Nació en una pequeña aldea, hijo de una mujer de campo.
Creció en otra aldea donde trabajó como carpintero hasta que tuvo 30 años.
Después, y durante tres años, fue predicador ambulante.
Nunca escribió un libro. Nunca tuvo un cargo público.
No se casó, ni tuvo casa propia.
Nunca fue a la universidad.
Nunca viajó a más de trescientos kilómetros de su lugar de nacimiento.
Nunca hizo nada de lo que se asocia con grandeza.
No tenía más credenciales que él mismo.
Tenía sólo treinta y tres años cuando la opinión pública se volvió en su contra.
Sus amigos le abandonaron.
Fue entregado a sus enemigos, que hicieron mofa de él en un juicio.

Fue crucificado entre ladrones.
Sus verdugos se jugaron sus vestiduras, la única posesión que tenía.
Cuando murió fue enterrado en una tumba prestada por un amigo…

Pero algo pasó con esa vida solitaria, pues…

Han pasado veinte siglos, y hoy es figura central de nuestro mundo, factor decisivo del progreso de la humanidad.

Ninguno de los ejércitos que han marchado,
ninguna de las armadas que han navegado,
ninguno de los parlamentos que se han reunido,
ninguno de los reyes que han reinado,
ni todos ellos juntos,
han cambiado tanto la vida del hombre en la tierra como esta 'vida solitaria'.

Domingo 5 Pascua (C)

AMAR NO ES SINÓNIMO DE SER CARIÑOSO O AMABLE

Hch 14,21-27; Ap 21,1-5; Jn 13,31-33a.34-35

Se nos reconocerá que somos discípulos de Jesús porque amamos como él, no porque somos buenos. El que quiere ser bueno se vuelve egoísta y se aleja de la gente pues le complica su buena conducta. "Hay que pasar por muchas tribulaciones para entrar en el Reino de Dios" —decía hoy la lectura de los hechos, y, en efecto, no es fácil aprender a amar como Jesús. Tenemos que saber olvidarnos de nosotros mismos, de nuestra imagen y concentrarnos en las necesidades ajenas.

UNA HISTORIA DEL ABBÉ PIERRE

París. Primera mitad del siglo XX. Un joven llama jadeante a la puerta de una iglesia. Sobre ella, un cartelón toscamente escrito: "Cualquiera que tenga necesidad, llame a esta puerta. Aquí vive un pobre hombre dispuesto a echar una mano a quien pueda necesitarlo".

—Padre, venga conmigo —dice el joven al sacerdote que le abre—. Junto a mi casa un hombre ha intentado suicidarse. No está muerto todavía.

Lo que vio al cabo de unos minutos el Abbé Pierre delante de sí, era un ex—presidiario. Asesino de su padre, acababa de cumplir su condena de veinte años en la cárcel. Una vez en libertad, había tenido la ocurrencia de formularse a sí mismo una pregunta original: ¿A quién le importa que yo siga viviendo?

Y no encontró respuesta. Sin amigos, sin familia, acorralado por la desesperación, había escogido el callejón negro del suicidio.

El Abbé Pierre no le dijo lo de siempre 'Te voy a echar una mano. No te desesperes, siempre hay una puerta abierta para los que sufren'. Todo lo contrario. Primero le aplicó los auxilios urgentes para que no se desangrara. Luego le tomó por las solapas de la chaqueta y le dijo:

—¡Desgraciado! No puedo darte absolutamente nada. Trabajo de noche por las madres abandonadas, por la gente sin techo, por los niños enfermos. Yo también estoy enfermo y no puedo más. ¿Me quieres ayudar?... Antes de matarte, ¿quieres echar una mano a toda esa gente que sí quiere vivir?

Aquel hombre no murió. Y no sólo siguió vivo, sino lo que es más importante: ¡sabía para qué tenía que vivir!

No se puede morir, cuando está todo por hacer, cuando sigue existiendo la única razón para vivir: LOS OTROS.

Domingo 6 Pascua (C)

NO OS IMPONGÁIS MÁS CARGAS DE LAS NECESARIAS

Hch 15,1-2.22-29; Ap 21,10-14.22-23; Jn 14,23-29

En la primera lectura tenemos un buen ejemplo de una Iglesia viva, cambiante, que no se cierra a los problemas, sino que se abre al Espíritu. Dialogan entre todos, toman juntos las decisiones; no defienden la estructura de la Iglesia sino aman a las personas, no imponen más cargas que las necesarias; no condenan, sólo aconsejan.
Hoy en día tenemos que hacer lo mismo, revisar nuestra religión para ver si los medios que usamos nos llevan a lo fundamental, a amar, y no nos estamos quedando en repetir acciones inútiles o viviendo morales estériles y egoístas.

Chiste: DOBLAR LA CARNE

La hija le preguntó a su mamá en la cocina:
—Oye mamá, ¿por qué en la receta secreta de la familia, siempre doblas la carne antes de meterla al horno?
—No lo sé hija, pero es muy importante, yo siempre vi a tu abuela doblarla antes de meterla al horno. Pero si quieres, pregúntaselo a ella.
La nieta fue con la abuela y le preguntó:
—Oye abuelita, ¿por qué en la receta secreta de la familia, siempre se dobla la carne antes de meterla al horno?
—Ay hijita, no lo sé, pero sé que es muy importante, yo siempre vi a mi mamá doblarla antes de meterla al horno. Pero ya que está aún viva ¿por qué no se lo preguntas a ella?

La niña fue con su bisabuela y le preguntó:

—Oye abuelita, ¿por qué en la receta secreta de la familia, siempre se dobla la carne antes de meterla al horno?

—Pues mira hijita, yo la empecé a doblar porque mi horno era muy chiquito. La verdad es que no sé para que la doblan ahora.

¿No será nuestra moral y religión hoy en día un poco como doblar la carne, siguiendo algunos ritos y costumbres sin saber por qué?

Ascensión (C)

¿QUÉ HACÉIS AHÍ PARADOS MIRANDO AL CIELO?
Hch 1,1-11; Ef 1,17-23; Lc 24,46-53

¿Nuestra manera de vivir la religión es de estar "ahí parados mirando al cielo"... o de construir el Reino de Dios en la tierra?
"Serán mis testigos..." nos encargó Jesús antes de irse. Ya llevamos celebrando la Pascua cuarenta días (que en lenguaje bíblico significa 'el tiempo suficiente'). ¿Se nos nota?

DOS PARÁBOLAS SOBRE EL COMPROMISO...

EL SÁNDWICH DE JAMÓN Y QUESO

Para saber cómo es nuestro compromiso en el mundo podemos pensar en el ejemplo del sándwich de jamón y queso.

Para hacerlo se necesita la ayuda de dos animales: una vaca y un cerdo. Pero mientras la vaca sólo colabora, es decir, da de lo que le sobra; el cerdo se compromete...

¿A cuál me parezco yo?

TRES MANERAS DE PASEAR POR EL CAMPO... Y POR LA VIDA

Hay tres maneras de pasear por el campo en una excursión, que sirven para ejemplificar bien las tres maneras en que los hombres pueden pasar por este mundo.

La primera es ir al campo y pasármelo bien sin pensar en nadie más sino en mí mismo y en divertirme:

todo lo que hay lo utilizo para mi beneficio sin importarme las consecuencias, ni en quién vendrá después: corto ramas o árboles, dejo basura, maltrato a los animales para divertirme, etc.

La segunda es ir al campo y pasarlo bien respetando lo que ahí encuentro, pensando en ser educado con los que vendrán después y llevándome mi basura.

La tercera es ir al campo y pasarlo bien pero tratando de dejar las cosas mejor de cómo las encontramos, recogiendo incluso la basura que dejaron los que vinieron antes que yo.

Así mismo, hay personas que pasan por este mundo y lo utilizan egoístamente a su servicio, sin importarles los demás. Otros pasan por esta vida respetuosamente y dejan las cosas igual que las encontraron. Pero por suerte hay algunos seres humanos especiales que pasan por este mundo y, sin dejar de disfrutar de él, intentan dejarlo mejor de como lo encontraron, arreglando incluso lo que otras generaciones no supieron hacer bien.

Pentecostés (C)

UN IDIOMA QUE TODOS ENTENDEMOS: EL AMOR
Hch 2,1-11; 1 Cor 12,3-7.12-13; Jn 20,19-23

¿Qué fue la venida del Espíritu Santo para los apóstoles? Fue sobre todo entender que el único lenguaje que a todos los hombres nos comunica y une es el amor; comprender que todos los que pasamos por este mundo, sea cual sea el país que nos toque vivir, sea cual sea el lenguaje que hablamos, tenemos las mismas ganas de ser felices, los mismos miedos, dudas e ilusiones, y lo único que de verdad nos da seguridad es el amor que damos y recibimos.

UN ADELANTO DEL CIELO

Ocurrió durante un mes de voluntariado en las vacaciones de verano. Cuando llegamos a Nairobi (Kenya) nos preguntábamos cómo nosotros, inexpertos universitarios, podríamos ayudar en aquella África sucia, polvorienta y calurosa.

Quizá arreglando tejados..., pero no teníamos experiencia en construcción. Quizá pintando un colegio... pero no sabíamos de pintura.

Lo que sí teníamos claro era nuestra intención de darnos totalmente a los demás. No podíamos, entonces, imaginar que recibiríamos mucho más de lo que logramos dar.

Tuvimos la suerte de entrar en contacto con el Tercer Mundo, a través de un alojamiento para niños moribundos de las Hermanas de la Caridad en Nairobi.

Recuerdo que todos entramos en aquella casucha, un tugurio sin muebles, con poca luz y en el que contrastaban las hamacas llenas de niños enfermos y lloriqueando, con los limpísimos trajes talares blancos y azules de las Hermanas de la Caridad, que rebosaban paz.

Yo me quedé bloqueado, en mitad de la habitación, pues nunca había visto nada así, mientras mis compañeros universitarios se esparcieron por las estancias, siguiendo a distintas monjas, que requerían su asistencia.

Una hermana me preguntó en inglés:

—¿Has venido sólo a mirar o quieres ayudar?

Sorprendido por pregunta tan directa y en estado de sopor, balbuceé:

—A, a ayudar...

—Bien —me dijo—. ¿Ves a ese niño de allí, el del fondo que llora?

(Lloraba desconsoladamente, pero sin fuerza).

—¿Ése? —pregunté señalándolo.

—Sí, tómalo con cuidado y tráelo.

Al cogerlo, lo noté con una fiebre altísima. El niño tendría un par de años.

—Lo bautizamos ayer —me dijo la hermana cuando volví—. Ahora dale todo el amor que puedas...

—No entiendo... —me excusé.

—Que le des todo el cariño de que seas capaz, a tu manera...

Y me dejó solo con el niño.

Durante un rato, le canté, lo besé, lo arrullé... Dejó de llorar, me sonrió y se durmió. Yo me quedé a su lado velando su sueño.

Al cabo de un rato busqué llorando a la hermana:

—Hermana, el niño no respira...

La monja certificó su muerte:

—Ha muerto en tus brazos... Y tú le has adelantado con tu cariño quince minutos del amor que Dios le va a dar por toda la eternidad.

Entonces entendí tantas cosas: el cielo, el amor de mis padres, el amor de Jesús, los detalles de afecto de mis amigos…

Mi viaje a Kenya supuso un antes y un después en mi vida. Ahora sé que todos tenemos "kenyas" a nuestro alrededor para dar amor cada día.

Voy a pasar por la vida una sola vez, cualquier cosa buena que yo pueda hacer o alguna amabilidad que pueda tener con algún humano, debo hacerlo ahora, porque no pasaré de nuevo por ahí. (Madre Teresa de Calcuta).

SANTÍSIMA TRINIDAD (C)

SÓLO SEREMOS DE VERDAD NOSOTROS SI SABEMOS AMAR

Prov 8,22-31; Rom 5,1-5; Jn 16,12-15

San Pablo dice hoy en la segunda lectura:
"Nos gloriamos hasta de los sufrimientos, pues sabemos que el sufrimiento engendra paciencia, la paciencia engendra virtud sólida, la virtud sólida engendra esperanza, y la esperanza no defrauda porque Dios ha infundido su amor en nuestros corazones".
Ser cristiano es dejarse guiar por la Trinidad de Dios y saber enfrentar las contrariedades de la vida de una forma diferente, desde el amor, que es "la verdad plena".

LAS TRES PIPAS

En una tribu indígena, había un anciano muy escuchado por su gente. Un día vino un grupo de jóvenes a pedirle consejo.

—¿Cómo nos hemos de comportar cuando alguien nos insulta o nos enfadamos con él?

El viejo les dijo:

—Cuando estés fuertemente enfadado con alguien que te ha ofendido y decidas matarlo para salvar tu honor, siéntate antes de salir, carga tu pipa y fúmatela.

Una vez que acabes la primera pipa notarás que la muerte, es un castigo demasiado serio para un enfado tan pequeño... entonces pensarás que es mejor darle una paliza.

Pero antes de ir a buscar un palo para darle la paliza, siéntate y fúmate una segunda pipa.

Cuando acabes la segunda pipa pensarás que una paliza es demasiado fuerte para lo que el otro te ha hecho. Entonces pensarás en insultarle gravemente.

Pero cuando te dispongas a salir a insultar a tu enemigo, siéntate nuevamente, carga una tercera pipa y fúmatela.

Porque cuando acabes esa tercera pipa, quizás sólo desees hacer las paces con quien te ha ofendido y causado algún mal.

Domingo 2 Ordinario (C)

**¿AGUA BENDITA O VINO DE ALEGRÍA?
¿CUMPLIR O AMAR?**

Is 62,1-5; 1 Cor 12,4-11; Jn 2,1-12

En el relato de la boda de Caná, la Antigua Alianza es simbolizada por una boda a la que le falta vino y por las tinajas de agua para los ritos de las purificaciones de la Ley; la Nueva Alianza es simbolizada por el cambio repentino en donde el agua se convierte en el vino del Espíritu: la alegría de un amor de Dios que libera al hombre. El mayordomo era el encargado y responsable de la organización del banquete, y aun así, no sabía que se había acabado el vino. Representa a los jefes de los judíos que no se daban cuenta que Dios se había alejado del hombre por culpa de la Ley y los ritos vacíos de purificación. Pero también representa a aquellos esposos que creen que la rutina es suficiente para mantener vivo el amor en su matrimonio.

CASARSE DE NUEVO

Mis amigos separados no se cansan de preguntar como logré estar casado treinta años con la misma mujer. Las mujeres, siempre más maliciosas que los hombres, no le preguntan a mi esposa como ella puede estar casada con el mismo hombre, sino cómo ella puede seguir casada conmigo.

Los jóvenes, en cambio, son los que hacen las preguntas correctas, o sea, quieren conocer el secreto para mantener un matrimonio durante tanto tiempo. Nadie enseña eso en las escuelas…

Yo no soy un especialista en el ramo, pero mi respuesta es más o menos la siguiente: Hoy en día el divorcio es inevitable, no se puede escapar. Nadie aguanta convivir con la misma persona por una eternidad. Yo, en realidad ya estoy en mi tercer matrimonio, la única diferencia es que me casé tres veces con la misma mujer. Mi esposa, si no me engañó, está en su quinto matrimonio, porque ella pensó en marcharse más veces que yo.

El secreto del matrimonio no es la armonía eterna. Después de los inevitables encontronazos, la solución es ponderar, calmarse y comenzar de nuevo, pero con la misma pareja. El secreto en el fondo, es renovar el matrimonio y no buscar uno nuevo. Eso exige algunos cuidados y detalles que suelen ser olvidados en el día a día de la pareja.

De tiempo en tiempo, es necesario renovar la relación. De tiempo en tiempo es necesario volver a enamorar, volver a cortejar, seducir y ser seducido. ¿Hace cuánto tiempo ustedes no salen a bailar? ¿Hace cuánto tiempo no intentas conquistarla o conquistarlo como si tú fueras un pretendiente en potencia compitiendo contra otros que también lo quieren conquistar o la quieren conquistar?

¿Hace cuánto tiempo no hacen una luna de miel, sin los hijos eternamente peleando para tener su irrestricta atención? Y no hablemos de los innúmeros kilos que aumentaste después del matrimonio. Marido y mujer cuando se separan pierden diez kilos en un solo mes ¿por qué ustedes no pueden hacer lo mismo?

Imagínate que estás con una nueva conquista. Si fuera una relación nueva, seguramente pasarías a frecuentar lugares nuevos y desconocidos, cambiarías de casa o departamento, cambiarías tu manera de vestir, los discos, el corte de pelo, el maquillaje… Pues bien, todo eso puede hacerse sin que te separes de tu cónyuge.

Vamos a ser honestos: nadie aguanta la misma mujer o el mismo hombre durante treinta años con la misma ropa, el mismo labial, con los mismos amigos, con los mismos chistes…

Muchas veces no es tu esposa la que se está poniendo

fastidiosa y vieja, eres tú, son tus propios muebles de casa, la decoración. Si te divorciaras, seguramente cambiarías todo, que es justamente uno de los placeres de la separación. Quien se separa se encanta con una nueva vida, una nueva casa, un nuevo círculo de amigos. Pero no es necesario un divorcio litigioso para tener todo eso. Basta cambiar de lugares e intereses y no acomodarse. Eso obviamente cuesta caro y muchas uniones se quiebran porque la pareja se rehúsa a pagar esos pequeños costos necesarios para renovar un matrimonio. Pero piensa que, si te separas, gastarás más, pues tu nueva esposa va a querer nuevos hijos, nuevos muebles, nuevas ropas y además tendrás que pagar la pensión de los hijos del matrimonio anterior.

No existe esa tal 'estabilidad del matrimonio' ni ésta debería ser anhelada. El mundo cambia, y tú también, y tu marido o tu esposa, y tu urbanización y tus amigos. La mejor estrategia para salvar un matrimonio no es mantener una "relación estable", sino saber cambiar juntos.

Todo cónyuge necesita evolucionar, estudiar, interesarse por cosas que jamás habría pensado hacer al principio del matrimonio Tú tal vez haces eso constantemente en el trabajo, ¿por qué no hacerlo en la propia familia? Es lo que tus hijos hacen desde que vinieron al mundo…

Por lo tanto, descubre la nueva mujer o el nuevo hombre que vive a tu lado, en vez de salir por ahí intentando encontrar una nueva pareja.

Tengo la seguridad de que sus hijos les respetarán por la decisión de mantenerse juntos y aprenderán la importante lección de cómo crecer y evolucionar unidos, a pesar de los inconvenientes. Peleas y discusiones siempre ocurrirán: por eso, de vez en cuando, es necesario casarse de nuevo, pero te sugiero que intentes hacerlo siempre con la misma pareja.

¡Mucho éxito!

Domingo 3 Ordinario (C)

LA ALEGRÍA EN EL SEÑOR ES SU FORTALEZA
Neh 8,2-4a.5-6.8-10; 1 Cor 12,12-30; Lc 1,1-4; 4,14-21

La religión, los libros sagrados, los ritos no pueden ser nunca cadenas, sino alas que nos abran a amar a Dios y al prójimo. No pueden ser motivo de separación sino de unidad en la diversidad.
¿Qué sacas cuando lees la Biblia o el Corán?
¿Miedo, deber, misterio… o bien, amor, servicio y liberación?

LA MEJOR RELIGIÓN

En el intervalo de una mesa redonda sobre religión y paz entre los pueblos, en la cual participábamos el Dalai Lama y yo (Leonardo Boff), maliciosamente, mas también con interés teológico, le pregunte en mi inglés defectuoso:

—Santidad, ¿cuál es la mejor religión?

Esperaba que él dijera 'el budismo tibetano, o las religiones orientales, mucho más antiguas que el cristianismo…'

Pero el Dalai Lama hizo una pequeña pausa, sonrió, me miró fijamente a los ojos —lo que me desconcertó un poco porque yo sabía la malicia contenida en la pregunta —y afirmó:

—La mejor religión es la que te aproxima más a Dios. Es aquella que te hace mejor.

Para salir de la perplejidad delante de tan sabia respuesta, pregunté:

—¿Qué es lo que me hace mejor?

El respondió:

—Aquello que te hace más compasivo, más sensible,

más desapegado, más amoroso, más humanitario, más responsable, más ético... La religión que consiga hacer eso de ti es la mejor religión.

Callé, maravillado, y hasta hoy sigo rumiando su respuesta sabia e irrefutable.

Domingo 4 Ordinario (C)

SI ME FALTA EL AMOR, NADA SOY
Jer 1,4-5.17-19; 1 Cor 12,31-13,13; Lc 4,21-30

Jesús, Jeremías y todos los profetas que traían un mensaje de liberación fueron perseguidos y acusados falsamente, y por personas que se decían religiosas. Sin duda el mejor camino que puede seguir un hombre en su vida es el del amor, pero el que se anima a seguirlo hasta sus últimas consecuencias, encontrará muchas dificultades, y constantemente deberá recordar que, como escribió San Pablo, "el amor es paciente, no lleva cuenta del mal y todo lo soporta".

DE TODOS MODOS

Las personas son irrazonables, inconsecuentes y egoístas; ámalas de todos modos.

Si eres bondadoso, te acusarán de tener oscuros motivos egoístas; sé bondadoso de todos modos.

Si triunfas, te ganarás amigos falsos y enemigos verdaderos; lucha por el éxito de todos modos.

La honestidad y sinceridad te hacen vulnerable; sé honesto y sincero de todos modos.

Las almas nobles con proyectos gigantes pueden ser atacadas por personas pequeñas de mentes estrechas; piensa en grande de todos modos.

La gente que lucha a favor de los oprimidos, es perseguida por los poderosos; ayuda a los necesitados de todos modos.

Lo que te cuesta años construir, puede ser destruido en una noche; construye de todos modos.

Quien necesita ayuda, puede malinterpretarte y atacarte si le intentas ayudar; ayuda a la gente de todos modos.

El bien que hagas hoy muchos lo habrán olvidado mañana; haz el bien de todos modos.

Da al mundo lo mejor que tienes y quizá nunca sea suficiente; da al mundo lo mejor que tengas de todos modos.

Domingo 5 Ordinario (C)

ORAR ES UN ESPACIO PARA SABERME AMADO
Is 6,1-2.3-8; 1 Cor 15,1-11; Lc 5,1-11

Pedro estaba muy seguro de saber pescar: los peces se esconden durante el día, y si en la noche no se pudo pescar, en el día menos. Jesús lo invita a mirar más allá, a creer en lo insólito, a fiarse de Él. Pedro, confía en su palabra... y redescubre su pequeñez, se vuelve a ver a sí mismo insignificante ante la grandeza de Dios. Lo mismo le pasó a Isaías en la visión del Templo y a Pablo después de su presuntuosa persecución de la Iglesia. También nosotros debemos recordarnos lo pequeños que somos ante Dios, y al mismo tiempo, 'miramos desde su lupa', para saber que somos únicos y especiales para él.

PINTA MI PALACIO

Había una vez un rey de la India que edificó un palacio. Era el palacio más maravilloso que jamás se hubiera construido sobre la tierra y, cuando estuvo concluido, el rey, orgulloso de su obra, concibió el deseo de que el mejor pintor del reino hiciera un cuadro donde se viera todo el palacio en su esplendor.

El gran maestro pintor se había retirado ya y vivía en la selva, pero aceptó volver a coger los pinceles en servicio de la corona y del pueblo. Cuando estuvo ante el rey, éste le insistió que el palacio había de aparecer en el cuadro con todo detalle y exactitud, tal como era en la realidad. El maestro dijo que así lo haría pero puso como única condición que nadie mirara el cuadro hasta que estuviese terminado. La condición fue aceptada, y el maestro se puso a trabajar en solitario.

Al cabo de varios meses llamó al rey y descubrió el cuadro en su presencia. El rey lo miró sin salir de su asombro. En un gran lienzo vio pintado un bosque, un río, una alta montaña y un cielo azul. Un cuadro soberbio.

—Pero —exclamó el rey cuando logró salir de su sorpresa y recobró el habla, —¿dónde está mi palacio?

El maestro sonrió y señaló dulcemente:

—Si su majestad se fija bien, allí, al pie de la montaña, al borde de la selva, en el remanso del río, hay un puntito diminuto. Ese es su palacio.

Y antes de que el asombro del rey se cambiase en protesta y su ceño en furia, añadió:

—Su majestad me ordenó que pintara el palacio tal como es en realidad. Pues bien, en la realidad de la creación de Dios todopoderoso, su palacio es tan sólo un puntito insignificante. Ahora, si su majestad se digna mirar a ese puntito a través de una lupa, podrá comprobar que no falta en él un solo detalle de su palacio.

Tal era el arte de los grandes maestros de la pintura india. Y tal era la sabiduría de ver la vida del hombre en relación con la realidad eterna e infinita del plan de Dios y su creación total. El rey esperaba que la imagen de su palacio llenase el lienzo entero. El hombre hace que la imagen que tiene de sí mismo llene toda su conciencia. Y eso le trae problemas.

El palacio puede quemarse, puede ser destruido por un terremoto o conquistado por un ejército. Y a fin de cuentas, hay que abandonarlo al morir. Eso condena al rey al miedo en su vida y al dolor en su muerte, pues pone su orgullo en sus propias obras. En cambio, la visión amplia del pintor sabio trae equilibrio, proporción y paz.

El paisaje de la fe es el que da profundidad, relieve y firmeza a la vida humana. Para enseñarle esa lección al orgulloso rey el maestro pintor accedió a salir de su retiro en la selva.

Todos necesitamos una lección de perspectiva para pintar nuestro autorretrato "tal como es en realidad".

Domingo 6 Ordinario (C)

DONDE ESTÁ TU TESORO AHÍ ESTÁ TU CORAZÓN
Jer 17,5-8; 1 Cor 15,12, 16-20; Lc 6,17.20-26

¿Cuál es nuestra idea de felicidad? Saberlo nos habla del camino que seguimos en la vida.
Jesús plantea una idea de felicidad diferente, extraña para el mundo de todas las épocas.
Aunque algunos sí la han entendido: "La felicidad no depende de las riquezas, ni de tener éxito en la carrera, ni de darse gusto a uno mismo en todo... La verdadera felicidad consiste en hacer felices a los demás" (Baden Powell).

¿ESTAR CONTENTO O SER FELIZ?

Estar contento y ser feliz no es lo mismo. Estar contento tiene que ver con nuestro estado de ánimo y su contrario sería estar triste o enfadado. Ser feliz, en cambio, tiene que ver con la paz interior de la persona, con el ser plenamente lo que debemos ser; y su contrario es estar amargado o insatisfecho, no tener sentido en la vida.

El estar contento es momentáneo y depende de factores externos que satisfacen algún tipo de necesidad: comida, cariño, tiempo libre, etc. El ser feliz no depende del momento ni de factores externos y por eso se puede estar triste y ser feliz, o enfadado y ser feliz.

Para entenderlo, nos pueden ayudar unos ejemplos. Si un niño sabe que tiene que hacer la tarea y se va a jugar, está contento pero no puede ser feliz (lleva encima una conciencia que le recuerda durante el juego o al terminarlo que no está haciendo lo que debe); si un adulto sabe que debe hacer dieta de algo que no le hace bien y la rompe, estará contento de momento pues le gusta lo que come, pero está poniendo una barrera a su felicidad: no está haciendo lo que debe (o mejor, no está siendo lo que debe ser); si una mamá no quiere castigar a su hijo por evitarse problemas, estará de momento más contenta, pero a la larga no será feliz y tendrá más problemas. Porque no está amando a su hijo ni ayudándolo a ser lo que debe.

Claro que se puede ir acallando la conciencia y vivir contentos sin pensar en responsabilidades, pero podemos estar seguros que eso no nos hará felices, nos evadirá de nuestra realidad. La felicidad produce paz interior, alegría verdadera, el estar contento no necesariamente. La felicidad tiene que ver con la ética y debe preferirse al simple estar contentos.

Muchas veces renunciamos a la felicidad por un rato de satisfacción. Si nuestro objetivo en la vida de cada día es sólo estar contentos, seguramente estaremos más vacíos conforme va pasando nuestra vida, y cada vez nos será más difícil conseguir un rato de satisfacción plena. (El que se acostumbra a comer manjares suculentos tendrá dificultad para poder disfrutar un plato sencillo y por tanto sus ratos de contento con la comida se reducirán mucho).

Muchos ancianos a los que se les pregunta si fueron felices en su vida, responden que en muy contadas ocasiones, ¡nunca entendieron lo que es la verdadera felicidad y redujeron ésta a pasar momentos agradables! Y lo mismo les pasa a muchos adolescentes, jóvenes y adultos que reducen su vida (y su felicidad) a buscar egoístamente sólo placeres momentáneos (alcohol, sexo, fiestas, vacaciones, etc. que en sí son cosas buenas pero si no se usan como se debe, van vaciando a la persona pues no le permiten cumplir el fin para el que fue creada).

Cuando Jesús encuentra a la samaritana y le pide de beber, la conversación versa sobre el agua. Jesús habla del agua viva y se refiere a la verdadera felicidad; la mujer habla del agua que da placer, que quita la sed de momento. Jesús le dice que el hombre tiene sed de felicidad, de Dios y no sed de estar contento. Tiene sed de amor y el egoísmo sólo agranda esa sed.

Pero ¡nos cuesta tanto ser felices por lo engañoso que es el placer!

Estamos en esta tierra para ser felices, no para vivir contentos. Por eso el Evangelio nos recuerda: "El que quiera guardar su vida la perderá, pero el que entregue su vida por amor, la encontrará". No se trata de sufrir por sufrir sino de sacrificar un rato de contento cuando nos puede impedir que seamos felices. Jesús fue el hombre más feliz que ha existido y no siempre estuvo contento: lloró, pasó hambre, no tenía donde reclinar la cabeza, fue abandonado y traicionado por sus amigos, incomprendido, etc. Pero fue feliz ¿lo creemos?

Domingo 7 Ordinario (C)

CON LA MEDIDA QUE MIDAMOS A LOS DEMÁS SEREMOS MEDIDOS NOSOTROS

1 Sam 26,2.7-9.12-13.22-23; 1 Cor 15,45-49; Lc 6,27-38

Según el evangelio, el ser feliz no depende de lo que hacen los demás o de las circunstancias que vivimos, depende de saber usar nuestra libertad para decidir cómo queremos ser y amar a los demás, sin importarnos si son amables o ingratos.

¿CÓMO SON LOS HABITANTES DE ESTA CIUDAD?

Había una vez un anciano que pasaba los días sentado junto a un pozo a la entrada de un pueblo.

Un día pasó un joven que se acercó y le preguntó lo siguiente:

—Nunca he venido por estos lugares, ¿cómo son los habitantes de esta ciudad?

El anciano le respondió con otra pregunta:

—¿Cómo eran los habitantes de la ciudad de donde vienes?

—Egoístas y malvados, por eso estoy contento de haber salido de allá.

—Lo siento pero así también son los habitantes de esta ciudad —le respondió el anciano.

Un poco después, pasó otro joven, se acercó al anciano y le hizo la misma pregunta:

—Acabo de llegar a este lugar, ¿cómo son los habitantes de esta ciudad?

El anciano le respondió de nuevo con la misma pregunta:

—¿Cómo eran los habitantes de la ciudad de donde vienes?

—Eran buenos y generosos, hospitalarios, honestos y trabajadores. Tenía tantos amigos que me ha costado mucho separarme de ellos.

—También los habitantes de esta ciudad son así —respondió el anciano.

Un hombre que había llevado sus animales a beber agua al pozo y que había escuchado las conversaciones, en cuanto el segundo joven se alejó preguntó al anciano:

—¿Cómo puedes dar dos respuestas completamente diferentes a la misma pregunta?

—Mira —respondió el anciano—, cada persona lleva el universo en su corazón. Quien no ha encontrado nada bueno en su pasado, tampoco lo encontrará aquí. En cambio, aquel que tenía amigos en su ciudad, también aquí encontrará amigos fieles y leales. Porque las personas son lo que encuentran en sí misma, encuentran siempre lo que esperan encontrar.

Domingo 8 Ordinario (C)

UN CIEGO SOBERBIO NO SÓLO NO VE, NIEGA LA EXISTENCIA DE LOS COLORES

Sir 27,5-8; 1 Cor 15,54-58; Lc 6,39-45

Cuando alguien contradice tu opinión, no te ataca a ti, simplemente piensa diferente y lo comparte. La humildad es la riqueza que nos permite abrir nuestro punto de vista y superar la ceguera, para ser capaces de ver las vigas propias antes que las pajas ajenas y sólo hablar desde el amor.

LECCIÓN DE VIDA

Había un hombre que tenía cuatro hijos y quería que ellos aprendieran a no juzgar las cosas y a las personas tan rápidamente. Entonces se le ocurrió una idea, los envió a cada uno por turnos a ver un árbol de peras que estaba a una gran distancia de la casa pidiéndoles que se fijaran en todos los detalles para contárselos a él un día.

Envió al primer hijo en el invierno, al segundo en primavera, al tercero en el verano y al más chico en otoño. Cuando ya todos habían ido y regresado, los llamó y juntos les pidió que cada uno describiera el árbol que había visto.

El primer hijo, el que había ido en invierno, mencionó que el árbol era horrible, doblado y retorcido a punto de morir.

El segundo hijo dijo que no estaba de acuerdo, que el árbol estaba cubierto con brotes verdes y lleno de promesas.

El tercer hijo no estuvo de acuerdo, él dijo que el árbol estaba cargado de flores, que tenía aroma muy dulce y parecía muy hermoso, era la cosa más llena de gracia que jamás había visto.

El pequeño de los hijos no estuvo de acuerdo con ninguno de sus hermanos, él dijo que el árbol estaba maduro, lleno de frutos, de vida y satisfacción.

Entonces el padre explicó a sus hijos que todos tenían la razón, que sí, que todos habían visto el mismo árbol pero que cada uno sólo había visto una de las estaciones de la vida del árbol. Y concluyó diciéndoles que no debemos juzgar a un árbol, o a una persona, con sólo ver una de sus temporadas. Que la esencia de lo que es un árbol o una persona sólo se puede medir al final, cuando todas las estaciones han pasado.

Igual en nuestra propia vida, en nuestro matrimonio, en la educación de los hijos, no debemos desanimarnos fácilmente por que las cosas no están saliendo como esperábamos.

Si te das por vencido en el invierno, habrás perdido la promesa de la primavera, la belleza del verano y la satisfacción del otoño.

No dejes que el dolor de alguna estación destruya la dicha del resto. No juzgues la vida por una sola estación difícil. Persevera a través de las dificultades y malas rachas... Mejores tiempos seguramente vienen por delante.

Domingo 9 Ordinario (C)

A VECES ES MÁS GRANDE LA FE DE LOS ATEOS
1 Re 8,41-43; Gál 1,1-2.6-10; Lc 7,1-10

Fe es sobre todo confiar, pero para muchas personas religiosas tener fe es más bien la oportunidad de exigirle a Dios cómo debería llevar el mundo cuando éste no funciona como ellos quisieran y amenazarlo con dejar la religión si no lo hace.

MI PAPÁ ES EL PILOTO

Un hombre que estaba en la sala de espera de un aeropuerto aguardando su vuelo, observó que entre los pasajeros había un niño solo.

Cuando el embarque comenzó, el niño fue colocado al frente de la fila, para entrar y encontrar su lugar antes que los adultos.

Al subir al avión, el hombre vio que le había tocado en el asiento junto al niño, que cortés lo saludo y conversó un poco contestando a sus preguntas, y después, comenzó a pasar el tiempo pintando en un libro.

A pesar de estar solo, no demostró ansiedad o preocupación con el vuelo mientras se hacían las preparaciones para el despegue.

Durante el vuelo, entraron en una tempestad muy fuerte, lo que lo hizo al avión balancearse como una pluma al viento. La turbulencia y las sacudidas asustaron a todos los pasajeros. Sin embargo, el niño parecía encarar todo con la mayor naturalidad.

Una de las pasajeras, sentada del otro lado del corredor, angustiada con todo aquello, preguntó al niño:

—¿No tienes miedo?

—No señora, no tengo miedo —respondió el niño—. Mi papá es el piloto.

Existen situaciones en nuestra vida que recuerdan un avión pasando por una fuerte tempestad, en las que por más que lo intentamos, no conseguimos sentirnos en tierra firme. Tenemos la sensación de que estamos colgados del aire sin nada para sostenernos, para asegurarnos, algo que nos dé tranquilidad.

En esas horas debemos recordar, con serenidad y confianza, que Dios, nuestro Padre, es el piloto del mundo.

Domingo 10 Ordinario (C)

QUIÉN NO ESTÁ PREPARADO PARA MORIR, TAMPOCO LO ESTÁ PARA VIVIR

1 Re 17,17-24; Gál 1,11-19; Lc 7,11-17)

Hoy escuchamos dos lecturas sobre hijos que mueren. Dios nos invitó a vivir, pero no nos dijo cuántos años vamos a vivir. Nosotros en cambio calculamos que a nosotros y a nuestros seres queridos nos queda mucha vida, pero… no es seguro. Por eso debemos estar siempre preparados para morir.

EN VIDA HERMANO, EN VIDA

Si quieres felicitar a alguien que quieres mucho, díselo hoy...
En vida, hermano, en vida…
Si deseas darle una flor, no esperes a que se muera, mándasela hoy con amor...
En vida, hermano, en vida...
Si deseas decir "Te quiero" a la gente de tu casa, y al amigo de cerca o lejos...
En vida, hermano, en vida...
No esperes a que se muera la gente para quererla y hacerle sentir tu afecto...
En vida, hermano, en vida...
Tú serás más feliz si aprendes a hacer felices a todos los que conoces...
En vida, hermano, en vida...
Nunca visites panteones, ni llenes tumbas de flores; llena de amor corazones…
En vida, hermano, en vida.

Domingo 11 Ordinario (C)

DIOS INSISTE: "NO QUIERO QUE SEAS BUENO, QUIERO QUE HAGAS EL BIEN"
2 Sam 12,7-10.13; Gál 2,16.19-21; Lc 7,36-8,3

San Pablo deja hoy muy claro que la salvación es puro don gratuito del amor de Dios y no depende de que cumplamos los preceptos de la religión. Y Jesús dice que el que se sabe malo y perdonado desborda de amor agradecido, ama mucho; en cambio el que se siente bueno desprecia a otros, se encierra en su propia conducta y sólo se ama a sí mismo.
Escojamos amar y perdonar en vez de juzgar y condenar y así nos pareceremos un poco a Dios.

EL MONJE Y LA MUJER

De camino hacia su monasterio, dos monjes budistas se encontraron con una bellísima mujer a la orilla de un río. Al igual que ellos, quería ella cruzar el río, pero éste bajaba demasiado crecido. De modo que uno de los monjes se la echó a la espalda y la pasó a la otra orilla.

El otro monje estaba absolutamente escandalizado y por espacio de dos horas estuvo censurando su negligencia en la observancia de la Santa Regla: ¿Había olvidado que era un monje? ¿Cómo se había atrevido a tocar a una mujer y a transportarla al otro lado del río? ¿Qué diría la gente? ¿No había desacreditado la Santa Religión? Etc.

El acusado escuchó pacientemente el interminable sermón. Y al final estalló: "Hermano, yo he dejado a aquella mujer en el río. ¡Eres tú quien la lleva ahora!".

Cuando las personas religiosas no dejan de darle vueltas a los pecados de los demás, uno sospecha que esa insistencia les proporciona más placer del que el pecado proporciona al pecador.

Domingo 12 Ordinario (C)

SEGUIR A JESÚS NOS ASEGURA QUE NO NOS VA A IR BIEN

Zac 12,10-11; Gál 3,26-29; Lc 9,18-24

El mensaje del evangelio de hoy es muy claro, seguir a Jesús requiere disponibilidad. Y eso no es cómodo, más bien, todo lo contrario; Él nos advierte que hay que tomar la cruz, renunciar a la comodidad personal y hacerlo, no una vez, sino "cada día".
Ser de Cristo, no nos asegura que nos va a ir bien, pero sí que les va a ir mejor a la gente que nos encontremos en nuestro camino, pues daremos la vida por ellos, "sin hacer distinciones" (como dice san Pablo).

EL ESFUERZO ES PARTE DEL REGALO

En una noche de Navidad, un misionero de África regresó a su misión en su jeep después de un día de mucho trabajo visitando algunas de las diferentes aldeas. Llovía a mares.

Vivía sólo y, cansado como estaba, encendió el fuego y se disponía a celebrar la Navidad con una pequeña cena fría y después acostarse, cuando oyó que tocaban a la puerta de su cabaña.

Extrañado y temeroso preguntó quién era.

—Soy yo, padre, —dijo una voz conocida.

Abriendo la puerta, el misionero dijo:

—Pero Rafael, ¿qué haces por aquí en una noche como ésta? Pasa, pasa, estás empapado. ¿Hay alguna urgencia en tu aldea?

—No, padre, no se preocupe.

—Entonces —preguntó aun extrañado el misionero—, ¿qué te hace venir de tan lejos con un tiempo así?

—Lo que pasa, padre, es que mi mujer y yo sabemos que hoy es una noche muy especial para usted por ser Navidad, y le traje este pan que hizo ella.

Y mientras decía esto, el hombre sacó un bizcocho casero de su morral.

—Muchas gracias, Rafael, pero me lo podías haber dado mañana. No hacía falta que hicieras una caminata tan larga con la lluvia que está cayendo. Vamos, acércate al fuego y ahora te preparo algo para comer antes de volver.

—No, gracias padre, ya me voy. Sólo vine a traerle este pan y a desearle con él una feliz Navidad.

—Gracias de nuevo. Y ya que no quieres esperarte a que pase la lluvia, déjame coger las llaves para llevarte en jeep a tu aldea.

—No, padre. Usted ya está cansado, y necesita descansar.

—Pero buen hombre —insistió el misionero—tu aldea está, por lo menos, a dos horas a pie de aquí. ¿Cómo vas a regresar andando a esta hora y con este tiempo?

—Padre, usted no entiende. Sepa que las dos horas de ida y las dos horas de vuelta eran parte del regalo.

Y sin decir nada más el hombre se marchó.

Domingo 13 Ordinario (C)

UNA PERSONA AGRADECIDA NUNCA ESTARÁ AMARGADA

1 Re 19,16.19-21; Gál 5,1.13-18; Lc 9,51-62

Empezamos la segunda parte del Evangelio de Lucas: Jesús emprende el largo camino a Jerusalén. Las lecturas hablan de la libertad necesaria para poder seguir a Jesús. San Pablo indica que sólo podemos amar como Jesús, si verdaderamente somos libres: libres de los miedos, de los egoísmos, de las envidias, etc.

CADA UNO DA LO QUE POSEE

El joven hijo del dueño de la empresa, envidioso siempre de uno de los más viejos empleados de confianza de su papá, decide darle una sorpresa en su cumpleaños para burlarse de él. Manda, pues, preparar una bandeja llena de basura y desperdicios y la envuelve como regalo.

En presencia de todos los empleados, le entrega el presente al anciano, que lo recibe con sorpresa y alegría. Lo abre y se vuelve a sorprender, mirando al joven que, con sus amigos, ríen a carcajadas.

El empleado humildemente agradece el regalo. Después sale fuera, tira la basura, lava la bandeja, la llena de flores, y la manda devolver al joven con un papel, donde dice: "Cada uno da lo que posee".

No te entristezcas con la actitud de algunas personas; no pierdas tu serenidad. Tal vez de momento no pueden darte otra cosa.

La rabia hace mal a la salud, el rencor daña el hígado y la cólera envenena el corazón. No pierdas la calma ni cambies por lo que otros hacen mal. Sé libre y dueño de ti mismo.

Domingo 14 Ordinario (C)

"COMO CORDEROS EN MEDIO DE LOBOS"
Is 66,10-14; Gál 6,14-18; Lc 10,1-12.17-20

Jesús envía a sus discípulos a llevar paz y buena nueva. Les pide que no confíen en sus medios, proyectos y posesiones, sino que pongan su confianza en Dios que será el que cambie los corazones.
¿No habremos modificado nosotros un poco el mensaje de Jesús y nos hemos convertido en lobos —que llevan miedos, culpa y malas noticias—a la gente que nos rodea?

EL ECO

Cuentan que un niño que paseaba por la montaña con su papá, tropezó y gritó:
—¡Ay!
De inmediato a lo lejos se escuchó una voz que gritaba:
—¡Ay...Ay!...
Con curiosidad el niño preguntó:
—¿Quién está ahí?
Y sin tardanza la voz contestó:
—¿Quién está ahí…?
Enfadado el niño gritó:
—¡Tonto!
Y la voz respondió pronta:
—¡Tonto!...
El niño se volvió hacia su padre preguntándole que pasaba. El padre sonriendo le dijo:
—Presta atención hijo.
Se volvió hacia la montaña y haciendo bocina con las manos gritó:

—Holaaa.
Y la voz regresó diciendo:
—Holaaa...
De nuevo el hombre gritó:
—¡Eres un campeón!
Y se escuchó:
—¡Eres un campeoooón!...
El niño observaba al padre con curiosidad pero sin entender que pasaba, y el padre le explicó:
—Mira hijo a eso la gente lo llama eco. Pero en realidad es la vida: te devuelve todo lo que tú dices y haces.

Nuestra vida sólo es un reflejo de nuestras acciones; si deseas más amor en el mundo, crea más amor a tu alrededor; si deseas más felicidad, da más felicidad a los que te rodean; si quieres una sonrisa, reparte sonrisas a aquellos a quienes conoces.

La vida te dará de regreso exactamente aquello que tú le hayas dado. Tu vida no es una coincidencia, es un reflejo de lo que has sembrado. Por eso si no te gusta lo que recibes de vuelta, revisa muy bien lo que estás dando.

Domingo 15 Ordinario (C)

EL PRÓJIMO NUNCA DEBE SER UN MEDIO PARA QUE YO SEA EL BUENO
Dt 30,10-14; Col 1,15-20; Lc 10,25-37

Martin Luther King explicaba así la parábola del buen samaritano: "Yo me imagino que en el camino de Jericó, la pregunta que se hicieron a sí mismos el sacerdote y el levita fue: 'Si me paro para ayudar a este hombre herido por los ladrones, ¿qué me pasará?' y pasaron de largo. Pero el buen samaritano cambió la pregunta: 'Si no me paro para ayudar a este hombre, ¿qué será de él?'. El buen samaritano se empeñó en un altruismo peligroso; arriesgó la vida para salvar a un hermano. 'Anda, ve y haz tú lo mismo' —concluye Cristo".

¿EXISTE EL MAL?

Un profesor universitario retó a sus alumnos con esta pregunta:
—Dios creó todo lo que existe, ¿no es verdad?
Un estudiante contestó valientemente:
—Sí, profesor. Dios creó todo lo que existe.
—¿Estás seguro de que Dios creó absolutamente todo? —preguntó el profesor.
—Sí señor —respondió el joven.
—Entonces —dijo el profesor—, si Dios creó todo, Dios creó el mal, pues el mal existe. Y, además, si decimos que nuestras obras son un reflejo de nosotros mismos, entonces Dios es malo porque creó el mal.
El estudiante se quedó callado ante tal respuesta y el profesor se jactaba de haber probado una vez más que la fe en Dios era un mito.

Pero otro estudiante levantó su mano y dijo:
—Señor ¿puedo hacerle una pregunta?
—Por supuesto —respondió el profesor.
El joven se puso de pie y preguntó:
—¿Profesor, existe el frío?
—¿Qué pregunta es esa? —dijo el hombre extrañado—. Claro que existe, ¿acaso usted nunca ha tenido frío?
El muchacho respondió:
—De hecho, señor, el frío no existe. Según las leyes de la física, lo que consideramos frío, en realidad es la ausencia de calor. Todo cuerpo u objeto es susceptible de estudio cuando tiene o transmite energía, el calor es lo que hace que dicho cuerpo tenga o transmita energía. El cero absoluto es la ausencia total de calor, todos los cuerpos quedan inertes, incapaces de reaccionar, pero el frío no existe. Hemos creado ese término para describir cómo nos sentimos cuando no tenemos calor.
Antes de que el profesor pudiera responder, el alumno continúo:
—Y, señor, ¿existe la oscuridad?
—Claro que existe —Respondió el profesor mientras intentaba adivinar a dónde iba el alumno.
—Nuevamente se equivoca, señor —dijo el joven—. La oscuridad tampoco existe. La oscuridad es en realidad la ausencia de luz. La luz se puede estudiar, la oscuridad no. A través del prisma de Nichols se puede descomponer la luz blanca en los varios colores en que está compuesta, con sus diferentes longitudes de onda. Pero eso es imposible con la oscuridad. ¿Cómo podemos saber cuan oscuro está un espacio determinado? Sólo con base en la cantidad de luz presente en ese espacio, porque la oscuridad es un término que el hombre ha inventado para describir lo que sucede cuando hay ausencia de luz".
Finalmente, el joven preguntó al profesor:
—Señor, ¿existe el mal?

El profesor respondió:

—Por supuesto que sí. Como afirmé al principio, vemos crímenes y violencia en todo el mundo. Esas cosas existen y son el mal.

—Siento contradecirlo, señor —dijo con respeto el estudiante—, pero el mal no existe, o por lo menos no existe por sí mismo. El mal es simplemente la ausencia de bien. El mal, igual que en los casos anteriores es un término que el hombre inventó para describir la ausencia de Dios. Dios no creo el mal, el mal es el resultado de la ausencia de Dios en el corazón de los seres humanos. Es igual a lo que ocurre con el frío cuando no hay calor, o con la oscuridad cuando no hay luz.

Dios es amor. ¡Por favor pon un poco de Dios en el mundo!

Domingo 16 Ordinario (C)

QUE LO URGENTE NO ROBE SU TIEMPO A LO IMPORTANTE

Gén 18,1-10; Col 1,24-28; Lc 10,38-42

¿Qué haríamos si, como a Marta y María (o a Abraham) nos va a visitar Jesús a nuestra casa? ¿Nos pondríamos a hacer mil cosas —como Marta y Abraham—, estresados para demostrarle nuestro amor? ¿O sabríamos disfrutar del suyo como hizo María? Rezar es "tratar de amistad con aquel que sabemos que nos ama". Cuando de verdad dedicamos tiempo a la oración, no evadimos el amor al prójimo, al contrario, nos recargamos del de Dios para poder hacerlo mejor.

NUESTRO TIEMPO

Un día un experto en la materia de cómo aprovechar el tiempo al máximo estaba dando una charla a un grupo de estudiantes de administración empresarial, y para hacer énfasis sobre su tema, usó una ilustración que los estudiantes nunca olvidarían.

Parado enfrente de este grupo selecto de jóvenes, les dijo:

—Bueno, es hora de poner a prueba lo que han aprendido.

Sacó un recipiente de vidrio de boca ancha del tamaño de un galón, y lo puso en la mesa frente a él. Luego sacó una docena de rocas como del tamaño de un puño, y con mucho cuidado las fue colocando dentro una por una. Una vez lleno de rocas hasta su tope, les preguntó:

—¿Está lleno este recipiente?

Todos en la clase respondieron que sí.

—¿Están seguros? —preguntó el profesor.

Metió la mano bajo la mesa y sacó una cubeta con piedritas. Luego las vació en el recipiente y lo sacudió, haciendo que las piedritas bajaran y ocuparan los espacios que había entre las rocas grandes.

Volvió a preguntar:

—¿Está lleno este recipiente?

Esta vez la clase ya estaba más avivada y dijo:

—No del todo.

—¡Bien dicho! —dijo el maestro.

Metió la mano bajo la mesa y sacó otra cubeta con arena fina y la vació en el recipiente hasta que copó todos los espacios que quedaban entre las rocas grandes y las pequeñas.

Una vez más volvió a preguntar:

—¿Está lleno este recipiente?

—No —exclamó divertida toda la clase.

—¡Bien dicho! —dijo el profesor que agarró una cubeta con agua y la vertió hasta que el recipiente de vidrio estuvo lleno hasta el borde.

Luego miró a la clase y les preguntó:

—¿Cuál es la lección de esta ilustración?

Un joven muy ansioso levantó su mano y dijo:

—La lección es que, no importa cuán ocupado sea tu horario, si te esfuerzas, siempre podrás agregar algunos otros compromisos más a tu agenda.

—No, esa no es la lección —contestó el conferencista—. La verdad que esta ilustración quiere enseñarles es a saber establecer prioridades en su vida y en su agenda. Si no colocas primero las rocas grandes, antes que el resto de cosas, ya no podrás colocarlas después.

¿Cuáles son las "rocas grandes" en tu vida? ¿El tiempo con tus seres queridos, tu fe, tu educación, tus sueños? ¿Quizá sea el propósito de ayudar a otros a realizarse?

Recuerda de colocar primero esas rocas grandes en tu agenda o si no, nunca las podrás colocar después.

Domingo 17 Ordinario (C)

NO TENEMOS QUE SER BUENOS PARA GANARNOS EL AMOR DE DIOS
Gén 18,20-32; Col 2,12-14; Lc 11,1-13

Extraño el Dios del Antiguo Testamento en la 1ª lectura, ¡Abraham es más bueno que él! Era un Dios hecho a semejanza del hombre: juzga y castiga a los que considera menos buenos. Jesús vino a explicar cómo es Dios en verdad: un padre cuyo cariño no depende de nuestras obras: "si ustedes que son malos, saben dar cosas buenas a sus hijos, ¿cuánto más Dios?". Un Dios que anula la ley que nos condenaba, "clavándola en la cruz" (como dice la segunda lectura).

EL PADRENUESTRO DE DIOS

"Hijo mío, que estás en la tierra, preocupado, solitario y tentado.

Yo conozco perfectamente tu nombre, y lo pronuncio como santificándolo, porque te amo.

No, no estás solo, sino habitado por Mí, y juntos construimos este Reino del que tú vas a ser el heredero.

Me gusta que hagas mi voluntad, porque mi voluntad es que tú seas feliz, ya que la gloria de Dios es el hombre viviente.

Cuenta siempre conmigo, y tendrás el pan para hoy, no te preocupes; sólo te pido que sepas compartirlo con tus hermanos.

Sabes que perdono todas tus ofensas, antes incluso de que las cometas; por eso te pido que hagas lo mismo con los que a ti te ofenden.

Y, para que nunca caigas en la tentación, agárrate fuerte de mi mano, y yo te libraré del mal, pobre y querido hijo mío".

Domingo 18 Ordinario (C)

ERA UN SEÑOR TAN POBRE, QUE SÓLO TENÍA DINERO
Ecl 1,2.2,21-23; Col 3,1-5.9-11; Lc 12,13-21

Jesús dice "eviten toda clase de avaricia, porque la vida del hombre no depende de la abundancia de los bienes que posea". Y San Pablo recalca que "la avaricia es una forma de idolatría".
Estamos tan preocupados en luchar por sobrevivir que se nos olvida vivir. Nos importa tanto trabajar por la familia, que la familia nos llega a estorbar para nuestro trabajo.

PAPÁ, ¿ME PRESTAS TRES EUROS?

Hace algunos días llegué a casa tarde, cansado del trabajo. Mi pequeño hijo, de cuatro años, me esperaba despierto y con una sonrisa en su rostro. Después de saludar, me dirigí a ver la televisión. Mi hijo se sentó a mi lado. Era un programa de política que él todavía no entiende, pero aun así se quedó acompañándome atento y en silencio.

Esperó pacientemente a que llegaran los anuncios y en ese momento me lanzó una pregunta:

—Papá, ¿cuánto te pagan en tu trabajo por una hora?

—Hijo —le contesté—, esa respuesta ni tu mamá la sabe.

Se quedó en silencio y nuevamente ambos prestamos atención al programa. Sin hacer ruido se fue acercando a mí, para tratar de abrazarme, pero hacía tanto calor que preferí hacerlo a un lado.

En la siguiente pausa comercial nuevamente me preguntó:

—Papito, ¿cuánto te pagan por una hora en tu trabajo?

Su carita mostraba un poco de temor a que pudiera enfadarme.

Como yo sabía que iba a seguir preguntándome hasta que le contestara y que, además, podía ser un buen momento para que él valorara mi trabajo, le dije:

—Diez euros, hijo.

Entonces se quedó pensando un momento y me dijo:

—Papá, ¿me prestas tres euros?

Eso me hizo enfadar y perdiendo la paciencia le grité:

—¡Niño mocoso, con razón estás tan atento a lo que hago, lo que querías era pedirme dinero! ¡Vete a dormir inmediatamente que ya es muy tarde y deja de molestarme!

Ya muy noche, terminado el programa, me puse a meditar sobre lo ocurrido. El incidente me hizo sentirme culpable. Tal vez mi hijo quería comprar algo... Yo había estado muy ocupado en el trabajo últimamente, y no estaba al tanto de los acontecimientos del hogar.

Queriendo descargar un poco mi conciencia dolida, fui a su habitación, me acerqué a la cama y le dije:

—Hijo, ¿estás dormido?

—No Papito —me contestó. Noté que había llorado.

—Aquí tienes los tres euros que me pediste ¿para qué los querías?

Una sonrisa iluminó su rostro y de debajo de su almohada sacó otros siete euros, los juntó con los que yo le daba y muy contento me dijo:

—Ahora sí tengo, papi, suficiente dinero. ¿Me puedes vender una hora de tu tiempo para jugar juntos?

A veces se nos olvida pasar más tiempo con nuestros hijos, pensando que todo aquello por lo que luchamos y vivimos es para formarles un futuro, siempre inseguro... y nos olvidamos de su presente.

Domingo 19 Ordinario (C)

NO TENGÁIS MIEDO, MI PADRE QUIERE DAROS EL REINO

Sab 18,6-9; Heb 11,1-2, 8-19; Lc 12,32-48

Ojalá aprendamos a ser como aquellos criados fieles que esperan siempre en vela el regreso de su señor, cuidando sus cosas y a sus semejantes. El señor está tranquilo, pues sabe que, aunque tarde, su amor y fidelidad no disminuyen.

¿CUÁNTO ME FALTA?

Un asceta hindú había pasado toda su vida haciendo penitencia para reducir la carga de sus malas acciones pasadas y acelerar el ciclo de reencarnaciones que le faltaban para alcanzar la liberación final.

Se consideran casi innumerables las reencarnaciones sucesivas por las que hay que pasar antes de la iluminación definitiva, y el santo asceta pensó que ya no deberían faltarle muchas y sintió curiosidad por saber cuántas eran.

Le pidió, pues, a Dios que, en virtud de los méritos que había adquirido con sus penitencias, tuviera a bien revelarle cuántas reencarnaciones le faltaban aún.

Dios tuvo a bien contestarle, y le dijo:

—Mira el árbol bajo el cual estás sentado.

Era un árbol gigantesco y muy frondoso, y el asceta contempló su extendido y apretado follaje. Dios continuó:

—Pues bien, te quedan tantas reencarnaciones como hojas tiene este árbol.

El asceta, al oír la respuesta se puso a saltar de gozo y gritó de alegría:

—¿Cómo? ¿Sólo ésas?

Al instante cayeron todas las hojas del árbol, ni una sola de ellas quedó sobre sus ramas; y en ese mismo momento el santo asceta alcanzó la iluminación.

¿Cómo enfrentamos cada día la oportunidad de servir a Dios y amar al prójimo?

Domingo 20 Ordinario (C)

PON UN TIBURÓN EN TU VIDA
Jer 38,4-6.8-10; Heb 12,1-4; Lc 12,49-53

Jesús dijo que no vino a traer paz y tranquilidad a la tierra, sino "fuego"… Si queremos ser sus discípulos no podemos buscar la comodidad sino comprometernos a fondo en el amor.
Que no nos asusten las dificultades y oposiciones, como nos recomienda hoy la carta a los hebreos: "ustedes, no se cansen ni pierdan el ánimo…".
Aprender a amar incluso a aquellos que son difíciles; ese es el desafío al que nos invita Jesús.

PESCADO FRESCO

Los japoneses siempre han gustado del pescado fresco. Pero las aguas cercanas a Japón no han tenido peces durante décadas. Así que, para alimentar a la población japonesa, los barcos pesqueros se empezaron a fabricar más grandes a fin de que pudieran ir mar adentro. Pero mientras más lejos iban, más era el tiempo que les llevaba regresar a entregar el pescado. Y si el viaje duraba varios días, el pescado ya no estaba fresco.

Para resolver el problema, las compañías pesqueras instalaron congeladores en los barcos. Así podían pescar incluso más lejos en el mar, poniendo los peces en los congeladores.

Sin embargo, los japoneses pudieron percibir la diferencia entre el pescado congelado y el fresco, y no les gustaba el congelado, que, por lo tanto, se tenían que vender más barato.

Entonces, las compañías instalaron en los barcos tanques para los peces. Al pescarlos los metían en los tanques y los mantenían vivos hasta llegar a la costa. Pero descubrieron que, después de un tiempo en los tanques, los peces se aburrían y dejaban de moverse. Y así, aunque llegaban vivos a la costa, los consumidores japoneses notaron la diferencia de sabor porque cuando los peces dejan de moverse durnate días, pierden el sabor fresco…

¿Cómo resolvieron el problema las compañías pesqueras japonesas para asegurarse de ofrecer pescado con sabor fresco?

Tuvieron una idea original e ingeniosa. Pusieron, como antes, los peces dentro de los tanques en los barcos, pero ahora ponen también con ellos ¡a un tiburón pequeño! Claro que el tiburón se come algunos peces en el trayecto, pero los demás llegan muy, pero que muy frescos, pues tienen que moverse para ¡mantenerse vivos!

Tan pronto como una persona alcanza sus metas, tales como empezar una nueva empresa, pagar sus deudas, encontrar una pareja maravillosa, o lo que sea, empieza a perder la pasión. Ya no necesita esforzarse tanto. Así que tiende a relajarse.

Experimentan el mismo problema que las personas que se ganan la lotería, o los que heredan mucho dinero y nunca maduran, o de quienes se encierran en casa y se hacen adictos a los medicamentos para la depresión o la ansiedad…

Igual que los peces de los tanques al principio, son personas que pierden su frescura, dejan de esforzarse, dejan de estar vivas y ya sólo sobreviven.

La solución, como en el problema de los pescadores japoneses, es sencilla, "necesitan desafíos".

Así que, invita un tiburón a tu tanque, y descubre lo lejos realmente puedes llegar. Cuando alcances tus metas, no te acomodes proponte otras mayores.

Debemos aprender a mirar las dificultades como oportunidades para encontrar nuevos caminos, para aprender nuevas maneras de ver la vida, para fortalecer nuestro espíritu y sacar lo mejor de nosotros mismos. Son como los pequeños tiburones que nos ayudan a conocer mejor nuestro potencial, para luchar por estar de verdad siempre vivos y frescos…

Domingo 21 Ordinario (C)

ENSEÑAR A ENTRAR POR LA "PUERTA ANGOSTA"
Is 66,18-21; Heb 12,5-7.11-13; Lc 13,22-30

Jesús deja claro que la salvación no viene por pertenecer a un pueblo o a una religión, sino que consiste en "no hacer el mal". Ojalá más padres y madres enseñaran eso a sus hijos desde pequeños. Les enseñen a amar, a esforzarse por entrar por esa puerta angosta. Como dice la carta a los hebreos: un padre que de verdad ama "corrige a sus hijos".

SIN LÍMITES

Una mujer de 55 años visitaba a su hijo de 23 en la cárcel. Estaba ahí por homicidio, ya que había atropellado a un niño al entrar a alta velocidad en una calle en sentido contrario, tratando de escapar de una patrulla.

Entró en la cárcel completamente destrozado y en silla de ruedas ya que, el padre de la criatura muerta le golpeó, y el policía —que estaba justo detrás— hizo la vista gorda y no lo detuvo hasta que casi lo mata.

El hijo le decía a la Madre con lágrimas en los ojos:
—Sabes mamá, yo no soy un asesino premeditado, ni un maldito desalmado. Estoy aquí porque aprendí y me acostumbré a romper reglas y a hacer lo que se me antojaba. Mamá ¿por qué nunca me pusiste límites?

—¡Ay hijo!, es que de chiquito te ponías tan difícil; cada vez que te daba una orden o una instrucción, me desafiabas y hacías unos berrinches tales que yo no los soportaba, y te dejaba hacer y deshacer con tal de evitarme conflictos y de que estuvieras calladito y complacido, para que tu papá no me dijera: ¡Calla a ese niño!

Y, cuando te hiciste adolescente, eras aún más difícil y no querías que te dijera lo que hacías mal o que me metiera en tu vida.

El hijo miro a la madre con coraje y le gritó:

—¡Basta ya de excusas, mamá! Sólo dime ¿cómo fue que siendo una adulta le obedeciste a un niño tan chiquito o a un adolescente caprichoso? Hoy a mis 23 años estoy destrozado, infeliz y sin futuro. Le quité la vida a una criatura inocente y de paso te arruiné el resto de la vida a ti y a mí...

DECÁLOGO DE LA MALA EDUCACIÓN

Este decálogo fue difundido por la Dirección de Policía de Seattle, USA, alarmada por el nivel de la delincuencia juvenil y el mal comportamiento social de jóvenes y adolescentes: Denle a su hijo, desde la infancia, todo lo que deseé; así crecerá convencido de que el mundo entero es todo para él.

1. Ríanse si dice tonterías; así creerá que es muy gracioso.
2. No le den ninguna formación espiritual. Ya la escogerá él cuando sea mayor.
3. Nunca le digan: "esto está mal". Podría adquirir complejo de culpa y, más tarde, cuando, por ejemplo, sea detenido por robar un coche, estaría convencido de que la sociedad es quien le persigue injustamente.
4. Recojan todo lo que tire por los suelos; así creerá que todos están a su servicio.
5. Déjenle leer de todo; limpien bien la vajilla en la que come, pero dejen que su espíritu se recreé en cualquier porquería
6. Discutan siempre delante de él; así se irá acostumbrando y cuando la familia ya esté destrozada, no se dará ni cuenta.

7. Denle todo el dinero que quiera, no sea que sospeche que para disponer de él se debe trabajar.
8. Que todos sus deseos estén satisfechos: comer, beber, divertirse... De otro modo resultará un frustrado.
9. Denle siempre la razón: son los profesores, la gente, la ley... quienes la tienen tomada con el pobre muchacho.

Y cuando su hijo ya no tenga remedio, afirmen que nunca pudieron hacer nada por él.

Domingo 22 Ordinario (C)

EL QUE SE ENGRANDECE, SERÁ HUMILLADO
Ecl 3,17-20.28-29; Heb 12,18-19.22-24; Lc 14,1.7-14

Los fariseos estaban tan llenos de sí mismos, que Dios ya no tenía lugar en ellos. A veces, a nosotros nos preocupa también demasiado el ser buenos o al menos que parezca que lo somos...
La humildad consiste en saber que todo lo que somos y tenemos no es mérito nuestro, sino de Dios, y por tanto nunca nos comparamos, presumimos o criticamos.

LA CARRETA VACÍA

Caminaba con mi padre cuando él se detuvo en una curva y después de un pequeño silencio me preguntó:

—Hijo, además del cantar de los pájaros, ¿escuchas alguna cosa más?

Agudicé mis oídos y algunos segundos después le respondí:

—Estoy escuchando el ruido de una carreta.

—Muy bien, hijo —dijo mi padre—. Es una carreta vacía.

Sorprendido le pregunté:

—¿Cómo sabes, papá, que es una carreta vacía, si aún no la vemos?

Mi padre respondió:

—Es muy fácil saber cuándo una carreta está vacía, por el ruido que hace. Cuanto más vacía la carreta, mayor es el ruido que hace.

Me convertí en adulto y hasta el día de hoy, cuando veo a una persona hablando demasiado, interrumpiendo la conversación de todos, siendo inoportuna, presumiendo de lo que tiene, siendo prepotente y haciendo de menos a la gente, tengo la impresión de oír la voz de mi padre diciendo: 'Cuanto más vacía la carreta, mayor es el ruido que hace'.

Nadie está más vacío que aquel que sólo está lleno de sí mismo.

Domingo 23 Ordinario (C)

SI QUEREMOS SEGUIR A JESÚS, CALCULEMOS BIEN NUESTRAS FUERZAS

Sab 9,13-18; Filemón 9-10.12-17; Lc 14,25-33

¿Quién le iba a decir al esclavo Onésimo —del que habla la segunda lectura— que por buscar la libertad y escaparse de su dueño iba a terminar en la cárcel? ¿Y que en la cárcel iba a conocer a san Pablo que lo evangelizaría y le daría así la verdadera libertad? Confiar en Dios, tener fe, es saber que él nos acompaña en las buenas y en las malas.

FÁTIMA LA HILANDERA

En una ciudad del más lejano Oriente, vivía una joven llamada Fátima, la hija preferida de un próspero hilandero. Un día su padre le dijo:

—Hija, ya has aprendido el oficio y te has convertido en mi ayudante. Quiero que vengas conmigo en el viaje que voy a emprender, pues tengo negocios que hacer en una de las islas del mediterráneo. Tal vez, encuentres ahí un joven atractivo, de buena posición, al cual podrás tomar por esposo.

Se pusieron en camino y viajaron de isla en isla, el padre haciendo sus negocios y Fátima soñando con el esposo que pronto podría ser suyo. Un día, cuando iban camino de Creta, se levantó una tormenta y su barco naufragó. Fátima semiinconsciente fue arrojada a una playa cercana a la ciudad de Alejandría. Su padre había muerto en el naufragio, dejándola completamente desamparada.

Mientras vagaba triste por la arena sin saber qué hacer, una familia de tejedores la encontró y, aunque eran muy pobres, la llevaron a su humilde casa y le enseñaron su oficio. Y así, Fátima, inició una segunda vida y, al cabo de uno o dos años, habiéndose reconciliado con su suerte, recobró la felicidad.

Pero una mañana estando en la playa, una banda de mercaderes de esclavos desembarcó y se la llevó junto a otros cautivos. Pese a lamentarse amargamente de su suerte, la muchacha no encontró ninguna compasión por parte de ellos, quienes la llevaron a Estambul para venderla como esclava. Por segunda vez el mundo se había derrumbado para Fátima.

Mientras esperaba comprador en el mercado, apareció un hombre que buscaba esclavos para trabajar en su aserradero, donde fabricaba mástiles para barcos. Viendo el abatimiento de la infortunada Fátima, decidió comprarla, pensando que podía ofrecerle una vida mejor de la que habría de recibir de cualquier otro comprador. La llevó a su hogar con la intención de hacerla una sirvienta para su esposa, pero al llegar a su casa, se enteró de que había perdido todo su dinero, pues su cargamento había sido capturado y robado por unos piratas. Comprendió que ya no podría afrontar los gastos que le ocasionaba tener tantos trabajadores como tenía, de modo que los despidió a todos y él, su mujer y Fátima, quedaron solos para llevar a cabo la pesada tarea de fabricar mástiles.

Fátima agradecida con él por haberla rescatado, trabajó tan duramente y tan bien que, tiempo después, él le dio la libertad. Y, llegó, incluso, a ser su ayudante de confianza. Fue así como llegó a ser feliz en su tercer oficio.

Un buen día el mercader le dijo:

—Fátima necesito que vayas a Java con un cargamento de mástiles. Asegúrate de venderlos a buen precio.

La muchacha se puso en camino, pero al pasar frente a las costas de China, un tifón hizo naufragar la embarcación y, una vez más, Fátima salvo milagrosamente la vida, pero se vio, de nuevo, arrojada a las playas de un país desconocido. Otra vez lloró amargamente, sintiendo que en su vida nada sucedía de acuerdo con sus expectativas.

Siempre que las cosas parecían ir bien, algo espantoso ocurría malogrando todas sus esperanzas.

—¿Por qué será —clamó Fátima al cielo tercera vez— que siempre que intento construir algo se malogra? ¿Por qué tienen que ocurrirme tantas desgracias?

Pero no hubo respuesta, de manera que se levantó y caminó tierra adentro.

En China nadie había oído hablar jamás de Fátima, ni sabían de sus problemas. Sin embargo en uno de aquellos reinos existía la leyenda de que un día llegaría cierta hermosa mujer extranjera, capaz de enseñar a construir enormes tiendas para sus ejércitos, un arte por entonces muy codiciado en China. A fin de estar seguros de que la esperada extranjera no pasara inadvertida, si un día pisaba aquel suelo, el rey solía mandar heraldos a todas las ciudades y aldeas, pidiendo que cada mujer extranjera fuera llevada a la corte.

Fue precisamente, entonces, cuando Fátima agotada, llegó a una ciudad costera de China. La gente del lugar habló con ella por medio de un intérprete, explicándole que tendría que presentarse ante del rey.

—Señora —le dijo el rey cuando Fátima fue llevada al castillo— ¿sabes fabricar una tienda capaz de resistir los embates de las campañas de mis ejércitos?

—Creo que sí —respondió Fátima.

—Le pido que me fabrique una —dijo el monarca.

Fátima comprobó muy pronto la mala calidad de las sogas que poseían en ese lugar y, recurriendo a los conocimientos de sus tiempos de hilandera, recogió lino y fabrico las cuerdas necesarias. Luego pidió una tela fuerte, a la también juzgó inadecuada. Entonces utilizando su experiencia con los tejedores de Alejandría, fabrico una tela resistente para hacer tiendas. Más tarde, como había sido enseñada por el fabricante de mástiles de Estambul, hábilmente confecciono unos muy sólidos para la tienda. Cuando éstos estuvieron listos, se devanó los sesos recordando todas las tiendas que había visto en sus viajes, y construyó una tienda magnífica.

Cuando ésta fue mostrada al rey, él le ofreció dar cabal cumplimiento a cualquier deseo que ella expresara. Fátima pidió entonces poder establecerse en China, donde se casó con un atractivo príncipe, y rodeada de sus hijos, vivió feliz hasta el final de sus días.

Fue a través de todas estas aventuras y desventuras como Fátima comprendió que aquello que le había parecido, en su momento, una experiencia desagradable, resultó ser parte esencial en la elaboración de su felicidad final.

Domingo 24 Ordinario (C)

Y CUANDO EL HIJO PERDIDO VOLVIÓ, EMPEZÓ LA FIESTA

Éx 32,7-11.13-14; 1 Tim 1,12-17; Lc 15,1-32

Las lecturas de hoy son para animar a los papás. Parece como que Dios tampoco fue un muy buen padre... Rebelde Israel, Pablo perseguidor y violento, egoísta el hijo pródigo y envidioso su hermano mayor... Sin embargo, Dios sabe esperar en cada uno de sus hijos.
Ojalá todas las personas perdidas en la vida tuvieran un hogar o una comunidad en la que se saben amados y a la que pudieran volver para empezar de nuevo.

IMÁGENES DE UNA MADRE (O UN PADRE)

A los 4 años de edad: "Mi mamá lo sabe todo y puede hacer cualquier cosa".

A los 8 años de edad: "Mi mamá sabe mucho. ¡Un montón!"

A los 12 años de edad: "Hay cosas que mi mamá no sabe".

A los 14 años de edad: "Naturalmente, esto tampoco lo sabe mamá".

A los 16 años de edad: "¿Preguntarle a mamá? Pero si es tan anticuada…".

A los 18 años de edad: "Mamá no entiende de esto ¡Es de otra época, de la prehistoria!"

A los 25 años de edad: "Bueno, puede que mamá sepa algo al respecto".

A los 35 años de edad: "Antes de decidir, ¿Por qué no pedimos la opinión a mamá?"

A los 50 años de edad: "Me pregunto que habría pensado mamá al respecto..."

A los 65 años de edad: "¡Ojalá pudiera conversar y tener ahora unas palabras con mamá!

Era tan sabia..."

Domingo 25 Ordinario (C)

HACEOS AMIGOS CON EL VIL METAL
Am 8,4-7; 1 Tim 2,1-8; Lc 16,1-13

El dinero puede ser usado para explotar al prójimo o para ayudar al prójimo.
Pero aparte del dinero, tenemos riquezas que siempre podremos compartir.

EL VALOR DE UNA SONRISA
No cuesta nada pero crea mucho.
Enriquece a quien la recibe sin empobrecer
a quien la da.
Ocurre en un abrir y cerrar de ojos,
y su recuerdo dura a veces para siempre.

Nadie es tan rico que pueda pasar sin ella
y nadie tan pobre que no pueda enriquecerse por
sus beneficios.
Crea felicidad en el hogar.
Alienta la buena voluntad en los negocios,
y es la contraseña de los amigos.

Es descanso para los fatigados,
luz para los decepcionados,
sol para los tristes
y el mejor antídoto contra las preocupaciones.

Pero no puede ser comprada, perdida o robada,
porque es algo que no rinde beneficio a nadie
a menos que sea brindada espontánea, sincera y
gratuitamente.

Si en la extraordinaria afluencia de los negocios alguno de nuestro personal está demasiado cansado para darle una sonrisa...
¿Podemos pedirle que Ud. le dé una?

Porque nadie necesita tanto una sonrisa
como aquel a quien no le queda ninguna que dar.

(Tomado del convento de las siervas de María, que cuidan a los enfermos por la noche).

Domingo 26 Ordinario (C)

**EL QUE NO QUIERE AMAR, NO LO HARÁ
"NI AUNQUE RESUCITE UN MUERTO"**
Amos 6,1, 4-7; 1 Tim 6,11-16; Lc 16,19-31

*En los relatos del Evangelio cuando Jesús habla del infierno no quiere hacer una invitación al miedo sino al amor: a mirar a nuestro alrededor y ver si tal vez hay alguien a quien podemos ayudar a tener una vida mejor o un día mejor, o menos peor...
Ser seguidor de Jesús es luchar contra la injusticia, tener gestos que hagan presente el amor de Dios para quienes sufren a nuestro alrededor.*

LA VENDEDORA DE MANZANAS

Un grupo de vendedores fue a una convención fuera de su ciudad. Todos habían prometido a sus esposas que llegarían a tiempo para cenar el viernes por la noche. Sin embargo, la convención terminó un poco tarde, y llegaron retrasados al aeropuerto. Entraron todos corriendo por los pasillos con sus boletos y portafolios.

De repente, y sin quererlo, al girar una esquina, tropezaron con un puesto de manzanas. Al chocar con la mesa, las manzanas cayeron y salieron rodando por todas partes.

Todos, sin detenerse, ni mirar atrás, siguieron corriendo hacia la sala de espera de su avión, excepto uno de ellos que, experimentando un sentimiento de compasión por la dueña del puesto de manzanas, se detuvo, gritando a sus compañeros que siguieran sin él y pidiendo a uno de ellos que, al aterrizar, llamara a su esposa y le explicara que llegaría más tarde.

Al mirar el lugar del accidente, se encontró con que casi todas las manzanas seguían aun tiradas por el suelo. Su sorpresa fue enorme, al darse cuenta de que la dueña del puesto era una niña ciega. Estaba gateando, tanteando el piso, tratando, en vano, de encontrar sus manzanas, mientras la multitud pasaba, vertiginosa, sin detenerse, pateando o esquivando las manzanas; por sus mejillas corrían lágrimas.

El hombre se arrodilló junto a la niña, la tranquilizó y fue recogiendo poco a poco las manzanas caídas, las metió a una canasta y le ayudó a montar el puesto nuevamente. Se dio cuenta de que muchas manzanas estaban magulladas, así que las tomó y las puso aparte.

Cuando terminaron, sacó su cartera y le dijo a la niña:

—Toma, por favor, estos cien euros por el daño que hicimos. ¿Te encuentras bien?

Ella, asintió con la cabeza, aún un poco asustada.

Cuando el vendedor empezó a alejarse, la niña le gritó:

—¡Señor...!

Él se detuvo y miró esos ojos ciegos.

Ella le preguntó:

—¿Es usted Jesús?

Él se quedó de piedra y, mientras se dirigía a abordar otro vuelo, estuvo dando vueltas por el aeropuerto, con esa pregunta quemándole y vibrando en su alma: "¿Es usted Jesús?"

Y a nosotros, ¿la gente nos confundiría con Jesús?

Domingo 27 Ordinario (C)

LAS DIFICULTADES ACEPTADAS PURIFICAN NUESTRA FE

Hab 1,2-3.2,2-4; 2 Tim 1,6-8.13-14; Lc 17,5-10

Parece que Jesús no sólo afirma que nuestra fe es chiquita, sino que no tenemos nada de fe, ni del tamaño de una semilla de mostaza.
Y es que el que se decide por la fe, opta por la constancia, no por los resultados según los criterios del mundo, es decir, opta por confiar en Dios hasta en lo imposible.

EL BAMBÚ JAPONÉS

No hay que ser agricultor para saber que una buena cosecha requiere de buena semilla, buen abono y riego constante. También es obvio que quien cultiva la tierra no se impacienta frente a la semilla sembrada; sabe que hay que esperar, que no se puede estirar una plantita y que no sirve de nada gritarle con todas sus fuerzas: ¡Crece, por favor!

Hay algo muy curioso que sucede con el bambú japonés y que lo hace no apto para impacientes. Como todas las semillas, hay que sembrarla, abonarla, y regarla constantemente.

Durante los primeros meses no sucede nada apreciable. Es más, no se verá la plantita de bambú durante los primeros siete años desde que se sembró, a tal punto que, un cultivador inexperto estaría convencido de haber comprado semillas infértiles.

Sin embargo, durante el séptimo año, en un período de sólo seis semanas la planta de bambú crece ¡más de 30 metros!

¿Tardó sólo seis semanas en crecer? No, la verdad es que tardó siete años en desarrollarse. Durante esos primeros siete años de aparente inactividad, este bambú estaba generando un complejo sistema de raíces que le permitirían sostener el crecimiento, que iba a tener hacia afuera después de siete años.

En la vida cotidiana, muchas veces queremos encontrar soluciones rápidas y triunfos apresurados, sin entender que el éxito es a veces el resultado de un crecimiento interno que requiere mucho tiempo.

En muchas ocasiones estaremos frente a situaciones en las que creemos que, a pesar de nuestros esfuerzos, nada está sucediendo. Y esto puede ser extremadamente frustrante. En esos momentos —que todos tenemos—, debemos recordar el ciclo de maduración del bambú japonés y aceptar que "en tanto no bajemos los brazos" ni abandonemos la lucha por no "ver" el resultado que esperamos, sí está sucediendo algo dentro de nosotros... Está creciendo nuestra esperanza y nuestra paciencia.

Quienes no se dan por vencidos, van gradual e imperceptiblemente creando los hábitos y el temple que les permitirá sostener el éxito cuando éste al fin se materialice. Si, de momento, no consigues lo que anhelas, no desesperes... quizá sólo estás echando raíces...

Domingo 28 Ordinario (C)

RELIGIÓN MAGICA ES QUERER UTILIZAR A DIOS. FE ES CONFIAR EN EL PLAN DE DIOS
2 Re 5,14-17; 2 Tim 2,8-13; Lc 17,11-19

Cuando nos acercamos a Dios con un problema ¿qué buscamos: que Dios haga nuestra voluntad o ponernos en sus manos? Rezar es tener el valor de dejar por un momento nuestros proyectos para escuchar y aceptar los de Dios.

LA AYUDA DE DIOS EN EL DESIERTO

Un hombre se perdió en el desierto. Y más tarde, refiriendo su experiencia a sus amigos, les contó cómo, absolutamente desesperado, se había puesto de rodillas y había implorado la ayuda de Dios.

—¿Y respondió Dios tu plegaria? —le preguntaron.

—¡Oh, no! Antes de que pudiera hacerlo, apareció un explorador y me indicó el camino.

¡Cuánto nos cuesta convencernos que Dios actúa sin milagros espectaculares!

Domingo 29 Ordinario (C)

ORAR SIN DESANIMARNOS

Uno de los grandes errores que cometen todas las religiones, o más bien los hombres religiosos, es creer que Dios va a ser más bueno con nosotros si le rezamos. Es verdad que a Dios le encanta que rezamos pero no para amarnos más (que ya no puede), sino para que saber que confiamos en Él y nos ponemos en sus manos.

UN LUGAR EN EL BOSQUE

Esta historia nos habla de un famoso rabino jasídico: Baal Shem Tov.

Baal Shem Tov era muy conocido dentro de su comunidad porque todos decían que era un hombre tan piadoso, tan bondadoso, tan casto y tan puro que Dios escuchaba sus palabras cuando él hablaba. Se había creado una tradición en aquel pueblo: todos los que tenían un deseo insatisfecho o necesitaban algo que no habían podido conseguir, iban a ver al rabino. Baal Shem Tov se reunía con ellos una vez por año, en un día especial que él elegía. Y los llevaba a todos juntos a un lugar único que él conocía, en medio del bosque. Y, una vez allí, cuenta la leyenda, Baal Shem Tov encendía con ramas y hojas un fuego de una manera muy particular y muy hermosa, y entonaba después una oración en voz muy baja, como si fuera para sí mismo.

Y dicen… Que a Dios le gustaban tanto aquellas palabras que Baal Shem Tov decía, se fascinaba tanto con el fuego encendido de aquella manera, amaba tanto aquella reunión de gente en aquel lugar del bosque… que no podía resistirse a la petición de Baal Shem Tov y concedía los deseos de todas las personas que allí estaban.

Cuando el rabino murió, la gente se dio cuenta de que nadie conocía las palabras que Baal Shem Tov decía cuando iban todos juntos a pedir algo. Pero conocían el lugar del bosque y sabían cómo encender el fuego. Una vez al año, siguiendo la tradición que Baal Shem Tov había instituido, todos los que tenían necesidades y deseos insatisfechos se reunían en aquel mismo lugar del bosque, prendían el fuego de la manera que habían aprendido del viejo rabino y, como no conocían sus palabras, cantaban cualquier canción o recitaban un salmo, o sólo se miraban y hablaban de cualquier cosa en aquel mismo lugar alrededor del fuego.

Y dicen... Que a Dios le gustaba tanto el fuego encendido, le gustaba tanto aquel lugar en el bosque y aquella gente reunida... que aunque nadie decía las palabras adecuadas, igualmente concedía los deseos a todos los que allí estaban.

El tiempo ha pasado y, de generación en generación, la sabiduría se ha ido perdiendo... Y aquí estamos nosotros. Nosotros no sabemos cuál es el lugar en el bosque. No sabemos cuáles son las palabras. Ni siquiera sabemos cómo encender el fuego como lo hacía Baal Shem Tov... Sin embargo, hay algo que sí sabemos. Sabemos esta historia. Sabemos este cuento...

Y dicen... Que Dios adora tanto este cuento, que le gusta tanto esta historia, que basta que alguien la cuente y que alguien la escuche para que Él, complacido, satisfaga cualquier necesidad y conceda cualquier deseo a todos los que están compartiendo este momento...

Así sea.

Si de verdad hemos encontrado a Dios, amamos a todos los hombres sin distinción, y sabemos que Dios se hace siempre presente ahí donde hay amor.

Domingo 30 Ordinario (C)

SÓLO CUANDO RECONOZCO QUE NO SOY MEJOR QUE NADIE, EMPIEZO A AMAR
Ecl 35,12-14.16-18; 2 Tim 4,6-8.16-18; Lc 18,9-14

A lo mejor nos consideramos personas religiosas, personas que cumplen, que rezan sus oraciones, que son medianamente buenas pues no robamos ni matamos… Pero tal vez por eso mismo, nos atrevemos a juzgar a los demás, nos sentimos mejores y —como los fariseos—, no somos capaces de amar.
Pero bien dice la primera lectura que "Dios no se deja impresionar por apariencias".

SOY UNA FALSA MONEDA

Había un viejo hombre que se ganaba la vida vendiendo toda clase de baratijas en el mercado. Algunos de sus compradores, sabiendo que tenía la vista muy débil, le pagaban con monedas falsas. El anciano se daba cuenta, pero no decía nada. Otros a veces afirmaban haberle pagado, cuando en realidad no lo habían hecho, y él aceptaba su palabra.

Cuando le llegó la hora de morir, alzó sus ojos al cielo y dijo: "Oh, Dios. He aceptado de la gente muchas monedas falsas, pero ni una vez he juzgado a ninguna de esas personas en mi corazón, sino que daba por supuesto que no sabían lo que hacían. Yo también soy una falsa moneda y un pecador. No me juzgues, por favor."

Y se oyó una voz que le decía: "¿Cómo es posible juzgar a alguien que en toda su vida no ha juzgado a los demás?"

Muchos pueden actuar amorosamente. Pero es rara la persona que piensa amorosamente.

Domingo 31 Ordinario (C)

LO MEJOR DE DIOS ES QUE A PESAR DE CONOCERNOS BIEN, AÚN ASÍ NOS AMA COMO SOMOS

Sab 11,22-12,1; 2 Tes 1,11-2,2; Lc 19,1-10

Todos hemos sido adolescentes, y nos hemos equivocado, hemos sido insoportables en algún momento, nos hemos marginado de otros... como Zaqueo. Pero Jesús rompe prejuicios, nos ama y quiere comer con nosotros.
En cambio nosotros qué fácil juzgamos a los demás y decimos que es su culpa que no los amemos. Aquel vecino, aquel sacerdote, aquel joven, mi pareja...

DIVÓRCIATE... PERO DE LA IMAGEN QUE TE HAS HECHO DE TU PAREJA

Un joven que llevaba algunos años de casado fue a hablar con un sacerdote amigo suyo para quejarse de su mujer. Estuvo un largo rato explicándole por qué estaba convencido que él y su mujer eran incompatibles.

—¡Divórciate!, fue la tajante respuesta del sacerdote. El joven se sorprendió que el sacerdote sugiriera algo que, en el fondo él deseaba, pero que no esperaba escuchar de su amigo.

—¿Qué me divorcie, dijiste?

—Sí —contestó el sacerdote—, divórciate de la imagen que tienes de lo que debe ser tu mujer y cásate con ella.

Amar a alguien no es decidir cómo debería ser, es romper nuestras expectativas, apreciarla como es y entregarnos a buscar su bien.

Domingo 32 Ordinario (C)

DIOS NO ES UN DIOS DE MUERTOS, SINO DE VIVOS

2 Mac 7,1-2.9-14; 2 Tes 2,16-3,5; Lc 20,27-38

Creer en la resurrección no es esperar resignados a vivir una vida mejor después de esta, es resucitar constantemente lo mejor de nosotros mismos y empezar a vivir esa "buena" vida ya desde ahora.

DECÁLOGO DE LA SERENIDAD

1. Sólo por hoy trataré de vivir exclusivamente el día, sin querer resolver el problema de mi vida todo de una vez.
2. Sólo por hoy tendré el máximo cuidado de mi aspecto, cortés en mis maneras, no criticaré a nadie y no pretenderé mejorar o disciplinar a nadie sino a mí mismo.
3. Sólo por hoy seré feliz en la certeza de que he sido creado para la felicidad, no sólo en el otro mundo, sino también en éste.
4. Sólo por hoy me adaptaré a las circunstancias, sin pretender que todas las circunstancias se adapten a mis deseos.
5. Sólo por hoy dedicaré diez minutos de mi tiempo a una buena lectura, recordando que, como el alimento es necesario para la vida del cuerpo, así la buena lectura es necesaria para la vida del alma.
6. Sólo por hoy haré una buena acción y no lo diré a nadie.
7. Sólo por hoy haré por lo menos una cosa que no deseo hacer, y si me sintiera ofendido en mis sentimientos, procuraré que nadie se entere.

7. Sólo por hoy me haré un programa detallado. Quizá no lo cumpla cabalmente, pero lo redactaré y me guardaré de dos calamidades: la prisa y la indecisión.
8. Sólo por hoy creeré, aunque las circunstancias parezcan demostrar lo contrario, que la buena providencia de Dios se ocupa de mí como si nadie más existiera en el mundo.
9. Sólo por hoy no tendré temores. De manera particular no tendré miedo de gozar de lo que es bello y creer en la bondad.

Puedo hacer el bien durante doce horas, lo que me descorazonaría si pensase tener que hacerlo durante toda mi vida

Domingo 33 Ordinario (C)

**CON LA PERSEVERANCIA EN EL BIEN
SALVAREMOS NUESTRAS ALMAS DE LA TRISTEZA**
Mal 3,19-20; 2 Tes 3,7-12; Lc 21,5-19

Jesús no quiere asustarnos con las imágenes de las que habla hoy: guerras, desastres, traición, cárcel... Al contrario nos invita a confiar en Dios incluso si nos tocará vivir alguno de esos difíciles momentos. Dios nos ama a cada uno y escogió el lugar donde plantarnos. Debemos ponernos siempre en sus manos y dejar que escriba grandes historias de amor con nuestras vidas.

LOS TRES ÁRBOLES

Había una vez en la cumbre de una montaña, tres pequeños árboles, que estaban reflexionando sobre lo que querían llegar a ser cuando fueran grandes.

El primer arbolito miró hacia las estrellas y dijo:

—Yo quiero guardar tesoros. Quiero estar repleto de oro y ser llenado de piedras preciosas. ¡Yo seré el cofre del tesoro más hermoso del mundo!

El segundo arbolito miró un pequeño arroyo realizando su camino hacia el océano y dijo:

—Yo quiero viajar a través de aguas temibles y llevar reyes poderosos sobre mí. ¡Yo seré el barco más imponente del mundo!

El tercer arbolito miro hacia el valle que estaba abajo de la montaña y vio hombres y mujeres trabajando en un pueblo y dijo:

—Yo no quiero irme de la cima de la montaña nunca. Yo quiero crecer tan alto que cuando la gente del pueblo se pare a mirarme, su mirada se eleve al cielo y piensen en Dios. ¡Yo seré el árbol más grande del mundo!

Los años pasaron. Llovió, brillo el sol, y los pequeños árboles crecieron altos. Un día, tres leñadores subieron a la cumbre de la montaña.

El primer leñador miró al primer árbol y dijo, "¡Qué árbol tan hermoso es éste!", y con la arremetida de su hacha brillante el primer árbol cayó. "Ahora me convertirán en un cofre hermoso —pensó el primer árbol—, ¡Y meterán en mí tesoros maravillosos!".

El segundo leñador miró al segundo árbol y dijo, "Este árbol es muy fuerte, es perfecto para mí". Y con la arremetida de su hacha brillante, el segundo árbol cayó. "Ahora deberé navegar aguas temibles —pensó el segundo árbol—, seré un barco perfecto para reyes temidos y poderosos".

El tercer árbol sintió su corazón sufrir cuando el ultimo leñador lo miro. El árbol se paró derecho y alto y apuntando ferozmente al cielo. Pero el leñador ni siquiera miro hacia arriba y dijo: "Cualquier árbol es bueno para mí". Y con la arremetida de su hacha brillante, el tercer árbol cayó.

El primer árbol se emocionó cuando el leñador lo llevó a una carpintería. Pero el carpintero no hizo un cofre, lo convirtió en una caja de alimento para animales de granja. Aquel árbol hermoso no fue cubierto con oro, ni llenado de tesoros, sino que fue cubierto con serrín y llenado con alimento y baba de animales hambrientos.

El segundo árbol sonrió cuando el leñador lo llevó cerca de un embarcadero. Pero ningún barco imponente fue construido ese día. En lugar de eso, aquel árbol fue convertido en un simple bote de pesca, demasiado chico y débil para navegar en el océano, ni siquiera bueno para un río, así que fue llevado a un pequeño lago.

El tercer árbol seguía confundido cuando el leñador lo corto para hacer tablas fuertes y lo abandono en un almacén de madera. "Que estará pasando —fue lo que se preguntó el árbol—, yo todo lo que quería era quedarme en la cumbre de la montaña y apuntar a Dios..."

Muchísimos días y noches pasaron. A los tres árboles ya casi se les habían olvidado sus sueños de jóvenes. Pero una noche, una luz de estrella dorada alumbró al primer árbol cuando una joven mujer puso a su hijo recién nacido en la caja de alimento. "Yo quisiera haberle podido hacer una buena cuna al bebe" —le dijo su esposo a la mujer. La mujer le apretó la mano y sonrió mientras la luz de la estrella alumbraba a la madera suave y fuerte de la caja; luego dijo: "Este pesebre es hermoso". Y de repente, el primer árbol supo que contenía el tesoro más grande del mundo...

Años después, una tarde de verano, un viajero cansado y sus amigos se subieron a un viejo bote de pesca. El viajero se quedó dormido mientras el segundo árbol navegaba tranquilamente hacia adentro del lago. De repente, una impresionante y aterradora tormenta llegó al lago, el pequeño árbol se llenó de temor, él sabía que no tenía la fuerza para llevar a todos esos pasajeros a la orilla a salvo con ese viento y lluvia. El hombre cansado fue despertado, se levantó, y alzando su mano dijo: "Calma". La tormenta se detuvo tan rápido como comenzó. Y de repente el segundo árbol supo que él llevaba navegando al Rey del cielo y de la tierra, al más poderoso de todos.

Un viernes por la mañana el tercer árbol se extrañó cuando sus tablones fueron tomados de aquel almacén de madera olvidado. Se asustó al ser llevado a través de una impresionante multitud de personas enfadadas. Se llenó de temor y dolor cuando unos soldados clavaron las manos y los pies de un hombre en su madera. Se sintió feo, áspero y cruel. Pero al siguiente domingo por la mañana, cuando el sol brilló, la tierra tembló con júbilo debajo de su madera. Entonces el tercer árbol supo que el amor de Dios se había manifestado en su madera. Esto hizo que se sintiera feliz, pues entendió que cada vez que la gente lo mirara a él o una imagen suya, ellos pensarían en Dios. Eso era mucho mejor que ser el árbol más grande del mundo.

La próxima vez que te sientas deprimido porque no conseguiste lo que querías, sólo mantente firme y sé feliz porque Dios está pensando en algo mejor para darte.

Cristo Rey (C)

SEAMOS COMO EL LADRÓN QUE ROBÓ EL CIELO… PERO NO LO DEJEMOS PARA EL ÚLTIMO DÍA
2 Sam 5,1-3; Col 1,12-20; Lc 23,35-43

Hay personas que sólo se acogen a Dios en la cruz del dolor o al final de sus días; sólo entonces valoran su poder y acuden a su misericordia. ¡Qué bueno que a Dios no le importa esperar y nos ama igual sea que nos acerquemos a Él por amor o conveniencia!
No esperemos el dolor, aprovechemos cada día para sentir el amor de Dios y disfrutar en verdad, lo que somos y tenemos.

PRESENTÁNDOSE

Un párroco estaba dando un recorrido por su iglesia al mediodía, reflexionando si debía dejar la iglesia abierta a esas horas pues él pensaba que nunca había nadie.

En ese momento se abrió la puerta y entró un hombre. El sacerdote frunció el entrecejo al ver al hombre acercarse al altar por el pasillo; el hombre estaba sin afeitarse desde hacía varios días, vestía un pantalón rasgado y un abrigo gastado cuyos bordes se habían comenzado a deshilachar, y cargaba una sospechosa maletita.

El hombre miró al sacerdote, se arrodilló, inclinó la cabeza sólo unos momentos, luego se levantó y se fue.

Durante los siguientes días el mismo hombre, siempre al mediodía, entraba en la Iglesia cargando la maletita, se arrodillaba muy brevemente y luego volvía a salir.

El sacerdote, un poco temeroso, empezó a sospechar que se trataba de un ladrón que esperaba una distracción para llevarse algo en su maletita, por lo que al día siguiente se puso en la puerta de la Iglesia y cuando el hombre se a entrar, le preguntó:

—¿Qué buscas aquí?

El hombre le dijo que trabajaba cerca pero que tenía sólo media hora libre para comer todos los días, y queriendo aprovecharla para pasar un momentito por la Iglesia a rezar, comía en el camino lo que traía en su maletita.

—Por eso sólo me quedo unos instantes, sabe, porque tengo que volver a la fábrica. Así que me arrodillo y digo: 'Señor, sólo vine nuevamente para contarte lo feliz que soy por saber que siempre me perdonas mis pecados... No sé rezar muy bien, pero sabes que pienso en Ti todos los días... Jesús, soy Juan presentándome'.

El sacerdote, sintiéndose avergonzado de haber desconfiado en él, animó a Juan a seguir viniendo, que era bienvenido a la iglesia cuando quisiera.

Ese día, cuando Juan salió, el sacerdote se arrodilló humildemente ante el altar, sintió derretirse su corazón con el gran calor del amor de Dios y con lágrimas en los ojos repitió la plegaria de Juan:

—Sólo quiero decirte, Señor, cuan feliz estoy. Gracias por ayudarme a encontrarte a través de mis semejantes y comprender que siempre perdonas mis pecados... No sé muy bien cómo rezar, pero quiero pensar en Ti todos los días... Así que Jesús, aquí estoy presentándome.

Pasado algún tiempo, un día el sacerdote notó que el viejo Juan no había venido a la iglesia para rezar. Y los siguientes días tampoco apareció, por lo que el párroco comenzó a preguntarse qué le habría pasado.

Decidió ir a la fábrica cercana a preguntar por él. Allí le dijeron que Juan estaba muy enfermo en el hospital y que los médicos estaban muy preocupados por su estado.

El sacerdote fue al hospital y se enteró que desde que Juan estaba ahí, había contagiado a muchos con su alegría y su paz. Las enfermeras no podían entender por qué Juan estaba tan feliz, ya que nunca había recibido ni flores, ni tarjetas, ni visitas.

Mientras el sacerdote se acercaba al lecho de Juan, una de ellas le dijo:

—Antes de usted, nadie ha venido a visitarlo.

El viejo Juan intervino y, con una sonrisa dijo:

—La enfermera está equivocada, padre, pero no de mala fe, es que ella no sabe que, desde que llegué aquí, todos los días a mediodía, un querido amigo viene, se sienta conmigo en la cama, se inclina sobre mí y me dice: 'Hola Juan, sólo vine para decirte lo feliz que soy desde que encontré tu amistad y me dejaste liberarte de tus pecados. Siempre me gustó oír tus plegarias, pienso en ti cada día... Juan, soy Jesús presentándome'.

OTROS CUENTOS

NOCHEVIEJA

TERMINAS UN AÑO MÁS, GUÁRDALO CON CARIÑO EN EL BAÚL DE LOS RECUERDOS

Ninguno de nosotros escogió nacer, fuimos invitados a vivir y puestos en este mundo. Las reglas de la vida no las inventamos nosotros y ni siquiera se nos dio un manual de instrucciones con el que guiarnos mientras pasamos por aquí; pero si se nos dio cierta libertad para escribir nuestra propia historia dentro de un marco establecido, que pese a que no siempre nos lo parezca, es increíblemente bello.

UN TOMO MÁS EN TU HISTORIA

Hoy se cierra un volumen más del libro de tu vida. En enero, cuando comenzaste este libro, podías escribir en él todo lo que quisieras: amor, odio, aventuras, rencores, trabajos, amistades... Podías, pero hoy ya no puedes. El libro ya está impreso y no admite cambios. Ha quedado bien, puedes estar seguro, pese a que tal vez hubo páginas que te costaron lágrimas al escribirlas. Ya no importa, ahora es el momento para disfrutar releyendo estos 365 días que Dios te regaló.

Dedica unos momentos de esta última noche del año a recordar. Hojea tu libro. Mira para atrás, recorre sus páginas en tu memoria y date el gusto de verte a ti mismo en esta aventura que termina hoy. Lee otra vez aquellas páginas del año en que pusiste tu mejor estilo y que te proporcionaron tantas satisfacciones. Lee también aquellas otras que nunca quisieras haber escrito, pero no te detengas demasiado en ellas, ni pienses en arrancarlas, ya no se puede, más bien piensa que te pueden ser muy útiles al escribir el libro que empezarás mañana. Y quédate tranquilo, el amor anulará con el tiempo todas las páginas negras de tu vida.

Al leer tu libro con calma, ríe, llora, mírate, suspira, recuerda a tanta gente con la que has tratado este año... cuántos escenarios, cuántas decisiones... Este libro que hoy se hace viejo lo has escrito sobre la superficie inmensa y movediza del mundo y es, sin duda, un drama apasionante en el que el primer personaje eras tú. Tú en escena con Dios, con los demás hombres, con todo lo que significa la vida. En él hay hermosos trazos de ti mismo y que muchas personas han apreciado y agradecido. Pero es un libro misterioso, secreto, porque su mayor parte, tal vez la más interesante, no puede leerla más que Dios y tú. Con el tiempo muchas páginas de este libro quedarán en el olvido incluso para ti, aunque sin dejar de influir en lo que eres y serás.

Por eso al leer tu libro hoy, hazlo con Dios, reza sobre tu viejo libro: dale las gracias. Vivir es un gran don y ser agradecido es la clave para que cada día que pasamos por esta vida sea realmente feliz.

1 DE ENERO

LO QUE ERES ES LO QUE DIOS TE REGALA. LO QUE HACES DE TI ES LO QUE TÚ REGALAS A DIOS.

Núm 6,22-27; Gál 4,4-7; Lc 2,16-21

Para el año nuevo solemos hacer muchos proyectos y propósitos, y, a veces, no nos damos tiempo para sentarnos a dialogarlos con Dios.
Tenemos que aprender a tener tiempos de oración, para —como María—, "guardar todo lo que nos pasa y meditarlo en nuestro corazón". Sólo así entenderemos bien el plan de Dios y sabremos, como los pastores, ir por el mundo "alabando y glorificando a Dios, por todo lo que hemos visto y oído".

AFILAR EL HACHA

Había una vez un leñador que se presentó a trabajar en una maderera. El sueldo y las condiciones de trabajo eran muy buenos, así que el leñador se decidió a hacer un buen papel.

El primer día se presentó al capataz, quien le dio un hacha y le designó una zona. El hombre entusiasmado salió al bosque a talar. En un sólo día cortó 18 árboles.

—Te felicito —dijo el capataz— sigue así.

Animado por las palabras del capataz, el leñador se decidió a mejorar su propio desempeño al día siguiente, así que esa noche se acostó temprano y en la mañana se levantó antes que nadie y se fue al bosque.

A pesar de todo su empeño, ese segundo día no consiguió cortar más que quince árboles.

—Me debo haber cansado —pensó y decidió acostarse con la puesta del sol.

Al amanecer del tercer día se levantó decidido a batir su marca de dieciocho árboles. Sin embargo, a pesar de que su esfuerzo fue mayor, no llegó ni a la mitad.

Al día siguiente fueron sólo siete árboles los que pudo cortar, luego cinco y el último día de la semana apenas si pudo cortar dos árboles.

Preocupado por lo que pudiera decir el capataz, el leñador se acercó a contarle lo que le estaba pasando y a jurarle y perjurarle que se esforzaba al límite de desfallecer.

El capataz, un hombre con experiencia, le preguntó:

—¿Cuándo afilaste tu hacha por última vez?

—¿Afilar? No he tenido tiempo de afilar, estuve muy ocupado cortando árboles.

FIESTA DE SAN JOSÉ

SAN JOSÉ UNA IMAGEN DE DIOS
1 Sam 7,4-5.12-14.16; Rom 4,13.16-18.22;
Mt 1,16.18-21.24)

No dicen mucho los evangelios sobre San José, sólo que fue un hombre justo: que no acepta las leyes cuando sólo condenan, él prefiere huir y que lo culpen antes que permitir que se lapide a María por estar embarazada.
José tiene que haber sido un buen padre. Tanto que Jesús escogió esa imagen para hablar de Dios.

NAZARET: DIÁLOGO ENTRE PADRE E HIJO

—Jesús, ven un momento.

—Sí, papá, voy.

—Mira, hijo, tienes que acostumbrarte a hacer las cosas a la perfección.

—Y ¿por qué me dices eso, papá?

—Mira, este yugo está bien hecho, no te voy a decir que no. Pero podría estar mejor igualado. No sé si encajará perfectamente en el agujero del carro.

—Sí, papá, encaja bien, porque lo he probado.

—Pero ¿no se mueve nada? ¿No deja algunos huecos, aunque sean pequeños?

—Bueno, pero hace el servicio de sobra. No creo que se vaya a salir en ningún caso. Pero si quieres que lo retoque...

—Eso me parece bien, hijo, pero no se trata sólo de este yugo. Yo sé que te esmeras todo lo que puedes, pero... debiéramos acostumbrarnos a hacerlo todo al detalle.

—Y a ti, papá ¿te parece tan importante hacerlo todo al detalle cuando hay tanta injusticia y tanta gente que pasa hambre?

—Es verdad, hijo, el mundo no está bien. Pero no se arregla nada con ser un descuidado y hacer las cosas a medias.

—Yo hago todo lo mejor que puedo, papá.

—Por supuesto, hijo, no lo digo por ti. Este yugo tampoco está mal. Lo digo en general.

—Pero, papá, ¿no sueles hablarme tú mismo de lo mal que está el mundo? Dios no quiere un mundo como éste. Y esta situación no se arregla esmerándose en los pequeños detalles. Tiene que venir pronto el Reinado de Dios.

—Desde luego, hijo. Eso me dices tú siempre, y yo cada día lo deseo más. Pero no creo que ese Reinado sustituya nuestro esfuerzo ni nos ahorre el cuidado de los detalles Porque los detalles son amor...

—Dios es amor, papá.

—Sí, por eso te lo decía yo.

—O sea, que ¿hay que hacer las cosas bien, bien, bien?

—Sí, hijo, hay que hacer la cosas al detalle, y a la vez pensar en transformar toda la sociedad.

—Dios lo hará.

—Con nuestro trabajo, hijo, con nuestro trabajo.

—Sí, con nuestro trabajo...

Y después de esta conversación con su padre, Jesús puso alma, vida y corazón en dejar aquel yugo bien pulido. Hacía las cosas cada vez mejor, poniendo en ellas toda su capacidad y amor. No es extraño que en su vida pública, la gente se quedara asombrada y exclamara: "Todo lo hace bien. Todo lo hace a la perfección".

Fiesta de San Francisco de Asís

HAZME INSTRUMENTO DE TU PAZ

Sin duda uno de los hombres que mejor ha entendido y vivido el mensaje de Jesús en el evangelio es san Francisco de Asís. Captó aquello de "el que quiera salvar su vida la perderá, pero el que la pierda por mí y por el evangelio, la encontrará".

Como Jesús, él tuvo claro que hacer el bien a los que son amables es fácil, que lo que se necesita son personas dispuestas a amar a aquellos que nadie ama por eso en su oración pedía a Dios: "Donde haya odio ponga yo amor... que no busque ser amado sino amar"

LA PERFECTA ALEGRÍA
(Del musical italiano "Forza venite gente")

Hermano León:
Aunque un fraile pueda caminar sobre el agua,
 sanar a los enfermos, o vencer cualquier mal, y
 pueda hacer ver a los ciegos
y a los muertos caminar...
Hermano León (cordero del Señor),
aunque un fraile pueda hablar a los peces y a los
 animales,
o pueda domar a los lobos y hacerlos tan amigos
 como perros;
aunque pueda adivinar qué cosa nos deparará el
 mañana...
Tú escribe que ésta no es la verdadera, la perfecta
 alegría.
Hermano León, aunque un fraile pueda
hablar tan bien como para hacer entender a los
 sordos,

y convertir a los ladrones; aunque hasta en el infierno
el logre hacer cristianos…
Tú escribe que ésta no es la verdadera, la perfecta alegría.
Pero si en medio del hermano invierno, entre nieve, frío y viento,
esta noche llegamos a casa y tocamos al portón,
mojados, cansados y hambrientos;
creerán que somos dos ladrones, y nos echarán como a perros,
y nos darán palos, y en el frío tenemos que esperar,
con hermana noche y hermana hambre.
Pero si sabemos esperar con paciencia,
mojados, cansados y golpeados,
pensando que así Dios quiere el mal transformarlo en bien…
Tú escribe que esta si es la verdadera, la PERFECTA ALEGRIA.

Todos los Santos

SER SANTO ES AMAR Y PERSEVERAR
Ap 7,2-4.9-14; 1 Jn 3,1-3; Mt 5,1-12

Ser santo es luchar por tratar de hacer vida el mensaje de Jesús. Es juzgar con los ojos de Dios intentando hacer realidad el programa de las Bienaventuranzas en la que los últimos son los primeros atendidos (en casa, en el trabajo, en la sociedad…).
Nadie nace santo, hace falta esfuerzo y paciencia para saber florecer bien y dar fruto en la tierra donde Dios nos sembró.

SÓLO SEMILLAS

Cuentan que un joven paseaba una vez por una ciudad desconocida, cuando, de pronto, se encontró con un comercio que tenía un letrero extraño: "La felicidad".

Al entrar descubrió que detrás de los mostradores, quienes despachaban eran ángeles y, asustado se acercó a uno de ellos y le preguntó:

—Perdón, ¿qué venden aquí?

—¿Aquí? —respondió el ángel—Aquí vendemos de todo.

—¡Ah! —dijo asombrado el joven—. Sírvanme entonces el fin de las guerras; muchas toneladas de amor entre los hombres, un gran paquete de comprensión entre las familias...

Y así siguió pidiendo hasta que el ángel, le cortó la palabra y le dijo:

—Perdone, señor. Creo que no me he explicado bien. Aquí no vendemos frutos, sino semillas.

En los mercados de Dios siempre es así. Nunca te venden amor ya fabricado; te ofrecen una semilla que tú debes plantar en tu corazón; que tienes que regar y cultivar y que, al fin, tarde, quién sabe en qué primavera, acabará iluminándote el alma. Y con la paz ocurre lo mismo.

Claro que a la gente este negocio no le gusta. Sería mucho más cómodo que te lo dieran ya todo hecho y empacado. Que uno sólo tuviera que arrodillarse ante Dios y decirle: "Quiero paz" y la paz viniera volando. Pero resulta que Dios tiene más corazón que manos.

Voy a explicarme con un ejemplo. En la última guerra mundial: en una ciudad alemana, los bombardeos destruyeron la más hermosa de sus iglesias, la catedral. Y una de las 'víctimas' fue el Cristo del altar mayor, que quedó destrozado. Al terminar la guerra los habitantes de la ciudad reconstruyeron su Cristo bombardeado, llegaron a formarlo de nuevo en todo su cuerpo... menos en los brazos. ¿Y qué hacer? Decidieron devolverlo al altar mayor, tal y como había quedado, pero en lugar de los brazos perdidos escribieron un letrero que decía: "Desde ahora, Dios no tiene más brazos que los nuestros".

Y allí está, invitando a colaborar con Él, ese Cristo de los brazos inexistentes.

En realidad, siempre ha sido así. Desde el día de la creación Dios no tiene más brazos que los nuestros. Nos los dio para suplir los suyos, para que nosotros multiplicáramos su creación con las semillas que Él había sembrado.

Fieles Difuntos

TAN ALTA DICHA ESPERO, QUE MUERO PORQUE NO MUERO

Tan importante es festejar el cumpleaños de un ser querido recordando cuando nació, —alegres de poder compartir su vida—, como festejar cuando uno de ellos nace a la vida eterna y conoce cara a cara a Dios, —aunque nos entristezca tener que separarnos momentáneamente de él—, pero con la certeza de que llegó a su destino.
Ojalá recordáramos cada día aquello que un padre le dijo a su hijo al nacer: "Hijo hoy tú lloras mientras todos sonríen, ojalá vivas de tal forma que cuando mueras todos lloren y tú sonrías"

LAS LIBÉLULAS

En el fondo de un viejo estanque vivía un grupo de larvas que no comprendían por qué cuando alguna de ellas ascendía por los largos tallos de lirio hasta la superficie del agua, nunca más volvía a descender donde ellas estaban.

Se prometieron que si alguna de ellas subía un día hasta la superficie, volvería para decirles a las demás lo que había ocurrido.

Poco después, una de dichas larvas sintió un deseo irresistible de ascender hasta la superficie. Comenzó a caminar hacia arriba por uno de los finos tallos verticales y cuando finalmente estuvo fuera se puso a descansar sobre una hoja de lirio. Entonces experimentó una trasformación magnífica que la convirtió en una hermosa libélula con unas alas bellísimas.

Trató de cumplir su promesa, pero fue en vano. Volando de un extremo al otro de la charca podía ver a sus amigas en el fondo. Entonces comprendió que incluso si ellas a su vez hubieran podido verla, nunca habrían reconocido en esta criatura radiante a una de sus compañeras.

El hecho de que después de esa trasformación que llamamos muerte no podamos ver a nuestros amigos ni comunicarnos con ellos, no significa que hayan dejado de existir.

MORIR ES NACER DE NUEVO

En el vientre de una mujer embarazada se encontraban dos bebés. Uno pregunta al otro:

—¿Tú crees en la vida después del parto?

—Claro que sí. Algo debe existir después del parto. Tal vez estemos aquí porque necesitamos prepararnos para lo que seremos más tarde.

—¡Tonterías! No hay vida después del parto. ¿Cómo sería esa vida?

—No lo sé pero seguramente... habrá más luz que aquí. Tal vez caminemos con nuestros propios pies y nos alimentemos por la boca.

—¡Eso es absurdo! Caminar es imposible. ¿Y comer por la boca? ¡Eso es ridículo! El cordón umbilical es por donde nos alimentamos. Yo te digo una cosa: la vida después del parto está excluida. El cordón umbilical es demasiado corto.

—Pues yo creo que debe haber algo. Y tal vez sea sólo un poco distinto a lo que estamos acostumbrados a tener aquí.

—Pero nadie ha vuelto nunca del más allá, después del parto. El parto es el final de la vida. Y a fin de cuentas, la vida no es más que una angustiosa existencia en la oscuridad que no lleva a nada.

—Bueno, yo no sé exactamente cómo será después del parto, pero seguro que veremos a mamá y ella nos cuidará.

—¿Mamá? ¿Tú crees en mamá? ¿Y dónde crees tú que está ella?

—¿Dónde? ¡En todo nuestro alrededor! En ella y a través de ella es como vivimos. Sin ella todo este mundo no existiría.

—¡Pues yo no me lo creo! Nunca he visto a mamá, por lo tanto, es lógico que no exista.

—Bueno, pero a veces, cuando estamos en silencio, tú puedes oírla cantando o sentir cómo acaricia nuestro mundo. ¿Sabes?... Yo pienso que hay una vida real que nos espera y que ahora solamente estamos preparándonos para ella...

ÍNDICE DE CUENTOS

Adelanto del cielo, Un (Pentecostés C)
Afilar el hacha (Otros cuentos. 1 Enero)
Agujero en la barca, El (6 Ordinario A)
Al cielo con los amigos (4 Cuaresma C)
Alacrán, El (23 Ordinario A)
Amaba o me ataba, La (5 Cuaresma A)
Amigo, Mi (27 Ordinario A)
Amor en una latita de leche (3 Adviento B)
Anunciación actual, La (4 Adviento B)
Aprender a amar como una vela (Nochebuena C)
Árbol de los problemas, El (16 Ordinario B)
Asamblea en la carpintería (2 Adviento A)
Ayuda de Dios en el desierto, La (28 Ordinario C)

Bambú japonés, El (27 Ordinario C)
Barbero, El (2 Pascua A)
Bordados de la vida (3 Pascua B)
Buena lección, Una (19 Ordinario B)
Buena noticia, La (25 Ordinario A)
Buena suerte, mala suerte, quién sabe (14 Ordinario A)
Bueyes y el lobo, Los (10 Ordinario A)

Cada uno da lo que posee (13 Ordinario C)
Café para vivir (3 Ordinario B)
Camión de basura, El (3 Adviento C)
Campanas del Templo, Las (29 Ordinario A)
Canasto de carbón, El (15 Ordinario A)
Canto de Dios, El (Santísima Trinidad B)
Carreta vacía, La (22 Ordinario C)
Carta de los ancianos (28 Ordinario A)
Carta de sor Lucy (5 Cuaresma B)
Casa gris, La (Sagrada Familia B)
Casarse de nuevo (2 Ordinario C)

Cielo y el infierno en un plato de arroz, El
(32 Ordinario B)
Clase de piano, La (Bautismo de Jesús A)
Coche y el jugo de naranja, El (1 Cuaresma A)
Collar de turquesas, El (3 Pascua C)
Cómo son los habitantes de esta ciudad (7 Ordinario C)
Cómo va a ser tu día de hoy. Depende de ti (4 Pascua B)
Comodidad: la clave para un mundo nuevo
(26 Ordinario A)
Comportamiento de los gansos, El (1 Adviento B)
Comprar un sari más barato (28 Ordinario B)
Conociendo a Cristo (9 Ordinario A)
Conociendo a Dios (19 Ordinario A)
Costo del amor de una madre, El (7 Pascua A)
Creatividad en la caridad (30 Ordinario B)
Cuánto cuesta un milagro (23 Ordinario B)
Cuánto me falta (19 Ordinario C)
Cuarto rey mago, El (Epifanía A)
Cuatro velas, Las (Navidad. Misa de media noche B)
Cuida tu pareja (21 Ordinario B)
Chin, fallé (20 Ordinario A)

Dalo todo a quien quieres (2 Cuaresma B)
De todos modos (4 Ordinario C)
Decálogo de mala educación (21 Ordinario C)
Decálogo de la serenidad (32 Ordinario C)
Dejar pasar la luz (2 Adviento B)
Dejar secar la ira (2 Adviento C)
Dejo Nazaret, Por qué (4 Ordinario B)
Deseas a Dios de verdad (3 Cuaresma A)
Diamante, El (2 Ordinario B)
Diez verdades sobre el matrimonio (15 Ordinario B)
Dios es azúcar (6 Pascua B)
Dios sí me ha escuchado y lo tengo todo
(5 Ordinario B)

Disminuir el paso y cambiar el rumbo (Domingo de Pascua C)
Divórciate, pero de la imagen que te has hecho de tu pareja (31 Ordinario C)
Doblar la carne (6 Pascua C)
Doña Balvina (8 Ordinario A)
Dos amigos y el oso, Los (13 Ordinario A)
Dos lobos, Los (Bautismo de Jesús B)
Dos perritos, Los (25 Ordinario B)

Eco, El (14 Ordinario C)
Ejemplo de fe, o de lo que no es fe (13 Ordinario B)
Elección de vivir, La (Domingo de Pascua A)
Empujar la roca (22 Ordinario A)
En la diversidad está la perfección (4 Cuaresma A)
En vida hermano, en vida (10 Ordinario C)
Esfuerzo es parte del regalo, El (12 Ordinario C)
Espejo: Una historia de amor, El (Bautismo de Jesús C)
Estar contento o ser feliz (6 Ordinario C)
Estrella escondida, La (Epifanía C)
Estrellas de mar, Las (17 Ordinario B)
Existe el mal (15 Ordinario C)
Explicación del salmo del buen pastor, Una (4 Pascua A)

Fábula del puercoespín, La (31 Ordinario B)
Faro en el desierto, Un (Pentecostés A)
Fátima la hilandera (23 Ordinario C)
Flor de la honestidad, La (30 Ordinario A)
Fórmula, La (1 Cuaresma C)
Fracaso (Domingo de Ramos A)

Había una vez un rey (Navidad A)
Hay alguien ahí (12 Ordinario A)
Historia de milagros, Una (18 Ordinario A)
Historia de Navidad, Una (Navidad C)
Historia del abbé Pierre, Una (5 Pascua C)

Historia del burro, La (12 Ordinario B)
Historia del salmón, La (Domingo de Ramos B)
Hombre sabio, El (32 Ordinario A)
Hombre y el mundo, El (Cristo Rey A)

Imágenes de una madre (24 Ordinario C)

Jesús se ha disfrazado (Epifanía B)
Jesús va al futbol (26 Ordinario B)

Lección de vida (8 Ordinario C)
Lección del fuego, La (2 Pascua C)
Lecciones del Arca de Noé (1 Cuaresma B)
Libélulas, Las (Otros cuentos. Fieles difuntos)
Lili y su suegra (Pentecostés B)
Lugar en el bosque, Un (29 Ordinario C)

Malamén, El (33 Ordinario B)
Mamá más mala del mundo, La (3 Cuaresma B)
Mamá no tiene novio, Mi (27 Ordinario B)
Mejor cumpleaños, El (4 Adviento C)
Mejor dormir que murmurar (22 Ordinario B)
Mejor empatar que ganar (9 Ordinario B)
Mejor religión, La (3 Ordinario C)
Mensaje de la espada, El (29 Ordinario -DOMUND- B)
Mentira descubierta, La (4 Cuaresma B)
Mirada de Jesús, La (Domingo de Ramos C)
Monje y la mujer, El (11 Ordinario C)
Morir es nacer de nuevo (Otros cuentos. Fieles difuntos)
Mujer samaritana, La (21 Ordinario A)
Muy bien, muy bien (31 Ordinario A)

Nazaret un modelo para las familias (Sagrada Familia C)
Nazaret: diálogo entre padre e hijo (Otros cuentos. Fiesta de San José)

Necesito un abrazo (Jueves Santo C)
Negros y blancos (Ascensión B)
Nieve y el pájaro, La (16 Ordinario A)
No cambies (2 Cuaresma C)
Nosotros somos tres, tú eres tres (Santísima Trinidad A)
Nudo de amor, Un (Sagrada Familia A)
Nuestro tiempo (16 Ordinario C)

Padrenuestro de Dios, El (17 Ordinario C)
Papá es el piloto, Mi (9 Ordinario C)
Papá, ¿me prestas tres euros? (18 Ordinario C)
Paquete de galletas, El (7 Ordinario A)
Para qué sirve rezar (20 Ordinario B)
Parábola del lápiz (6 Pascua A)
Parábola del Rey (Cristo Rey B)
Patas de un elefante, Las (6 Ordinario B)
Pedir un espíritu contentadizo (17 Ordinario A)
Perfección de Dios, La (4 Ordinario A)
Perfecta alegría, La (Otros cuentos. Fiesta de San Francisco de Asís)
Personas gritan cuando están enfadadas, Por qué las (10 Ordinario B)
Pescado fresco (20 Ordinario C)
Piedra de sopa, La (Jueves Santo A)
Pinta mi palacio (5 Ordinario C)
Presentándose (Cristo Rey C)
Profeta que quería cambiar el mundo, El (11 Ordinario A)
Propósito de un perro, El (8 Ordinario B)
Puente, El (3 Cuaresma C)

Quién alimentará a los hambrientos (5 Pascua A)

Raíces profundas (18 Ordinario B)
Reglas para un matrimonio feliz (14 Ordinario B)

Sabiduría según los Ashanti, La (3 Ordinario A)
Sándwich de jamón y queso, El (Ascensión C)
Sembrando al viento (11 Ordinario B)
Si quieres que te quieran, quiere (5 Ordinario A)
Si rezas, caminarás el camino de Emaús conmigo (3 Pascua A)
Siete maravillas del mundo, Las (4 Adviento A)
Sin límites (21 Ordinario C)
Sobre rezos y rezadores (24 Ordinario B)
Sólo semillas (Otros cuentos. Todos los santos)
Solución es el amor, La (7 Ordinario B)
Soy una falsa moneda (30 Ordinario C)
Sueño de Dios, El (5 Pascua B)

Todavía te tienen prisionero (24 Ordinario A)
Tomo más en tu historia, Un (Otros cuentos. Nochevieja)
Tres árboles, Los (33 Ordinario C)
Tres maneras de pasear por el campo y por la vida (Ascensión C)
Tres pipas, Las (Santísima Trinidad C)
Tres príncipes, Los (2 Pascua B)
Triple filtro, El (5 Cuaresma C)
Tú crees en Dios (2 Ordinario A)
Tú de qué eres esclavo (1 Adviento C)

Valor de una sonrisa, El (25 Ordinario C)
Vendedora de manzanas, La (26 Ordinario C)
Venta de garaje de Satanás, La (33 Ordinario A)
Vida solitaria, Una (4 Pascua C)
Viejo y el manzano, El (1 Adviento A)
Ya ganamos (Vigilia Pascual B)

Zapatero, El (3 Adviento A)
Zorro mutilado, El (2 Cuaresma A)

ÍNDICE TEMÁTICO

Aborto
   Carta de sor Lucy (5 Cuaresma B)

Agradecido
   ¿Cómo va a ser tu día de hoy? Depende de ti (4 Pascua B)
   El viejo y el manzano (1 Adviento A)
   La casa gris (Sagrada Familia B)
   Las siete Maravillas (4 Adviento A)
   Pedir un espíritu contentadizo (17 Ordinario A)
   Un tomo más en tu historia (Otros cuentos. Nochevieja)

Amor
   Aprender a amar como una vela (Nochebuena C)
   Dalo todo a quien quieres (2 Cuaresma B)
   El alacrán (23 Ordinario A)
   El costo del amor de una madre (7 Pascua A)
   Los dos amigos y el oso (13 Ordinario A)
   Si quieres que te quieran, quiere (5 Ordinario A)
   Un adelanto del cielo (Pentecostés C)
   Un nudo de amor (Sagrada Familia A)
   Una historia del abbé Pierre (5 Pascua C)

Ancianos
   Carta de los ancianos (28 Ordinario A)
   Necesito un abrazo (Jueves Santo C)

Biblia
   El canasto de carbón (15 Ordinario A)

Caridad
   Amor en una latita de leche (3 Adviento B)

Carta de los ancianos (28 Ordinario A)
Comprar un sari más barato (28 Ordinario B)
Creatividad en la caridad (30 Ordinario B)
El cuarto rey mago (Epifanía A)
El espejo: Una historia de amor (Bautismo de Jesús C)
La nieve y el pájaro (16 Ordinario A)
La vendedora de manzanas (26 Ordinario C)
Necesito un abrazo (Jueves Santo C)
¿Quién alimentará a los hambrientos? (5 Pascua A)
Una historia de Navidad (Navidad C)

Compromiso (testimonio, ser luz)
Aprender a amar como una vela (Nochebuena C)
Carta de Sor Lucy (5 Cuaresma B)
Dejar pasar la luz (2 Adviento B)
El agujero en la barca (6 Ordinario A)
El eco (14 Ordinario C)
El espejo: Una historia de amor (Bautismo de Jesús C)
El profeta que quería cambiar el mundo (11 Ordinario A)
En vida hermano, en vida (10 Ordinario C)
La anunciación actual (4 Adviento B)
La buena noticia (25 Ordinario A)
La perfecta alegría (Otros cuentos. Fiesta de San Francisco de Asís)
Parábola del lápiz (6 Pascua A)
¿Por qué dejo Nazaret? (4 Ordinario B)
Sólo semillas (Otros cuentos. Todos los santos)
Tres maneras de pasear por el campo y por la vida (Ascensión C)
Un faro en el desierto (Pentecostés A)

Comunidad (Unidad)
Asamblea en la carpintería (2 Adviento A).
El comportamiento de los gansos (1 Adviento B)
La fábula del puercoespín (31 Ordinario B)
La lección del fuego (2 Pascua C)

La piedra de sopa (Jueves Santo A)
La sabiduría según los Ashanti (3 Ordinario A)

Conversión
Conociendo a Cristo (9 Ordinario A)
La mujer samaritana (21 Ordinario A)
Mi amigo (27 Ordinario A)
No cambies (2 Cuaresma C)

Decálogos de Sabiduría
¿Cómo va a ser tu día de hoy? Depende de ti (4 Pascua B)
Decálogo de la serenidad (32 Ordinario C)
Decálogo de mala educación (21 Ordinario C)
Diez verdades sobre el matrimonio (15 Ordinario B)
Imágenes de una madre (24 Ordinario C)
La solución es el amor (7 Ordinario B)
Lecciones del Arca de Noé (1 Cuaresma B)
Reglas para un matrimonio feliz (14 Ordinario B)

Desapego (sencillez)
Café para vivir (3 Ordinario B)
Comprar un sari más barato (28 Ordinario B)
El diamante (2 Ordinario B)
El hombre sabio (32 Ordinario A)
Mejor empatar que ganar (9 Ordinario B)
Muy bien, muy bien (31 Ordinario A)

Dios (cómo es)
Conociendo a Dios (19 Ordinario A)
Dios es azúcar (6 Pascua B)
El canto de Dios (Santísima Trinidad B)
El Padrenuestro de Dios (17 Ordinario C)
¿Existe el mal? (15 Ordinario C)
La fórmula (1 Cuaresma C)
La mirada de Jesús (Domingo de Ramos C)
Mi amigo (27 Ordinario A)

Un adelanto del cielo (Pentecostés C)
Un lugar en el bosque (29 Ordinario C)
Una explicación del salmo del buen pastor (4 Pascua A)

Discapacidad
Dios sí me ha escuchado y lo tengo todo
(5 Ordinario B)
En la diversidad está la perfección (4 Cuaresma A)
La perfección de Dios (4 Ordinario A)

Drogas
¿La amaba o me ataba? (5 Cuaresma A)

Educación
Decálogo de mala educación (21 Ordinario C)
El costo del amor de una madre (7 Pascua A)
La mamá más mala del mundo (3 Cuaresma B)
La mentira descubierta (4 Cuaresma B)
Nazaret: diálogo entre padre e hijo (Otros cuentos. Fiesta de San José)
Raíces profundas (18 Ordinario B)
Sin límites (21 Ordinario C)

Encarnación
En la diversidad está la perfección (4 Cuaresma A)
Había una vez un rey (Navidad A)
Jesús se ha disfrazado (Epifanía B)
La anunciación actual (4 Adviento B)

Entrega por amor (Misión, salvar a otros)
Dalo todo a quien quieres (2 Cuaresma B)
De todos modos (4 Ordinario C)
El collar de turquesas (3 Pascua C)
El hombre y el mundo (Cristo Rey A)
El mensaje de la espada (29 Ordinario -DOMUND- B)
El propósito de un perro (8 Ordinario B)

El sándwich de jamón y queso (Ascensión C)
La buena noticia (25 Ordinario A)
La historia del salmón (Domingo de Ramos B)
La solución es el amor (7 Ordinario B)
Las estrellas de mar (17 Ordinario B)
¿Por qué dejo Nazaret? (4 Ordinario B)
Una buena lección (19 Ordinario B)
Una historia del abbé Pierre (5 Pascua C)
Una vida solitaria (4 Pascua C)

Esperanza
Las cuatro velas (Navidad. Misa de media noche B)
¡Ya ganamos! (Vigilia Pascual B)

Estrés
Afilar el hacha (Otros cuentos. 1 Enero)
El árbol de los problemas (16 Ordinario B)
El camión de basura (3 Adviento C)

Familia
Lili y su suegra (Pentecostés B)
Papá, ¿me prestas tres euros? (18 Ordinario C)
Un nudo de amor (Sagrada Familia A)

Fe (confianza en Dios)
Bordados de la vida (3 Pascua B)
¿Buena suerte?¿Mala suerte?¿Quién sabe?
(14 Ordinario A)
Dios sí me ha escuchado y lo tengo todo
(5 Ordinario B)
Ejemplo de fe, o de lo que no es fe (13 Ordinario B)
El canto de Dios (Santísima Trinidad B)
Empujar la roca (22 Ordinario A)
¿Hay alguien ahí? (12 Ordinario A)
La clase de piano (Bautismo de Jesús A)
Los tres árboles (33 Ordinario C)

Mi papá es el piloto (9 Ordinario C)
Morir es nacer de nuevo (Otros cuentos. Fieles difuntos)
Nazaret un modelo para las familias (Sagrada Familia C)
Parábola del lápiz (6 Pascua A)

Felicidad
¿Estar contento o ser feliz? (6 Ordinario C)

Generosidad
Doña Balvina (8 Ordinario A)
El esfuerzo es parte del regalo (12 Ordinario C)
El paquete de galletas (7 Ordinario A)
El valor de una sonrisa (25 Ordinario C)
El viejo y el manzano (1 Adviento A)
Sembrando al viento (11 Ordinario B)

Humildad
La carreta vacía (22 Ordinario C)
La perfecta alegría (Otros cuentos. Fiesta de San Francisco de Asís)
La sabiduría según los Ashanti (3 Ordinario A)
Pinta mi palacio (5 Ordinario C)
Soy una falsa moneda (30 Ordinario C)

Infierno
El cielo y el infierno en un plato de arroz (32 Ordinario B)
La venta de garaje de Satanás (33 Ordinario A)

Juzgar (criticar. Aprender a no hacerlo)
¡Chin, fallé! (20 Ordinario A)
Al cielo con los amigos (4 Cuaresma C)
Divórciate, pero de la imagen que te has hecho de tu pareja (31 Ordinario C)
El monje y la mujer (11 Ordinario C)
El triple filtro (5 Cuaresma C)

Jesús se ha disfrazado (Epifanía B)
Jesús va al futbol (26 Ordinario B)
Las patas de un elefante (6 Ordinario B)
Lili y su suegra (Pentecostés B)
Los bueyes y el lobo (10 Ordinario A)
Mejor dormir que murmurar (22 Ordinario B)
Soy una falsa moneda (30 Ordinario C)

Libertad
Cada uno da lo que posee (13 Ordinario C)
De todos modos (4 Ordinario C)
El camión de basura (3 Adviento C)
El coche y el jugo de naranja (1 Cuaresma A)
La elección de vivir (Domingo de Pascua A)
La historia del burro (12 Ordinario B)
Los dos lobos (Bautismo de Jesús B)
¿Tú de qué eres esclavo? (1 Adviento C)

Mandamientos
El coche y el zumo de naranja (1 Cuaresma A)

Matrimonio
Casarse de nuevo (2 Ordinario C)
Cuida tu pareja (21 Ordinario B)
Diez verdades sobre el matrimonio (15 Ordinario B)
Divórciate, pero de la imagen que te has hecho de tu pareja (31 Ordinario C)
Mi mamá no tiene novio (27 Ordinario B)
Pedir un espíritu contentadizo (17 Ordinario A)
Por qué las personas gritan cuando están enfadadas (10 Ordinario B)
Reglas para un matrimonio feliz (14 Ordinario B)

Miedo (falta de fe)
El Malamén (33 Ordinario B)
La venta de garaje de Satanás (33 Ordinario A)

Milagros
¿Cuánto cuesta un milagro? (23 Ordinario B)
La ayuda de Dios en el desierto (28 Ordinario C)
Las siete maravillas del mundo (4 Adviento A)
Una historia de milagros (18 Ordinario A)

Muerte
Las libélulas (Otros cuentos. Fieles difuntos)
Morir es nacer de nuevo (Otros cuentos. Fieles difuntos)

Navidad
Una historia de Navidad (Navidad C)

No violencia
La mentira descubierta (4 Cuaresma B)
Las tres pipas (Santísima Trinidad C)
Los tres príncipes (2 Pascua B)
Por qué las personas gritan cuando están enfadadas (10 Ordinario B)

Oración
Afilar el hacha (Otros cuentos. 1 Enero)
¿Deseas a Dios de verdad? (3 Cuaresma A)
Dios sí me ha escuchado y lo tengo todo (5 Ordinario B)
El árbol de los problemas (16 Ordinario B)
El Malamén (33 Ordinario B)
Las campanas del Templo (29 Ordinario A)
Nosotros somos tres, tú eres tres (Santísima Trinidad A)
¿Para qué sirve rezar? (20 Ordinario B)
Presentándose (Cristo Rey C)
Si rezas, caminarás el camino de Emaús conmigo (3 Pascua A)
Sobre rezos y rezadores (24 Ordinario B)
Un lugar en el bosque (29 Ordinario C)

Pascua
    Las libélulas (Otros cuentos. Fieles difuntos)
    ¡Ya ganamos! (Vigilia Pascual B)

Perdón
    Carta de Sor Lucy (5 Cuaresma B)
    Dejar secar la ira (2 Adviento C)
    La fábula del puercoespín (31 Ordinario B)
    Las tres pipas (Santísima Trinidad C)
    Los tres príncipes (2 Pascua B)
    Todavía te tienen prisionero (24 Ordinario A)

Perseverancia
    ¿Cuánto me falta? (19 Ordinario C)
    El bambú japonés (27 Ordinario C)
    El canasto de carbón (15 Ordinario A)
    El profeta que quería cambiar el mundo (11 Ordinario A)
    El sueño de Dios (5 Pascua B)
    Empujar la roca (22 Ordinario A)
    Fátima la hilandera (23 Ordinario C)
    Fracaso (Domingo de Ramos A)
    La estrella escondida (Epifanía C)
    La historia del salmón (Domingo de Ramos B)
    La nieve y el pájaro (16 Ordinario A)
    Las campanas del Templo (29 Ordinario A)
    Los dos lobos (Bautismo de Jesús B)
    Los tres árboles (33 Ordinario C)

Prejuicios
    ¿Cómo son los habitantes de esta ciudad? (7 Ordinario C)
    El paquete de galletas (7 Ordinario A)
    Jesús va al futbol (26 Ordinario B)
    Lección de vida (8 Ordinario C)
    Los dos perritos (25 Ordinario B)
    Negros y blancos (Ascensión B)

Reconciliación
  Dejar secar la ira (2 Adviento C)
  El puente (3 Cuaresma C)

Religión verdadera
  ¿Deseas a Dios de verdad? (3 Cuaresma A)
  ¿Tú crees en Dios? (2 Ordinario A)
  Al cielo con los amigos (4 Cuaresma C)
  Comodidad: la clave para un mundo nuevo
  (26 Ordinario A)
  Conociendo a Cristo (9 Ordinario A)
  Doblar la carne (6 Pascua C)
  El barbero (2 Pascua A)
  El cuarto rey mago (Epifanía A)
  El zapatero (3 Adviento A).
  El zorro mutilado (2 Cuaresma A)
  Jesús va al futbol (26 Ordinario B)
  La fórmula (1 Cuaresma C)
  La mejor religión (3 Ordinario C)
  La mujer samaritana (21 Ordinario A)

Sagrada Familia
  Nazaret: diálogo entre padre e hijo
  (Otros cuentos. Fiesta de San José)
  Nazaret un modelo para las familias
  (Sagrada Familia C)

Servir (y no ser servido)
  Comodidad: la clave para un mundo nuevo
  (26 Ordinario A)
  Doña Balvina (8 Ordinario A)
  El agujero en la barca (6 Ordinario A)
  El alacrán (23 Ordinario A)
  El cielo y el infierno en un plato de arroz
  (32 Ordinario B)
  El zapatero (3 Adviento A).

El zorro mutilado (2 Cuaresma A)
Había una vez un rey (Navidad A)
La piedra de sopa (Jueves Santo A)
Parábola del Rey (Cristo Rey B)
Si quieres que te quieran, quiere
(5 Ordinario A)
Sólo semillas (Otros cuentos. Todos los santos)
Una buena lección (19 Ordinario B)

Sinceridad (integridad)
La flor de la honestidad (30 Ordinario A)
Muy bien, muy bien (31 Ordinario A)

Solidaridad
Disminuir el paso y cambiar el rumbo
(Domingo de Pascua C)
El mejor cumpleaños (4 Adviento C)
La perfección de Dios (4 Ordinario A)

Superar las dificultades
Fracaso (Domingo de Ramos A)
La elección de vivir (Domingo de Pascua A)
La historia del burro (12 Ordinario B)
Pescado fresco (20 Ordinario C)
Raíces profundas (18 Ordinario B)
¿Tú de qué eres esclavo? (1 Adviento C)

Valores
Café para vivir (3 Ordinario B)
Disminuir el paso y cambiar el rumbo
(Domingo de Pascua C)
Mejor empatar que ganar (9 Ordinario B)
Nuestro tiempo (16 Ordinario C)
Papá, ¿me prestas tres euros? (18 Ordinario C)

LIBROS SOBRE EL MISMO TEMA EN EDIBESA

Reflexiones evangélicas para los días de diario
Leonardo García Martín. OFM. 282 p.
Una breve homilía para cada uno de los días feriales de Adviento, Navidad, Cuaresma y Pascua.

Homilías en cinco palabras. Ciclos A, B, C. *En cinco preguntas y respuestas.*
Diego Muñoz, S.J. 320 p.

Palabras de vida. Ciclos A, B, C. *Domingos y fiestas.*
José-Román Flecha. 688 p.

Guiones bíblicos para homilías dominicales (2a ed.). *Ciclos A, B y C.*
José Salguero, O.P. 754 p.

Dios con nosotros. Ciclo A. *Reflexiones sobre los evangelios.*
José-Román Flecha. 292 p.

Hijo de Dios. Ciclo B. *Reflexiones sobre los evangelios.*
José-Román Flecha. 316 p.

Despertar con Dios. Ciclo B
Ángel Galindo García, rector de la U. Pontificia de Salamanca. 208 p.
Homilías-reflexiones.

Despertar con Dios. Ciclo C
Ángel Galindo García. 236 p. Homilías-reflexiones.

Homilías para exequias. *Muerte, Resurrección y Vida.*
Gerardo Sánchez Mielgo, O.P. 184 p.

Colección ACTIVIDADES Y PASATIEMPOS

Colección de libros y materiales para realizar individualmente, en familia, en catequesis y en clases de religión.

Pasatiempos para conocer la Biblia 1
Equipo Lion Hudson. 224 p. 29,5x21 cm.

Pasatiempos para conocer la Biblia 2
Equipo Lion Hudson. 224 p. 29,5x21 cm.

Manualidades con la Biblia
Gillian Chapman. 110 p. 22x29 cm.
48 manualidades creativas sobre motivos del Antiguo y Nuevo Testamento.

Colección BUEN PASTOR

Libros para la reflexión y la práctica pastoral dirigidos a los diversos agentes de pastoral Formato 12x19 cm. Serie Materiales 17x24 cm

l. La nueva parroquia evangelizadora
Renovación interior y creatividad pastoral
Jesús Álvarez Maestro. 302 p.

2. El amor: un nombre, un rostro
En camino con los jóvenes. Giovanni Marini. 172 p.
Válido para cursillos prematrimoniales y para dar siempre profundidad a la vida de pareja.

3. ¿Nos casamos o nos vamos a vivir juntos?
Pedro Mª Reyes Vizcaíno. 112 p.
Las preguntas que se hacen los jóvenes y que no siempre se saben responder bien.

4. El matrimonio, camino eucarístico
Élisabeth y Dominique Lemaítre. 102 p.
Un pequeño gran libro-guía para vivir la Eucaristía en pareja y hacer de la vida de pareja Eucaristía.

Serie MATERIALES
Catequesis familiares con el CIC
35 temas para fortalecer la fe de los padres
Segismundo Fernández Rodríguez. 126 p. 2a ed.

Colección BUEN SAMARITANO

Libros de auto-hétero ayuda, para ayudarse y ayudar a tener una vida feliz y de calidad. Comprenden la persona humana en su triple dimensión: corporal psicológica y espiritual Proporcionan oxígeno espiritual a cualquier persona y facilitan a los agentes de pastoral la tarea de ayuda que se proponen hacer a los demás. Formato 12 x 18 cm.

l. Cuídate, quiérete, *Tú escribes tu historia*
Frank F. Martin. 158 p.

2. Vivir la angustia de otra manera. *Aproximación médica, psicológica, espiritual.* Louis Masquin. 106 p.

3. La mejor brújula para la vida. Frank F. Martin. 134 p.

4. Combatir los pensamientos negativos. Jël Pralong. 126 p.

5. Para acabar cou la culpabilidad. Joël Pralong. 146 p.

Colección ESPEJO DE LA FE

*Colección de libros para explicar o ilustrar la fe.
Formato 17 x 24 cm.*

¡Oh noche realmente gloriosa!
Mariolina Coghe. 168 p. Color. Cartoné
Explicación de la Pascua en general de la Vigilia Pascual en particular.

El Credo en imágenes
José Antonio Rodríguez Rodríguez, 144 p. Color. Cartoné
Presentación del Credo en preciosas fotografías. Ideal para regalo de Confirmaciones.

LIBROS EDIBESA SOBRE EL MATRIMONIO Y LA FAMILIA

El amor humano. *Su sentido y su alcance*
Alfonso López Quintás. 256 p. Ética y amor.

No tienen vino
Espiritualidad matrimonial y familiar
Mons. Francisco Cerro Chaves. 70 p.

El matrimonio en Cristo
José Ma lraburu. 144 p.

Amor y vida
Acerca del Matrimonio Cristiano. Florencia García. 308 p.

Familia, vida y sociedad
Textos sociales católicos. Manuel-Jesús Núñez. 346 p.

La familia cristiana. *Iglesia doméstica*
Atilano Aláiz, 346 p.

Escuela de padres en casa (3ª ed.)
Nieves Martínez, O.P. 212 p.
Para educar desde la familia y el diálogo.

Quince cartas a un padre preocupado (3ª ed.)
Venancio-Luis Agudo. 150 p.